国家自然科学基金青年项目（项目编号：7150308（
创新团队（编号：2020KJ126）

生猪价格波动的非对称传导机制研究

Study on the Pork Price Volatility and
Asymmetric Transmiss

谭 莹／著

经济管理出版社
ECONOMY & MANAGEMENT PUBLISHING HOUSE

图书在版编目（CIP）数据

生猪价格波动的非对称传导机制研究/谭莹著 . —北京：经济管理出版社，2021. 2
ISBN 978 - 7 - 5096 - 7767 - 4

Ⅰ.①生…　Ⅱ.①谭…　Ⅲ.①生猪市场—物价波动—研究—中国　Ⅳ.①F323. 7

中国版本图书馆 CIP 数据核字（2021）第 031227 号

组稿编辑：赵天宇
责任编辑：赵天宇
责任印制：张莉琼
责任校对：陈　颖

出版发行：经济管理出版社
　　　　　（北京市海淀区北蜂窝 8 号中雅大厦 A 座 11 层　　100038）
网　　址：www. E - mp. com. cn
电　　话：（010）51915602
印　　刷：北京虎彩文化传播有限公司
经　　销：新华书店
开　　本：720mm×1000mm/16
印　　张：16. 25
字　　数：275 千字
版　　次：2021 年 3 月第 1 版　　2021 年 3 月第 1 次印刷
书　　号：ISBN 978 - 7 - 5096 - 7767 - 4
定　　价：98. 00 元

序　言

中国有句老话，"猪粮安天下"。生猪在中国农业中具有十分重要的战略地位，生猪价格的波动既事关生猪产业的稳定发展，也严重影响着居民消费和社会稳定。谭莹教授的最新力作，《生猪价格波动的非对称传导机制研究》以生猪价格波动传导路径、机理等为研究对象，探寻猪肉市场价格波动的根源，在高度关联的市场体系下，任何价格波动都是由若干市场联动引起的。这是一个极其重要、极具挑战性的任务，具有很强的理论研究和宏观决策价值。

从研究难度来看，首先表现为生猪生产周期长，纵向产业链市场多而复杂，各个环节的传导都会有一定的时滞，对价格波动产生推波助澜的扩大效应，也使肉类价格波动及传导更加复杂。其次，生产的区域布局正在发生新的变化，主要集中在粮食主产区，如东北部、华北平原及四川盆地等地。猪肉的消费主要集中在经济发达、人口密集的东部地区。生产区域和消费区域的相对分隔，价格波动传导的因素会增多。再次，肉类产品消费的替代性很强，特别是随着人们生活水平的提高和基于健康的饮食习惯的改变，肉类市场之间的关联会逐渐增强，不同产品市场之间的价格传导也会影响整体市场价格的稳定和发展。最后，不断发生的疫病也困扰着生猪养殖业，对猪肉及其他肉类的价格也起到重要的冲击。此外，国际市场价格、国内货币发行和经济政策的不确定性因素也对生猪价格产生了很大影响。

从理论研究价值来看，在市场经济条件下，价格传导机制是最基本的运行机制，各市场将通过价格调节达到市场的出清和均衡，有一定的规律性。大量的实证研究表明，价格对称传导不符合现实，价格波动传导会存在方向、维度等溢出的态势，称为价格的非对称传导（Asymmetric Price Transmission，APT）。而中国猪肉价格非常态的剧烈波动，从某种程度上讲，是市场体系非均衡、非平稳传导的重要表现。因此，加强中国猪肉市场非对称传导研究，充分解释其内在机理和规律，对于构建中国社会主义市场经济理论，具有十分重要的理论研究价值。

从宏观决策角度而言，影响畜产品波动传导的因素很多，只有从整个市场体系的角度进行深入考察，才能探清畜产品价格波动及传导的根源，从根本上维持畜牧生产的平稳运行。本书基于畜产品市场关联的视角，研究肉类市场体系（纵向产业链、区域横向市场及相互替代市场）市场价格非对称的传导的机理、路径和效应，并讨论不确定性政策及疫情等因素对猪肉市场冲击的影响，以此探寻中国猪肉类波动的内在根源，在梳理和评价国内外各项调控政策并进行绩效分析的基础上，提出构建中国畜产品价格调控政策的长效机制，对加强生猪价格调控具有重要意义。

谭莹教授长期专注于生猪产业研究，承担了多项研究课题，从中国生猪补贴政策效果评价、生猪价格波动、畜牧业保险、环境规制等多个层面对生猪产业进行了深度研究，发表了一系列高质量的研究论文，是一个勤恳扎实、具有很大潜力的中青年科研工作者。希望作者进一步强化问题导向和系统综合原则，为中国特色的农业经济理论研究作出更大贡献。

中国农业科学院

2021 年 3 月

前　言

随着人民生活水平的提高，我国的畜牧业飞速发展，中国畜牧业总产值一直处于增长态势，2018 年中国畜牧业总产值达 28697.4 亿元，其中猪肉产量达5404 万吨，占整个肉类 8517 万吨的 63.4%。我国是世界上生猪生产和消费大国，生猪生产占据畜牧业产值的半壁江山。生猪产业链相对较长，生猪生产不仅涉及 1 万亿元产值的本行业的发展，而且会影响到相关联产业的发展及稳定。但长期以来，以畜牧业为主的生猪价格呈现波动增长态势，大体经过 7 次明显波动，主要标志是年环比增长超过 10%。猪肉价格的剧烈波动不仅影响到本产业的稳定发展，也影响到整个肉类市场乃至 CPI 的稳定。我国也相继出台了一些稳定猪肉市场的相关政策和法规。

本书从市场关联的角度，应用价格非对称传导的理论，寻求包括猪肉市场在内畜产品价格波动和传导的根源；基于畜产品猪肉市场特征和自身特性的分析研究猪肉价格波动特征；从政策层面、不确定因素等角度对猪肉市场的波动进行了分析。本书试图回答四个方面的基本问题：第一，猪肉各市场的价格是否相互关联？如果关联，那么价格传导的方式是怎么样的？第二，各市场的价格传导是否存在着非对称传导性？非对称的价格传导是否具有普遍性？第三，疫病疫情对生猪价格的冲击是什么？第四，货币政策、利率政策等宏观因素是否会影响到猪肉价格的非对称传导等。

具体来讲，本书首先对农产品非对称传导的理论进行了整理综述，其次对纵向产业链市场、横向区域市场及国内外市场进行了分析，最后研究了财政、货币政策等不确定因素对包括猪肉在内的农产品价格传导的影响：①对纵向关联市场的价格传导，本书在蛛网模型的基础上，分析市场势力对价格传导的影响及政策对价格传导的影响，经济政策不确定性对产业链不同环节及不同时期的冲击均存在差异性；产业链中势力较强的批发商更容易受经济政策不确定性影响，从而成为整个产业链价格波动的"放大器"。②对于横向市场的价格传导,本书基于中国省级面板月度数据,采用空间杜宾模型研究猪肉价格波动的影响机制,研究发现,我国猪肉价格波动存在空间上的正相关性,在省际之间具有正向的传导效应;猪肉价格波动的主要影响因素在于替代品、成本要素价格传导在省际空间上的溢出效应,省内市场范围内替代品、成本要素价格对猪肉价格波动的影响显著但作用力度有限。③对于国内外猪肉价格传导,本书对比美国、欧盟等主要的生猪生产国家和地区,中国的猪肉价格溢价与欧盟相差不大,随着中国进口猪肉的增多,国外对中国猪肉的价格传导有显著的影响。④本书以2018~2020年非洲猪瘟疫情为例,分析了疫病舆情对生猪价格的冲击,我国政府应重视舆情对猪价产生的影响,以提高价格波动全面性把握。⑤政策对猪肉价格的冲击,本书分析了货币政策对畜产品及猪肉的价格影响效应。货币政策对畜产品价格有货币中性和超调假说,货币的政策因素有很多,本书借助于 FAVAR 方法将各种经济信息进行合理的刻画,以期得到好的分析结果,目前的结果,货币的政策对畜产品价格的影响是中性的,不存在超调。⑥本书还分析了非确定性因素对农产品价格的冲击的影响,对农产品不同品种的影响也作了详细的分析。

研究的主要结论有:

(1)中国猪肉价格波动传导上具有"棘轮"效应,具体来讲,就是存在"易涨难跌,涨多跌少,急涨缓跌"的非对称特征,从影响猪肉价格的替代品、成本价格以及宏观经济因素的短期冲击因素出发,发现猪肉价格对正向冲击反应程度大于对负向冲击的反应程度,存在时间上的非对称"棘轮"效应,并且"棘轮"效应在时间上具有动态性以及结构突变性,近年来具有逐步增强的发展趋势。

(2)生猪产业具有较长的产业链,各产业链的价格波动都对会生猪的价格产生影响。本书通过对我国猪肉产业链进行了初步划定,从上、中、下游纵向的视角研究市场间产品价格是如何相互作用的,研究发现:产业链上各产品价格之间存在长期的均衡关系,产业链各产品间的传导路径是相对通畅的,产业链的价格非对称传导存在;从顺向和逆向价格传导角度分析发现,在猪肉产业链中顺向传导中、上游价格的上涨会更快地传导给下游价格;而下游价格的下跌会比上涨更快地传导至上游。

(3)在空间因素中,区域间猪肉价格波动存在空间上的相关性,空间因素对猪肉价格的影响程度在 0.8~0.9,在考虑动态因素时,影响程度下降至 0.23左右。在空间效应的影响下,替代品、成本价格及宏观经济因素对猪肉价格波动的冲击影响和空间效应值均存在非对称特征，并且通过不同地理距离门槛的检验发现，替代品、成本价格及宏观经济因素对猪肉价格波动的间接效应中，正向冲击比负向冲击的传导强度更强，传导距离更远，在传导强度、传导距离上均存在空间非对称性，并且空间非对称趋势随着空间地理距离门槛的扩大而逐渐加强。

（4）世界猪肉市场具有关联的态势，特别是主要的生猪生产国和出口国的猪肉价格波动具有明显的趋势，说明世界范围内猪肉价格具有密切的关联关系。我国与世界猪肉市场的关联逐渐增强，受世界猪肉价格波动的影响是我国以后猪肉价格波动的重要因素之一。世界最主要的猪肉市场和世界猪肉之间存在着部分的价格非对称传导的溢出效应，说明世界猪肉市场规模和状况不同，价格的传导方式和途径也不同。欧盟猪肉生产集中化程度不高，而美国市场的规模化程度最高，中国则居于欧盟和美国之间。近些年来，我国猪肉生产的规模化发展较快，但散养方式在长期来看还会保持一定的比率。因此，欧盟的价格波动传导可能更接近于我国猪肉生产的现实，从本书的实证分析也证明了这一点。

（5）不论是货币供应量还是利率都与农产品价格存在一定程度上的联动性，因此，来自货币供给与利率的货币政策冲击对农产品价格的波动造成了较大的影响。在短期内货币政策冲击对农产品价格波动有较为显著的影响，符合现存文献中的"超调假说"。但是，在长期中货币政策对农产品价格没有实际影响，符合货币中性假说。计量模型的结果还表明，驱动农产品价格波动的主要影响因素是来自利率的冲击，而不是货币供给的冲击。

本书的研究对于丰富价格非对称传导理论和深层次研究我国猪肉价格的波动具有现实意义和政策含义。

作为华南农业大学经济管理学院主持的国家重点学科"农业经济管理"系列丛书的一部分，"经济发展理论与政策"子系列将出版有关的专著和教材。本书是其丛书之一。作为华南农业大学农林经济管理学科建设的一种尝试，我们希望本书得到学术界同仁的关注和支持，并对可能存在的不足予以批评指正。

目　录

第一章 导论

第一节 问题的提出

畜牧业是中国农业重要的产业部门，畜牧业产值占农业总产值的比重大约是
1/3。2018 年中国畜牧业产值达 2.84 万亿元，占农林牧渔业总产值的比重为
28.28%，较欧美等发达国家和地区约 50% 农业产业值的比重来说，还有较大的
发展空间。2018 年全国肉类总产量 8546.8 万吨，禽蛋产量 3128 万吨，居世界第
一位，奶类总产量 3186 万吨，居世界第六位。而生猪养殖占到整个畜牧产业一
半以上，保守估计生猪产业产值达 1.42 万亿元以上。生猪产殖业及其相关联的
产业的健康发展对中国畜牧业乃至整体经济发展都起着重要的稳定作用。

改革开放以来，随着经济的发展，人民的生活水平极速提升，我国肉类的消
费从人均 4 千克上涨到 62 千克，达到了中等发达国家的水平，是世界平均人均
肉类消费的 2 倍左右，但与发达国家，如美国、澳大利亚等国人均肉类消费的上
限（人均 120 千克）相比，还有一定的差距。随着国民人均收入的显著提高，中
国的肉类消费还会进一步提升，并且在结构上会更加优化，呈现出多元化消费的
结构。虽然城市的肉类消费趋于饱和，并且消费结构具有多元化的特点，但由于
广大农村地区，尤其是中西部农村居民收入水平的提高（2016 年农村居民人均
可支配收入 12363 元，同比增长 8.2%）和饮食结构的改善，将带动国内肉、蛋、
奶产品的消费量全面提升，进而推动畜牧业的进一步发展，因此我国畜牧业前景
还是非常广阔的。

在市场经济条件下，生产和价格在一定范围内的正常波动符合市场经济规

律，有利于调整生产区域布局和消费结构的提升。但是中国畜产品特别是生猪的价格波动一直呈现过山车似的波动，猪肉市场已经有 7 次大的波动周期，剧烈的波动会影响产业的预期，造成供需的失衡，对生猪产业的稳定健康发展不利，猪肉的价格飞涨也会推动 CPI 的上涨，对整体宏观经济形成不稳定因素。包括生猪在内的畜产品价格频繁波动的主要原因是畜产品生产的周期比较长，各市场价格关联比较紧密，波动传导比较快，受自然灾害、疫病、金融的冲击比较大。另外，畜牧业信息体系不健全，统计监测工作时效性差、准确率低，畜产品生产信号传导时滞。政府调控的目标比较偏颇，且是逆周期调控，有时会加大价格波动的幅度。畜产品价格尤其是生猪价格的波动不仅对畜牧生产者是严重的打击，影响生产者利益和消费者福利，而且严重影响到畜产品价格乃至我国 CPI 价格走势，推动我国的通货膨胀。因此，分析我国畜产品尤其是猪肉价格的波动，揭示我国畜产品价格波动规律，为实施有效的价格调控政策是非常必要的。

本书试图分析我国畜牧产品尤其是生猪产业的生产和价格波动的规律，分析畜产品价格波动的形成原因，探寻其波动的内在规律和外部影响因素，研究有关对价格波动的影响因素及传导路径，分析波动的市场机制，对于稳定我国畜产品及生猪生产，提高猪农及养殖企业的经济收入、促进肉类产业乃至国民经济的发展都具有重要的现实意义。

一、猪肉是中国重要的肉类产品

中国养猪的历史悠久，是较早将野猪驯化为家猪的国家之一。时至今日猪肉依然是我国人民最重要和最喜欢的蛋白质来源之一，近年来，虽然人们健康意识和饮食结构发生了一些变化，猪肉的消费有少许下降，但猪肉在我国人民饮食中的地位是不可改变的。作为最大的猪肉消费国和生产国，我国的生猪产量占世界产量的 50% 左右。2000 ~ 2018 年，随着人口和收入的增长，生猪出栏率以年均约 1.49% 左右的速度稳定增长，达到 6.938 亿头，猪肉产量达 5403.7 万吨，占肉类产量的约 63%。长期以来，我国的生猪生产基本依赖于自给自足，猪肉进口量不足国内产量的 3%，市场份额也非常小，只起到临时调控猪价的作用（布瑞克数据库，2018）。

"猪粮安天下"，2019 年中央一号文再次强调要夯实农业基础，保障重要农产品的有效供给，我国的生猪生产至少要维持现有规模并略有增长才能保障人民对猪肉的基本需求。

二、波动是中国生猪生产的主要特征

改革开放以前,在计划经济条件下,猪肉供给的主要矛盾是供不应求,实行配给制,国家实行统购统销,依靠计划供应和财政补贴等政策干预手段,猪肉价格相对平稳。改革开放以后,我国逐步放开猪肉价格,鉴于我国生猪生产在国民经济中的重要地位,政府对生猪生产和价格波动都给予了高度重视。国家针对生猪生产中的问题,多次出台和采取各项措施调节生猪生产,使我国生猪生产产生了巨大的变化,散养所占的比重越来越低,不少地方采取种种措施限制散养生猪,在某些地区,散养逐步退出市场,规模化和企业化养殖逐渐成为中国生猪生产的主要形式。

中国生猪养殖业在市场经济体制,随着猪肉需求的市场空间增大,我国的生猪生产飞速发展。1980 年,中国的生猪出栏量只有 70412 万头,2000 年达到 103748 万头,增加了 48%。自此,中国结束了猪肉短缺,按票供应的阶段,一个十分欣喜的现象就是人们不再使用计划分配的布票来购买肉票了。进入 21 世纪,我国猪肉的生产呈现快速增长态势。

然而中国的生猪生产却呈现出巨大波动性,目前的法律法规和宏观调控不能完全契合生猪生产发展规律,生猪由于生产周期比较长、产业链长,涉及的产业多等特点决定了生猪的生产不能像工业品一样及时调控,且价格传导影响的因素多,中国的生猪生产和猪肉价格一直处于周期性波动状态,供不应求与供过于求的市场反复出现。中国生猪生产陷入了一种"短缺"和"过剩"的剧烈变化的循环波动中,相较于其他畜产品(比如牛、羊肉),猪肉的波动幅度变化更大。平均每两三年发生一次小波动,使猪肉价格陷入"蛛网怪圈",大体经过 7 次明显波动,主要标志是年环比增长超过 10%。

生猪的价格波动会对养殖户带来严重损失,也会对整个生猪养殖产业的发展造成极大的破坏,也成为 CPI 上涨因素之一,生猪价格牵动着国家、生产者与消费者敏感的神经。近年来,猪肉价格波动幅度明显加大,经历了 7 次大的波动周期。

进入 21 世纪以来,畜产品价格运行最大的特征是上涨趋势明显。2000 ~ 2019 年,猪肉价格从 10.13 元/千克上升到 24.13 元/千克,上涨幅度达 138%,年均上涨 6.9%;牛肉价格从 12.98 元/千克上涨到 64.39 元/千克,上涨幅度达 396%,年均上涨 13%;羊肉价格从 14.62 元/千克上涨到 67.43 元/千克,年均上涨 12%;活鸡价格从 9.26 元/千克上涨到 19.13 元/千克,上涨幅度达 106%,

年均上涨 5.7%；鸡蛋价格从 5.49 元/千克上涨到 12.29 元/千克，上涨幅度达 123%，年均上涨 6.3%。

在持续上涨的趋势中，还出现暴涨暴跌的现象，例如猪肉价格从 2009 年 6 月的 14.24 元/千克上涨到 2011 年 9 月的 26.32 元/千克，上涨幅度达到 84.8%，随后又回落至 2012 年 7 月的 20 元/千克；活鸡的价格 2010 年 5 月为 13.5 元/千克，2011 年上涨到 17.77 元/千克，随后又落至 14.56 元/千克，完成一个价格波动周期。牛、羊肉持续强劲上涨，过快地增长会影响中国居民的消费水平，打击生产者的信心。从畜产品的横向区域价格来看，猪肉和禽蛋类差别不大。但牛、羊肉价格的南北区域差异很大，2014 年 12 月内蒙古羊肉价格 53.71 元/千克，广东的价格却高达 69.99 元/千克，同比增长 30% 左右。

三、猪肉价格波动关系到畜产品乃至农业的发展

生猪产业是中国畜牧业的支柱产业，也是农民致富的重要来源产业之一。因此，中国的畜牧业和猪业的发展不仅关系到中国人民的肉类消费，还影响到农民的就业及收入。猪肉价格的波动不仅对自身产业有影响，也会影响到相关的饲料及相互关联的其他肉类加工产业的生产和发展，对中国整体经济产生一定的冲击。畜产品特别是猪肉的价格波动和其他农产品价格波动一样是市场经济环境下的客观存在，国家的市场干预有时不能平抑波动，有时反而会加重波动幅度、延长波动长度。畜牧业特别是猪肉价格的剧烈波动严重影响了中国畜牧业的稳定发展，不仅会影响到本产业的发展，也会影响到整个肉类及食品市场的稳定，甚至对 CPI 的影响会对国民经济健康运行造成冲击。

猪肉价格波动有自身产业的原因，例如生产周期较长，散养生猪占比较大，受市场影响波动大，规模化养殖场投资较大，生产具有惯性，受饲料等价格波动的影响较大，近年来猪疫病的发生也对猪肉价格起到了很大的作用及相关的畜禽产品的替代性影响较大。从某种程度上，我国猪肉价格的波动也反映了农产品价格波动的特点，与人民生活的提高、经济增长及开放程度有密不可分的关系。总体来说，中国生猪产业的特殊性和复杂性使中国猪肉价格波动的研究成为热点，学者对生猪产业的研究保持着持久的兴趣，从猪肉产业、市场运行、替代市场等多个方面进行研究。

四、全球视角下猪肉生产和价格非对称传递亟待研究

中国是世界上最大的生猪生产国和消费国，长期以来，中国的猪肉生产和消

费基本自给自足,进口猪肉占中国猪肉消费的比重很低,2018 年中国新鲜和冷冻猪肉的进口量为 120 万吨,全年猪肉产量为 5403 万吨,进口量不足国内生猪产量的 5%,在市场上可以忽略不计,进口猪肉对中国市场来讲,只是调剂市场供需平抑价格波动,不会对猪肉市场产生大的冲击。但是随着国内消费者对猪肉及猪肉品质的需求,中国对猪肉的进口需求也会增加。但我们也要看到,中国由于资源的约束,耕地面积逐渐减少,生猪的主要饲料玉米和大豆是属于土地密集型农作物等,国内的产品已不能满足生猪规模化产业饲料需求,需大量的进口。据统计,在农业与贸易政策的双重作用下,中国成为世界大豆第一进口大国,仅 2017 年,中国的进口量就占到全球大豆贸易量的 63%。进口大豆主要用于生产豆粕,因而豆粕的需求直接关系到大豆需求,豆粕作为养殖业饲料的蛋白质来源被广泛用于饲料加工业。因此,我国的饲料价格受国外市场的影响大,波动风险加大。近年来,饲料价格上涨已经成为猪肉价格上涨的刚性原因。因此无论是进口猪肉还是进口猪饲料都适合中国经济的发展,也成为大家讨论的话题之一。

国外特别是发达国家的猪肉生产存在巨大的价格优势,饲料价格相对较低,有国家巨额的农业补贴,有明显的价格优势,因此国外的猪肉价格具有竞争优势,中国的猪肉价格在全球处于较高水平。与主要出口国美国相比,中国 2015~2018 年猪肉价格均高于美国同期 80% 以上,如图 1-1 所示。而中国猪肉价格高于国际水平,其主要原因在于:国内玉米、豆粕价格高于海外,综合饲料成本偏高;养殖技术与发达国家仍有差距,饲料转化率、母猪生产能力均偏低;养殖规模化程度仍然偏低,家庭农场生产效率不高。

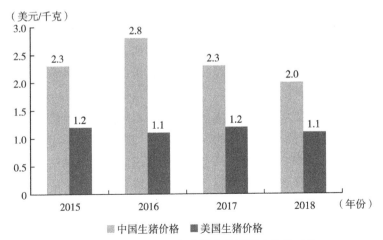

图 1-1 2015~2018 年中国和美国猪肉价格对比

随着猪肉进口的放开，国内的猪肉要面对国外的竞争优势，面临着成本、质量等压力。国内猪肉价格受国外猪肉价格的影响逐渐增强，研究中国、美国、欧盟及其他生猪出口国家和地区的价格影响关系和价格的横向传递具有现实意义。猪肉价格的国际传递受生产成本、交通费用及政策的影响。

五、货币政策及不确定因素对肉类价格机制效应的研究亟待展开

价格非对称传导也会影响到福利的分配，是政策制定者普遍关注的问题之一。如成本价格上涨的迅速传递，而下降时缓慢的不充分传递，对下游的消费者来讲，就是一个较小的福利效应和较高的租金收益。中国针对畜产品价格波动大、产量不稳定、经营风险大等问题进行了一系列的价格调控和补贴政策，但调控和补贴政策只存在于生产领域，主要是生猪补贴、生猪保险、无害化生产等降低生猪生产成本和经营风险的政策措施。对屠宰环节、流通环节和消费环节的价格调控几乎没有涉及，调控效果也不明显，甚至出现了加大价格波动的风险。

我国政府高度关注畜产品市场的稳定运行。2000年以来，国务院就畜牧市场健康稳定发展所颁布的意见、通知及条例就有近50条。2007年以来，随着主要猪肉价格的频繁波动，为了保证猪肉供给，稳定猪价，国务院及其各部委颁布了一系列生猪补贴政策，内容涉及生产、流通、消费等各环节。主要有能繁母猪保险政策、能繁母猪补贴政策、良种补贴政策、规模化养殖场补贴政策等，生猪的各项补贴政策对猪肉的供给产生影响，但生猪的生产周期过长，在猪肉价格上涨时增加补贴有可能会加大生猪价格的波动周期。

货币政策作为主要的宏观调控手段，已经显著地影响了中国的物价水平，对农产品价格也起到了重要的作用。现有研究也表明，中国的农产品价格显著地受到了近年来宽松货币政策的影响。因此，本书分析中国近年来的货币政策冲击与农产品价格波动之间的联系，并考察中国的货币政策对农产品价格的冲击效应。

维持畜产品价格在合理范围内波动，防止过快增长，是当前畜牧业迫切需要解决的问题。影响畜产品波动传导的因素很多，如市场结构不完善、流通渠道不畅通、信息非对称、供需冲击等，只有从整个市场体系的角度进行深入考察，才能探清畜产品价格波动及传导的根源，从根本上维持畜产品价格的平稳运行。

第二节　研究内容

生产波动和价格波动是中国生猪生产最主要的内涵特征，也是我国生猪生产仍将面临的重要问题。近年来，猪肉市场波动频繁，除上述原因，自然灾害、疫病、国家利率、汇率政策等国内外因素冲击也对猪肉等农产品价格的影响越来越大，使我国的猪肉等农产品呈现出较大的异常波动，并由此波及农产品供求出现不同程度的失衡，出现"姜你军""蒜你狠"等现象，严重影响了农产品生产者的利益和消费者的福利。农产品价格反复异常波动不仅不利于农民增收、农业稳定，也会对生产者、消费者的福利产生直接影响，而且直接影响到国民经济的平衡发展，因此研究生猪生产及市场波动问题具有十分重要的理论和现实意义。

本书将在描述我国猪肉生产和市场波动现象及特征的基础上，分析其波动形成的原因和内在规律，并进一步对主要影响因素进行深入的研究，以寻其波动的根本原因，进而提出减少和抑制波动的具有针对性的政策建议。畜产品各市场之间及每种肉类市场的存在着各种复杂的联系，本书将基于市场关联的视角，应用非对称分析方法对各个市场的价格传导机制进行研究，以期寻找我国畜产品价格波动的原因及特征。

基于此，本书所要解决的问题主要有以下两方面：

（1）寻求我国畜产品价格上涨、频繁波动的最根本的原因。包括对畜产品需求和供给的分析，成本供给测算、畜产品相互替代弹性和相互影响因子等，寻求畜产品价格上涨和波动的共同因子和联动因子，是本书拟解决的关键科学问题。

（2）根据价格传导理论，畜产品各市场之间的价格传导受市场结构、传导成本、信息化程度等影响，本书拟解决的关键问题是探寻价格非对称传导的机理，影响方向及溢出的大小。本书在解决此关键问题上进一步分析畜产品各市场的关联程度和相关影响。

具体地讲，本书从以下几个层面进行分析：

一、畜产品纵向市场价格传导机制的亟须研究

中国猪肉价格纵向传递是研究生猪产业链价格非均衡传递，生猪生产周期、

产业链较长，有生产、屠宰、批发及零售环节，任一环节价格变动将通过市场对供应链和其他环节产生冲击。据国外研究表明，一般来讲，生产者成本下降时，成本价格对零售价格的传递是缓慢的、不完全的，而成本价格上涨时，价格很快能传递到零售价格。反之，零售价格的上涨和下降，对批发、成本价格的传递也可能存在着不均衡。生猪生产周期长，纵向产业链市场多而复杂，各个环节的传导都会有一定的时滞，对价格波动产生扩大效应，使价格波动及传导更加复杂。在高度关联的市场体系下，任何价格波动都是由若干市场联动引起的，波动和传导密切相关，不可分割。

畜牧业纵向产业链市场多而复杂，以生猪为例，产业链涉及玉米、育肥猪配料、仔猪、待宰活猪及猪肉等。据统计，生猪生产成本中，除固定资产投资，饲料成本占约50%，仔猪成本占约30%，人工费用占约10%，其他费用占约10%①，不同规模的生产成本构成可能会略有不同。据统计，猪肉生产的成本中饲料占比过大，容易受其波动影响，且畜产品生产周期长，各个环节的传导都会有一定的时滞，这些因素都会对畜产品价格波动产生扩大效应，也使畜产品价格波动及传导更加复杂。

中国以前的散养生猪，主要靠家庭食物残渣及其他自草料，饲料的成本比较低廉，但生猪的成长较慢，增肥比较慢，生长周期较长。现代化、规模化生猪养殖依赖于高营养、高蛋白的配方饲料，饲料成本在整个养殖过程中的成本比例很高，在成长的全过程饲料的喂养比例占40%～60%，而玉米等粮食类饲料的重要组成部分占到饲料的50%～60%，豆粕等饼粕类蛋白占到10%～25%，动物性饲料占4%～8%等。因此，玉米、大豆等农产品的价格直接会影响猪肉价格的波动。种植业是生产饲料的主要产业，其生产成本的上升及其价格的波动将影响到猪肉市场价格的波动。近年来，猪肉价格的波动在很大程度上受到玉米等饲料价格上涨的影响。但由于猪肉市场的产业链和生产周期都比较长，玉米等饲料价格的波动对生猪生产及猪肉价格并不是即时的影响，而是存在着一定的滞后，价格上涨和下降的规律性不明显。例如，短期内玉米等饲料价格的下降，猪肉的价格有可能不下降反而上升，那么养殖户就可能盈利。反之，玉米等饲料成本上涨，猪肉价格如果下降，那么养殖户就可能会亏损。因此，研究玉米、大豆等对猪肉价格的影响对猪肉市场的研究有重要的意义。

本书研究生猪产业链的价格传递均衡的现状，以产业链出发探讨通过价格冲

---

① 根据农产品生产成本汇编。

击对供应链在不同层次的反映及调整的纬度、速度及调整的自然状况等，对我国生猪流通环节的问题作一定的研究。

二、不同区域猪肉市场价格存在相互影响关系

畜牧生产属于资源密集型，随着经济的发展中国畜牧生产的区域布局也悄然发生变化。在自给自足的时期，生猪生产布局主要受饲料环境和自然因素影响，生猪养殖主要集中在草场丰富或玉米、水稻等粮食主产区，如西北部、东北部及四川盆地等地区。随着经济的发展和环境保护政策的加强，猪肉的生产更多地受区域经济水平、政府管制、环境监察等影响，农民人均收入高的区域逐渐减少生猪生产，经济发达的传统生猪养殖地东部沿海如江浙地区大规模减少生猪饲养（胡浩等，2005）。2007 年东莞政府宣布在辖区范围内全面禁养生猪，其他区域也竞相效仿，因此进入 21 世纪，环境规制等其他政策性因素在生猪区域布局中所占的地位越来越重要，甚至是最重要的因素之一。畜牧业生产受政府调控越来越明显，发达地区减少生猪养殖，生猪产业被迫向经济落后的偏远地区转移，生猪的区域转移明显出现"南猪北养、东猪西进"的生产化布局（周建军和谭莹，2018）。目前，中国生猪生产区域布局按成本原则，主要集中在玉米、水稻等粮食主产区，如西北部、东北部及四川盆地等地区。

为加快生猪产业转型升级和绿色发展，保障猪肉产品有效供给，2017 年中华人民共和国农业农村部印发《全国生猪生产发展规划（2016 - 2020）》，综合考虑环境承载能力、资源禀赋、消费偏好和屠宰加工等因素，充分发挥区域比较优势，分类推进重点发展区、约束发展区、潜力增长区和适度发展区生猪生产协调发展。

（一）重点发展区

重点发展区包括河北、山东、河南、重庆、广西、四川、海南七个省（市、区），2014 年猪肉产量 2166.6 万吨，占全国猪肉产量的 38.2%。作为中国传统生猪主产区，该区域养殖总量大、调出量大，在满足本区域需求的同时，还要供应上海、江苏、浙江和广东等沿海省份。预计年均增长 1% 左右，成为稳定我国猪肉供给的核心区域。主要任务是：依托现有的发展基础，加快产业转型升级，提高规模化、标准化、产业化、信息化水平，加强粪便综合利用，完善良种繁育体系，扩大屠宰加工能力，加强冷链物流配送体系建设，推进生猪"就近屠宰、冷链配送"经营方式，提高综合生产能力和市场竞争力，开发利用地方品种资源，打造地方特色生猪养殖。

（二）约束发展区

约束发展区包括北京、天津、上海等大城市和江苏、浙江、福建、安徽、江西、湖北、湖南、广东等南方水网地区，2014年该区域猪肉产量2188.1万吨，占全国猪肉产量的38.6%。该区域受资源环境条件限制，生猪生产发展空间受限，区域养殖总量保持稳定。

（1）京津沪地区。包括北京、天津和上海三个直辖市。2014年，猪肉产量72.7万吨，占全国猪肉产量的1.3%。该区域经济发展水平和城镇化率较高，生猪养殖总量小，但规模化程度、生产水平等均处于全国前列。其主要任务是：稳定现有生产规模，优化生猪养殖布局，加强生猪育种能力建设，推行沼气工程、种养一体化等生猪粪便综合利用模式，提高集约化养猪水平和猪肉产品质量安全水平，加快信息化建设，构建质量安全可追溯体系，发展现代生猪产业。

（2）南方水网地区。包括江苏、浙江、福建、安徽、江西、湖北、湖南和广东八个省。2014年，猪肉产量2115.4万吨，占全国猪肉产量的37.3%。该区域河网密布，人口密集，生猪产销量大，水环境治理任务重。其主要任务是：落实《农业部关于促进南方水网地区生猪养殖布局调整优化的指导意见》，调整优化区域布局，实行合理承载，推动绿色发展；推进生猪适度规模标准化养殖，提升设施装备水平；压缩生猪屠宰企业数量，淘汰落后屠宰产能；推进生猪规模化、标准化屠宰，提升养殖屠宰设施设备水平；推行经济高效的生猪粪便处理利用模式，促进粪便综合利用。

（三）潜力增长区

潜力增长区包括东北四省，即辽宁、吉林、黑龙江和内蒙古，以及云南、贵州两省。2014年，猪肉产量1054.4万吨，占全国猪肉产量的18.6%。该区域发展环境好，增长潜力大，一批产业化龙头企业在区域内建立了生产和加工基地。该区域生猪生产发展在满足本区域需求的同时，可重点满足京、津等大中城市供应。预计年均增长1%~2%，成为我国猪肉产量增加的主要区域。充分利用该区域在环境承载、饲料资源、地方品种资源等方面的优势，转变生产方式，高起点、高标准，扩大生产规模，实现增产增效。主要任务是，发挥资源优势，建设一批高标准种养结合养殖基地；做大做强屠宰加工龙头企业，提升肉品冷链物流配送能力，实现产销对接；加强良种繁育体系建设，保障种源供给。

（四）适度发展区

适度发展区包括山西、陕西、甘肃、新疆、西藏、青海、宁夏七个省份。2014年，猪肉产量262.2万吨，占全国猪肉产量的4.6%。该区域地域辽阔，土地资源和农副产品资源丰富，农牧结合条件较好，但是生猪养殖基础薄弱，部分省区水资源短缺。主要任务是：积极引导大型企业集团建设养殖基地，推进适度规模养殖和标准化屠宰，推广先进高效适用的养殖技术，提高生产水平；坚持农牧结合，推行生态养殖；突出区域特色，打造知名品牌，支持整合培育本土特色全产业链龙头企业，形成高效带动能力，发展优质高端特色生猪产业。

随着经济发展和环保要求，及我国对生猪区域规划的引导，生猪养殖越来越向经济落后的偏远地区转移。而猪肉的消费主要集中在经济发达、人口密集的东部地区。生产区域和消费区域相对分隔，增加价格波动传导因素。2000～2017年中国生猪出栏量年均增长率1.49%，各省份的增长率（因西藏等地缺少数据，未能标出）。生猪出栏量出现负增长的区域有上海市（-5.23%）、北京市（-3.13%）、浙江省（-1.66%）、重庆市（-0.23%）等；传统的生猪生产大省四川省（0.77%）、湖南省（0.64%）、河北省（0.92%）、江苏省（0.05%）大大低于平均增长率水平；而河南省（2.74%）、山东省（2.46%）、湖北省（3.65%）、辽宁省（4.13%）、贵州省（2.68%）、黑龙江（3.84%）、吉林省（2.68%）等则高于平均增长率水平。

生猪等畜产品的生产主要向经济欠发达地区、主要粮食产区、人口密度小的区域转移，而畜产品等肉类的消费主要集中在经济发达、人口密集的东部地区。生产区域和消费区域的隔离和分布的不同，生猪运输及各地政策会直接影响到猪肉的成本和价格，因此区域的价格波动传导，也是影响畜产品价格稳定的重要原因。

三、肉类替代产品的价格波动传导也亟须研究

据国家统计局统计，随着中国经济的发展，中国的猪肉消费持续走高，在2012年达到峰值人均消费21.23千克，随后略有下降，但基本保持人均消费在20千克左右。在肉类产品消费的替代性强，随着人们收入水平提高和基于健康饮食习惯的改变，猪肉替代类会增加。与猪肉相比，牛羊肉的人均消费水平较低。2016年，牛羊肉的人均消费量达4.3千克，创历史新高。而在此前的25年间，牛羊肉人均消费一直保持在3千克以上的水平。30多年来，城镇居民家禽人均消费量增长显著，1985年人均消费量仅为3.24千克，2017年已涨至9.7千克，增长近3倍。同时，消费增长显著的还有水产品。2017年，水产品的人均消费量达14.8千克，是1985年（7.08千克）的2倍多。随着人民生活水平的提高，肉类之间的替代关系也在日益明显，不同肉类市场之间的价格传导也会影响

猪肉价格稳定。因此，研究不同肉类对猪肉价格传导的关系有助于分析我国猪肉市场的价格波动。

在高度关联的市场体系下，任何价格波动都会传导至整个市场体系。只有从整个市场体系的角度研究各市场之间的价格传导，才能探清猪肉价格波动根源，从根本上维持猪肉生产的平稳运行。

四、疫病疫情对生猪价格的冲击也亟须研究

生猪产业的存在较大的经营风险，疫病疫情对生猪产业的冲击很大。

第三节　研究意义及研究目标

一、研究意义

在市场经济条件下，价格传导机制是最基本的运行机制，各市场将通过价格调节出清和均衡，有一定的规律性。而我国猪肉价格非常态的、剧烈的波动，从某种程度上讲，是市场价格体系非均衡、非平稳的表现。

本书基于市场关联的视角，在大量实际调研的基础上，综合应用农业经济学、产业经济学、信息经济学的基本原理，对影响猪肉价格非对称传导的因素如市场结构、成本费用及供求冲击等作深层次的分析，对传导路径进行实证研究，试图探寻猪肉价格上涨及波动根源；本书还将对中国畜产品调控政策进行效应评价，探寻政策对畜产品价格形成、波动传导机制的影响，为构建价格稳定运行的长效机制提供政策参考。本书对丰富农业经济学农产品价格形成、波动传导，拓展非对称传导效应理论，创新农业政策分析理论等有重要的理论意义。

中共中央、国务院印发的《关于加大改革创新力度加快农业现代化建设的若干意见》中明确指出，要"完善农产品价格形成机制""创新农产品流通方式""提高农业补贴政策效能"。因此，完善畜产品市场体系及价格形成、波动机制，保障有效供给，是当前畜牧业发展要解决的问题。本书在大量调研的基础上，通过对价格非对称传导效应的实证研究分析其影响因素，探寻猪肉价格体系存在的问题，对包括补贴在内的各项调控政策、对价格传导的影响效应进行分析，为构建畜产品价格稳定波动的长效调控机制提出政策建议。

本书从猪肉市场体系价格传导的角度来考察价格波动，有助于深刻探讨猪肉价格波动根源，理顺猪肉关联市场价格体系、完善价格形成机制。本书对保障中国猪肉有效供给、应对国外肉类市场冲击、完善畜牧业宏观调控政策，具有重要的理论意义和实践价值。

二、研究目标

本书拟通过大量的调研、理论综述和实证分析，把握中国主要畜产品价格波动的规律、探究纵向及横向关联市场的价格非对称传导的机理、路径及效应，探究畜产品价格波动和传导的制度性因素，评价中国现有的调控政策，借鉴发达国家畜产品价格稳定机制的经验，为畜产品价格调控机制提供政策建议。

（1）本书将通过对肉类及禽蛋类等主要畜产品价格波动特征、周期性波动规律等进行分析，得出中国主要畜产品价格波动的一般性规律。通过实证分析，发现影响畜产品价格波动的共同性、联动性因素，为我国制定合理的畜产品价格调控政策提供政策借鉴。

（2）本书试图在畜产品价格形成和各关联市场价格传导的理论指导下，将影响各市场价格传导的因素如市场规模、交易成本、供需冲击等纳入整体分析框架，从而检验和验证中国特定市场条件下畜产品价格非对称传导机制，丰富、创新农产品价格传导理论。

（3）本书将通过对畜产品流通体系的考察和调研，对具体调控政策绩效分析和评价，发现影响畜产品价格波动和市场间非对称传导的制度化因素。为中国畜产品市场理顺流通机制、创新流通模式、提高流通效率等政策提供建议。

第四节 研究方案及方法

一、研究方案及思路

畜产品价格的强劲上涨、频繁波动已经给养殖户、消费者的日常生活造成了极大的影响。有效寻求畜产品市场波动和传导的根源，才能分析国家针对畜产品的调控政策，构建畜产品稳定运行的长效机制。本书的基本思路：首先，分析畜产品价格波动及传导的表象；其次，深入探讨波动传导的机理、传导的方向和效应；再次，分析畜产品市场发展中的制度和不足；最后，在考察政策和评价现有的政策制度的基础上，提出中国畜产品政策的优化机制研究。根据本书的研究思路：分析现象—理论分析—实际调研—实证检验—政策分析—政策优化，并结合价格对称传导理论的机理分析，本书设计了以下三个细化的研究路径：

路径一：价格波动—市场组织（理论）—市场规模化程度（实际调研）—市场传导路径及溢出效应（实证分析）—我国有关组织规模化政策—政策优化研究（见图1-2）。

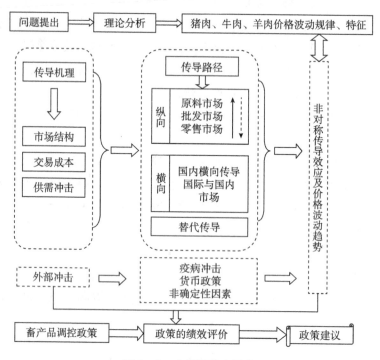

图1-2 本书的研究思路

各关联市场的市场结构、组织化程度、市场势力等是影响价格波动和非对称传导的主要因素。本路径通过对畜产品产业链、横向区域的各关联市场的养殖户规模程度、组织化程度，各批发市场规模、零售市场规模等的实际调研数据，分析市场结构对价格非对称传导的路径和溢出效应的大小、方向、纬度，对我国有关促进组织化程度的政策进行绩效评价，进而给出政策的优化建议。

路径二：价格波动—交易费用（理论）—流通费用（实际调研）—市场传导路径及溢出（实证分析）—我国有关降低流通费用的政策—政策优化。

本路径通过对交易费用、信息非对称理论等分析纵向和横向各关联市场非对称传导机理，其中，包括流通成本、运输成本、信息成本等对价格波动传导的影响和分析，考察中国有关流通渠道简化、营销模式的创新、各地区信息平台及国家预警系统的建立等对价格非对称传导的效应，发现其中存在的问题，进而提出政策的改进措施。

路径三：价格波动—供需冲击（理论）—供需测算（实际调研）—各市场传导路径及溢出（实证分析）—中国有关供给和消费补贴的政策—政策优化。

供需冲击是影响价格波动和传导的重要因素，畜产品的生产周期较长，供给有较强的时滞特点，存储成本较高等特点对畜产品的供给都会有影响。畜产品的消费除了受消费习惯影响外，随着经济的发展，消费种类和品种也将产生变化。本路径通过对中国畜产品各市场的需求和供给测算，考察中国畜产品价格传导路径和效应。通过对中国政策中有关对供给的补贴，如生产环节的直接补贴、降低风险的各项补贴政策。2014 年通过的农产品目标价格改革，将在价格低时补贴生产者和价格高时补贴消费者，也会改变各环节的供需，本路径分析中国价格调控政策，进而提出政策优化建议。

二、本书的技术路线

根据上述的内容框架，本书的各章节内容如下：

第一章导论，主要介绍本书的研究意义、研究方法及研究的内容框架。

第二章价格波动及非对称传导的理论及研究综述，回顾了价格非对称传导及波动机制的文献，为后续的研究做准备。

第三章对猪肉价格非对称传导的"棘轮效应"的分析，论证了我国的猪肉价格波动具有易于上调，而难以下调的"棘轮效应"。

第四章主要介绍生猪价格的纵向传导，生猪产业链价格波动对生猪价格的影响。

第五章主要介绍生猪的横向传导，以省级为单位，研究生猪价格的横向传导关系。

第六章主要介绍国际范围内主要生猪产地美国、欧盟猪肉价格非对称传导的关系及其规律。

第七章主要研究替代品牛肉、羊肉对生猪价格的波动传导关系。

第八章主要研究疫病疫情对生猪产业产生的影响，分析疫病疫情冲击对产业的影响。

第九章主要分析宏观的货币政策对农产品价格非对称性产生的冲击和波动的影响。

第十章主要分析不确定性政策对农产品价格冲击产生的波动冲击影响。

三、主要的研究方法

1. 重点调查法和实际访谈法

本书将通过调查数据和统计年鉴的数据，收集各个市场的价格信息，主要包括：①生产环节，主要涉及养殖户成本收益、养殖期限、养殖规模、组织合作社情况、国家政策的落实等问题。②流通环节，主要涉及批发市场规模、批发商利润、零售商规模及利润等问题。③消费环节，主要调查消费者对于价格波动的预期、需求意愿、支付意愿等问题。④各级畜牧部门，主要涉及行业协会建设、市场监管、数据收集、疫病防治等问题。

2. 季节调整和趋势分解

畜产品生产有一定的季节性特征，本书根据主要畜产品价格波动特征和规律，采用 Census X12 等季节性调整方法去除季节性波动影响，用 HP 和 BP 滤波等方法将趋势和循环要素进行分解；建立肉类价格波动的（ARCH、GARCH、EARCH、TARCH、FLGARCH 等）族模型，研究肉类价格波动的聚散性、风险性和非对称性等周期性规律及肉类波动相关性的长记忆性特征进行分析，以寻找价格波动的规律性因素；建立状态依赖跳跃模型（State – dependent Jump Model）分析不同经济周期下的肉类市场波动率和跳跃行为对肉类市场上涨和下降等价格信息的非对称影响。

3. 灰色预测和弹性分析法

畜产品的供给和需求预测存在着不完备性、不确定性和随机性，很难应用正常的序列分析方法进行预测。本书采用灰色预测方法对供给和需求进行预测。同时本书将采用弹性分析法方法，分析各个环节的供给和需求弹性，为分析非对称传导提供基础。

4. 计量经济学方法对价格非对称传导的溢出效应进行分析

APT 的计量经济学方式经历了一系列的演进。随着门限协整的广泛采用，非线性的动态模型已经发展得相当成熟。现代的实证研究的趋势就是不局限于某一个模型，而是根据具体问题将不同的模型结合起来，由单变量扩展到多个变量模型中，形成方程系统等。本书研究猪肉市场价格 APT，涉及因素较多，变动复杂，因此本书的研究将针对不同情况，采用不同方法。最主要采用的计量方法有：纵向市场传导主要基于马尔克夫链的多阶段机制转换模型（RSM）；横向市场传导基于空间计量模型及面板数据分析，分析不同地区价格数据的；基于各省区的面板数据，采用空间计量模型进行分析肉类价格传导的空间效应；对替代品市场则基于 VAR 的模型，根据具体的市场现阶段采用多机制转换的误差修正模型（VECRSM）等。

第五节　本书的特色、创新及不足

一、本书的特色之处

1. 从市场关联的角度，考察中国猪肉市场价格波动

中国畜产品市场化改革较早，但市场的发育并不完全，还存在着市场分割等非完全竞争状况，畜产品市场之间高度交叉，相互影响，价格的波动和传导是密切相联的问题。因此，本书脱离单一市场的价格波动，从猪肉市场体系关联的角度，借助市场的价格非对称传导的分析，寻求价格波动和传导的根源。

2. 基于猪肉市场特征分析

畜产品具有生长周期长、疫病风险高、存储成本大及产品间相互替代性强等特点。中国的猪肉规模化养殖和散养并存，市场结构复杂，各市场之间的交易比较频繁，本书的研究基于生猪市场特征、产品特性来考察猪肉的价格波动，具体对生猪市场、关联市场及衍生品市场的市场结构、竞争状况等进行全面的分析，从而对生猪的价格波动及其影响因素作出了相对深入的分析。

3. 分析价格传导机制的政策效应

本书对各种调控政策的归纳和政策实施的绩效进行分析，通过猪肉市场价格传导的角度分析各种政策，例如母猪保险政策对猪肉价格波动、传导机制的影响，从而对中国现有的政策效应进行评价，提出科学合理的政策建议，也是本书对中国畜牧业健康发展做出的贡献。

二、本书的创新之处

（1）分析框架的创新。本书围绕猪肉价格波动和传导等问题，以产业结构理论、供需冲击理论、交易费用理论为指导，构建畜产品纵向传导和横向传导相

结合的研究框架，以"波动特征—理论分析—实证研究—政策评价—长效机制"的分析思路，突破了空间和垂直传导相孤立的农产品研究框架和思路，有一定的创新。

（2）理论和内容上的创新。最近十年，对农产品价格非对称传导的研究，呈几何化数量增长，但仍没有形成一个完整的理论体系。本书基于中国畜产品视角，结合中国特定的国情、市场特点及养殖户特点等，试图发现一些中国特有的影响价格非对称传导机理，充实非对称研究成果，寻求价格传导的共性和特性因素，对于非对称传导理论完善有一定的推动意义。

（3）研究方法的创新。本书将使用基于 ARCH、GARCH 族分析方法（如 UHF - GARCH、FLGARCH 等）对肉类价格波动的记忆性建模，分析波动的集群性和非对称性，从而对猪肉价格体系波动的共性因素及异质特征进行分析；本书还将采用灰色预测等来预测畜产品的供给和需求，利用宏观面板数据模型分析空间效应，从而验证横向区域价格非对称传导，并提供研究的思路；根据肉类市场价格特征采取多阶段的机制转换模型、利用向量自回归模型将不同种类价格纳入分析模型等，这些分析方法在农产品价格波动的领域都具有一定的创新性。

第二章　价格波动及非对称传导的理论及研究综述

对商品价格研究可以追溯到 15 ～ 17 世纪的重商主义，人们开始对价格的决定因素作了相关的研究和论述。到 20 世纪初，研究人员才开始系统地研究价格波动。由于农产品市场受因素影响比较多、变化比较复杂，逐渐成为研究的热点问题。国内外的研究都比较多，早期的研究主要集中于不完全开放条件下的农产品市场波动特征与行为研究，在古典的基础假设前提下进行，价格波动是对称的，可以被定义为对称传导。随着大量的实证研究，研究结果表明，价格的传导存在非对称的因素。本章将对农产品价格波动的对称传导及非对称传导理论进行梳理，为中国生猪市场的价格波动提供理论参考和政策借鉴。

第一节　农产品价格的波动与对称传导理论

一、内生经济波动理论

20 世纪 30 年代开始，学者开始系统研究农产品价格波动传导问题。总体来讲，主要从影响市场体系内在因素和外在因素的角度来分析。所谓内生波动就是指来自系统内在因素的冲击而导致的经济波动。因此分析价格波动也必须从经济系统中的同估因素进行分析。早期的内生波动传导理论主要有：

1. 供需理论

穆尔（1917）应用回归模型证明了农产品价格和需求有关，需求市场的波动是价格波动主要因素。汉森（1932）和克拉克（1934）认为农业价格的周期性波动并不能用产量的波动来解释，也不能用对农产品的需求弹性来说明，而只能用产业波动所引起的整个农产品需求曲线的移动来解释。20 世纪 30 年代美国的经济学家亨利·舒尔茨（Henry Schultz）、意大利经济学家翁贝托·里奇（Humberto RIcci）和荷兰经济学家杨·丁伯根（Jan Tinbergen）分别提出的用于考察在市场自发作用下，农产品价格与产量偏离均衡状态的波动趋势。后来英国经济学家尼古拉斯·卡尔多（1934）在前人研究的基础上总结该理论，并命名为"蛛网理论"（Cobweb Model），描述了农产品特有的供给和需求弹性，成为研究农产品波动的主要模型之一。

蛛网模型是运用弹性原理解释某些生产周期较长的商品在失去均衡时发生的不同波动情况的一种动态分析理论。蛛网模型的基本假定是：商品的本期产量 Q_{ts} 决定于前一期的价格 P_{t-1}，即供给函数为 $Q_{ts} = f（P_{t-1}）$，商品本期的需求量 Q_{ds} 决定于本期的价格 P_t，即需求函数为 $Q_{ds} = f（P_t）$。根据三种商品的价格供求弹性大小，分成以下三种类型：①当商品的供给价格弹性小于需求价格弹性时，商品产量、需求量和价格的波动逐渐减弱，形成一个逐渐向内收敛的蛛网，称为收敛型蛛网。②如果商品的供给价格弹性大于需求价格弹性，则商品的产量、需求量、价格在偏离均衡状态后，不能够恢复至均衡状态，形成一个向外扩张的蛛网，称为发散式蛛网。③如果商品的供需价格弹性相等，商品的产量、需求量和价格在偏离均衡状态后，则会围绕均衡点，以相同的幅度波动，既不远离均衡点，也不接近均衡点，这种蛛网被称为封闭型蛛网。而蛛网模型仅解释了商品产量和市场价格之间的波动关系，如产品的价格在多数情况下被认为是市场机制自我确定的，因此蛛网模型被解释为一种内在波动理论。

2. 成本价格理论

由 Mitchell（1941）发展起来的成本—价格理论，强调成本的价格边际或利润边际概念，强调利润预测是影响价格波动的主要原因。我国学者胡小平和尹志超（2003）认为，影响农产品竞争力的两个重要因素是农产品的市场价格和非价格因素，农产品市场价格主要受生产成本和流通费用的影响，非价格因素主要表现为产品差异。由于农产品自身的特性，其流通费用较一般产品更高。实证分析表明，农产品的流通费用在农产品的最终价格中占据较大比重。马晓河（2011）认为，我国农产品收入增长主要在于价格上涨，多数农产品生产成本增速超过了成本上涨。2004 年以来，中国粮食收益率已经连续下降，必然影响农产品的进一步发展。

3. 存货投资理论

该理论认为存货投资变动本身会形成轻度的繁荣和萧条的交替出现的经济波

动，同时也会加大其他原因引起的经济波动的幅度。丁鸣（2009）利用绍兴市中支工业监测企业数据，实证结果说明长期内，存货与物价及经济增长间有着稳定的均衡关系，存货变动略领先于物价及经济增长；短期内，物价及经济增长对存货变动反映的敏感性较低。赵红霞和张晓宁（2015）认为，应借鉴国际贸易的做法——缓冲存货，来稳定国内的市场价格，减少价格波动，以促进国内农产品贸易持续、健康、良性发展。

4. 信息周期理论

信息周期理论是20世纪80年代末至90年代初出现的一种经济周期理论。信息周期是由于市场需求信息反复不断的变化，使产出和投资表现重复的周期，因此信息也成了一种波动传导的机制。刘志峰和王石磊（2009）认为，生命周期信息生态系统为我们分析经济波动和价格波动提供了一个新视角。在不同的生命周期阶段，信息生态系统具有不同的发展特征，相应地，优化信息生态系统的策略体系也会有所差异。

二、外生经济波动理论

外生经济波动理论认为经济系统由于受到来自外部因素传导。对于农产品价格波动的外在因素探讨，则主要集中在：

（1）气候（H. L. Moore，1914）对农产品生产及价格波动的影响。我国的学者也研究了气候变化对农产品供给及需求的影响，但整体来看，研究的广度和深度还不是很高。谢杰等（2007）研究了温室效应对世界农业产生的影响，温室效应会使地球升温，从而引起全球变暖，高纬度地区将获益进而低纬度地区将受损。北美小麦出口的重心将从美国转向加拿大，中国将取代东盟成为主要的稻米出口国。尹元元（2014）分析了极端天气对中国农产品供求、流通的影响，从而导致农产品价格的波动，提出改善现在的调控政策缓解供需矛盾。彭俊杰（2017）认为，气候变化对世界农业生产产生了显著的影响，特别是对粮食产量的影响比较严重，气候变化对粮食产量影响的程度主要取决于粮食作物的种类，有32%～39%的地区表现出玉米、水稻、小麦、大豆的产量波动与气候变化呈现出显著的相关关系，并且不同地区的粮食产量受到温度、降水以及它们之间的耦合作用而产生不同的影响。

（2）创新经济周期理论（Innovation Business – cycle Theory），美国经济学家熊彼特（Schumpeter，1912）认为，经济周期是创新所引起的旧均衡的破坏和向新均衡的过渡，这是社会发展的正常途径。他指出创新分为五种情况：①引入新产品；②引入新工艺；③开辟新市场；④获得新材料；⑤建立新组织。技术创新在经济周期中的作用得到了大多数经济学家的研究和证明，不少经济学家从各种角度进行了分析，创新领域也逐渐成为一个独立的学科。朱希刚（2004）认为，农业技术创新在农业结构调整中发挥了重要的作用，要调整农业创新目标和创新重点，推进农业科技成果转化。张在一等（2018）认为，全国 10 种主要农作物的技术偏向路径，对要素稀缺诱致性创新理论和市场需求诱致的创新理论进行了验证。通过比较资本—劳动交叉价格弹性和劳动—产出弹性后发现，资本和劳动具有相互替代的关系；劳动相对价格上升和产出增加都会引起节约劳动力的技术偏移；劳动密集度越低的作物对于劳动力相对价格变化的反应程度越大。邱顶银（2020）从农产品的组织运营模式、流通渠道等方面，提出加强专业合作社向前和生产者合作、向后和消费市场联系，将农产品的生产、流转、销售形成了产业链在一定标准下指导的市场活动，有助于农产品供销模式向标准化、产业化的方向发展。

（3）货币（Ping H., 1998）、汇率（Jungho Baek and Won W. Koo, 2010）、通货膨胀、贸易逆差（Apergis N. and Rezitis A., 2001）等宏观经济因素的冲击。宏观经济因素对中国农产品价格冲击和经济波动的研究比较多，经济学者从多个方面进行论述。郑辉（2005）认为，汇率对农产品的出口产生了重要影响，连续两个农业年度的农产品价格均会对当期人民币实际汇率产生影响，价格上涨可造成实际汇率升值；有时前一个农业年度的价格影响更大。马龙和刘澜飚（2010）认为，货币供给冲击对中国农产品价格波动具有统计意义上的显著性影响，但同时货币供给冲击只能解释 9% 左右的农产品价格波动，货币供给冲击不是直接影响中国农产品价格波动的主要原因。付蓉和肖黎明（2019）认为，经济增速和汇率是影响农产品价格变动的主要因素，并且都存在显著的非对称性；相比农产品价格处于较高区制状态下，农产品价格上涨对通货膨胀的促进效应在农产品价格处于较低区制状态下更为明显。吴贾和李标（2019）研究农产品价格波动推动通货膨胀率，发现小麦、玉米、大米这三种粮食作物序列存在断点的共变性（同期性），这种共变主要由农产品生产要素的价格推动；大豆、猪肉和 RPI 序列则表现出断点的序贯性，主要源于猪肉价格的冲击传递至大豆中，并推动了通货膨胀率。

第二节 价格波动与价格非对称传导理论

价格理论在新古典经济学中占据有重要的地位，价格是资源配置的重要手段之一，引导经济体进行资源分配，如决定产品的品种和产量的多少等，价格通过纵向调节和空间传递达到资源整合。在古典经济学的基本假设前提下研究，如非扭曲和凸凹需求函数下，价格波动在绝对规模上是对称的，可以被市场定价模型预测，称为对称传导。但大量的实证研究表明，价格对称传导不符合现实，价格波动传导会存在方向、维度等溢出的态势，价格对称传导不符合实际，非对称传导应该是规律，而非例外。价格在传递过程中，会出现不均衡传递的态势，经济学上称为价格的非均衡传递或非对称传导（Asymmetric Price Transmission，APT）。Karpoff（1987）最早在金融市场发现了 APT。随后，大量的实证数据表明石油市场（Lewis，2011）、农业市场（Roomain，2002）中均存在着 APT。Bacon（1991）形容 APT 为"火箭和羽毛"，即上升的输入价格 x_t 对输出价格 y_t 产生的影响像火箭，而下降的 x_t 对 y_t 产生的影响像羽毛。Peltzman（2000）更认为，非对称的价格对称传导不符合实际，非对称传导应该是规律，而非例外。Jochen Meyer 和 Stehpan von Cramon – Taubabel（2004）在前人研究的基础上划分了 APT 的分类标准，首先是传导的速度和幅度非对称，其次是传导方向非对称，最后研究领域的纵向传导和空间传导。

农产品因特定的生产周期、产业链较长且存在存储、保鲜等方面的问题，价格的非对称传递已经成为农业经济学重要的研究内容，许多的经济学家研究了农产品的价格非对称传递。农产品的非对称传递，使农产品价格波动剧烈，生产价格和零售批发价格差异过大，影响了消费者农业政策的制定就是因为价格的非均衡传递而造成的。

农产品价格波动传导是指农产品价格沿市场渠道产生溢出效应的一种价格现象，其内涵是一种价格变动通过各种途径和渠道影响其他价格的全过程（中国价格协会课题组，2005）。根据研究的侧重点，将影响价格波动传导途径和方向的文献，称为价格波动传导路径；侧重于价格内部各要素的内在工作方式及诸要素在一定环境条件下相互联系、相互作用规则和原理研究的文章，称为传导机理；侧重于价格形成和调节机制的文献，称为价格传导机制。当然上述内容相互重叠、相互交叉，任一研究都有可能会涵盖其他的研究内容。本书用路径、机理和效应来定义农产品价格波动传导。对 APT 的研究，一般从传导机理、路径、效应进行讨论。对市场间价格传导内在各要素在一定条件下相互影响的研究，即非对称传导机理，至今没有成熟的理论体系，学者基于不同的假设，探讨非对称传导的原因。

一、非对称价格传导的机理分析

对价格非对称传导的原因和方式的分析，即非对称价格传导机理的分析，仍处于探索和争鸣阶段。Azzeddine（1999）认为，用悲观的语言说，现在的实证研究只是描述市场是如何进行价格非对称传导，还远未能解释为什么会产生非对称传导。因此，对于价格的非对称传导的机理研究，目前理论上并没有形成完整的理论体系，学者从不同影响价格波动和传导的不同角度进行了分析和论述。

1. 市场结构和市场机制

市场结构和市场势力，如垄断及市场集中度等决定了在市场体系中某市场讨价还价的能力，被认为是影响价格 APT 的主要原因。Ward（1982）认为，市场力量可能导致负的 APT 如果垄断者不愿冒提高产出价格而丢掉市场的风险，如果厂商认为大部分的厂家会跟跌不跟涨，那么负的 APT 也会产生。反之，如果厂商认为大部分厂家会跟涨不跟跌，那正的 APT 就会产生。Katell le（2001）利用越南南北猪肉市场的数据讨论了市场机制对 APT 的影响，北部市场机制的私营，生产和零售价格很难有长期均衡，在生产和零售环节价格是非对称的；南部市场机制的公有制，生产和零售环节价格传递是对称。因此提出转型中的政府应该是为私人竞争提供条件而不是一味的私有化。

一般认为，农产品产业链中生产、批发、零售环节，农民和消费者在产业链的初始端和最末端，通常处于完全竞争状态，面对有组织的批发、零售环节，会处于弱势，通常会导致 APT（McCorriston，2002；Jean et al.，2006）。如消费者和农户所面对的市场是不同的，在产业链的不同部分会有不同的市场力量，特别是农业中，农民在产业链的初始端，消费者在产业链的最末端，面对中间链的运输和零售环节，会有不均衡的竞争（Kinnucan and Forker，1987；Miller and Hayenga，2001；McCorriston，2002；Lloyd et al.，2006）通常认为这会导致正的非价格均衡。

在横向市场价格传导中，经济实力强、市场需求大的区域会对周边市场的价格运行形成压力，或者生产地会对销售地产生影响，并且当地的企业也会利用市场力量挤压新来企业扩展业务。(Badiane, 1998; Abdulai, 2000; Julie Subervie, 2014)。

我国学者也对市场结构和价格机制进行了广泛的研究。市场力量、规模报酬、市场垄断等是产生 APT 的主要原因。王秀清(2007)利用均衡模型研究农业生产者和食品零售商之间的纵向价格传递,认为市场中存在着垄断的力量,研究表明市场力量和规模报酬对价格传递影响最为复杂,一方面取决于农产品供给和食品需求函数的具体形式;另一方面取决于外生冲击对农产品收购和零售环节市场力量变化的相对幅度。胡华平和李崇光(2010)研究发现认为纵向市场组织形式对农产品价格传递有影响,松散的契约型结构非对称价格传递信息越微弱,紧密的层级型结构的非对称价格传递越明显。在此基础上,分别研究了苹果、粮食传导情况,结果发现垄断是造成价格非对称传导的主要原因。周勤和黄亦然(2008)研究大型连锁零售企业通过渠道势力压榨制造企业利润,造成价格非对称传导的证据。洪岚(2009)通过研究北京市粮食供应链价格非对称传导,市场势力对价格产生重要影响。胡华平和李崇光(2010)研究发现,所有权控制、专业资产投资都会对农产品的营销渠道产生影响。

2. 产品需求和供给冲击

基于产品生产特性、市场特征而导致供需冲击的研究成为主要热点。畜产品生产周期较长、人们的消费惯性、替代性较高、疫病风险等特点所造成的供给和需求的缺口,成为畜产品价格非对称传导机理分析的主要内容(Goodwin and Holt, 1999; Hahn W. F., 1990)。Kinnucan、Forker(1987)和 v. Cramon - Taubadel(1998)认为,APT 应该建立在 Gardner(1975)的市场边际模型的基础上。农户的出场价格依赖于零售方的需求和生产的供给的基础上。Borenstein 等(1997)研究了在原油生产中的垄断会使价格的调整滞后。早期研究可以通过不同市场间价格传递的弹性来测定价格在不同区域的传递。价格传递弹性是价格共同运动的测量,可以显示在不同区域传递的价格。在竞争性的环境中,价格传递可以降低和减少套利机会。John 和 Tweetn(1967, 1977)最早估计特定农产品和农业市场一体化过程中的农业进口需求弹性;Mauny E. Bredhall(1979)估计了美国农产品价格传递的国外需求。有些学者分析需求的变动会导致价格的非均衡。原油价格的升高,将导致汽油价格的升高。而由于利润被挤压,原油价格的下降并不会导致汽油价格的下降,只有达到门限的水平。一些文章分析市场对 APT 的影响认为,APT 不是因为投入的变化,而是由于需求的影响。

我国学者也对农产品在内的食品的需求价格进行了研究,从长期来看,供需冲击是决定农产品价格波动传导最主要的原因，生产成本次之，货币冲击最小（中国人民银行课题组，2011）。张亮亮和张晖民（2009）认为，粮价上涨是同经济增长需求及燃料需求有关，需求影响着粮价的波动。李圣军等（2010）从需求和供给的角度来考察农产品市场、批发市场及食品市场的价格传递，研究表明农业链条的价格传递以"需求拉动"为主，"供给推动"为辅，食品加工企业起到稳定剂作用。周晶等（2015）分析了饲料成本上涨、疫病冲击影响猪肉市场的价格及中国猪肉市场价格波动的主要原因。曲智和杨碧琴（2017）认为，消费者需求、商品质量偏好影响到产品价格的传导关系。孙坚强等（2019）食品需求和加工环节存在着需求反馈传导，与消费环节存在双向成本传递和需求反馈传导。

3. 交易成本和信息不对称

市场间交易所产生的运输、存储成本、税费、信息不对称等交易成本是 APT 传导机理分析的主要领域。学者从市场间距离、税收负担、信息传递模式、流通渠道等进行了相对系统的分析（Abbassi et al.，2012；Bailey and Brorsen，1989）。Bailey 和 Brorsen（1989）认为，信息传递的非对称。鸡肉市场的价格下降要比价格上涨被关注的少。

经济学家认为调整的成本是产生价格非对称传导的原因之一。当企业调整整体投入产出数量时。如果成本和数量发生增减，会导致成本的改变。Bailey 和 Brorsen（1989）认为批发商面对的是可变成本，而生产者面对的是固定的成本，生产价格很容易被抬高，很难被压低，就产生了负的 APT，例如牛肉批发商面对的是可变的成本，他们更容易调整库存，而生产者因为要面对固定的生产成本。因此农户的价格被抬高很容易，压低价格难，就产生了负的 APT。与 Bailey 和 Brorsen 的结论相反，Peltzman（2002）设计了一个正的 APT，因为对一个企业来讲面对产量减少时，简单的方法是减少产量而不是寻求一个新的生产线，因为一个新生产线的搜寻成本和价格溢价比较高。

调整成本又称菜单成本，学者还从会计存货角度分析了菜单成本对价格的非对称传导。Ball 和 Mankiw（1994）发展了菜单成本模型，认为正的投入价格比负的投入价格的冲击更容易导致产出价格的调整。例如，Balke 等（1998）认为先进先出法会导致 APT。Blinder（1982）发展了另一个模型认为负的存货限制能产生正的不均衡。Reagan 和 Weitzman（1982）认为对于需求不足的企业更倾向于增加产量增加存货，而不是降低价格进行销售。Levy 等（1997）和 Dutta 等（1999）提供了美国零售市场最近的菜单成本的数量，平均来看，是净利润的27% 和 35%。企业存货管理被认为是批发和零售企业面对外在价格冲击的调整方法，Wohlgenant（1985）设计一个理性预期模型，来解释一个竞争性企业持有最优化存货来获得最大的利润。

另外商品属性如生产周期、存储特性也是价格非对称传导的原因之一，这在农产品分析中非常有价值。Ward（1982）提出，易坏商品零售可能因为保质期短而害怕提价，将导致负的 APT。Heien（1980）认为具有较高保质期的商品不易提价是因为要面对更高的时间成本和更多损失商誉的可能性。

我国学者也对此进行了相关研究，但是研究成果并不多。陈芮（2015）认为，鲜活农产品的特点决定了其高额的流通成本，流通成本一般占鲜活农产品零售价的比重一般为30%～50%。流通机构不够完善，生产者和消费者之间信息不对称易导致供求不平衡，从而影响鲜活农产品的价格。章涛等（2012）认为，国家税收对国际和国内粮食价格的传导有重要的影响，造成了价格的非对称传导。

4. 政府宏观政策对农产品价格波动的影响

出于不同政策目标的农业政策、贸易政策如最低限价、农业补贴、目标价格等改变了产品的供需状况、市场结构、市场交易路径及方式、人们的预期等也被认为是产生 APT 的重要原因（Rhoda Mofyq – Mukuk and Awudu Abdulai，2014；Trestle，2008）。例如政府的最低限价政策，批发商和零售商认为农产品市场的降价是临时的，因为政府会采取措施进行干预，因此会产生一种心理的预期。

中国学者也针对中国政府所实施的各项政策进行分析政策效应对农产品价格所产生的影响。杨朝英和徐学荣（2008）在对 1992 年以后中国制定的生猪生产支持政策梳理的基础上，分析了中国生猪支持政策及调控主要对象为规模猪场，对农户调控及支持力度不足；生猪价格下跌与生猪价格上涨时的政策力度不同。生猪价格上涨时，政府支持政策可能加剧生猪市场价格波动的风险，生猪价格下跌时，实施的政策在一定程度上缓解了下一个时期的生猪价格的大幅波动。

学者提出了稳定价格运行的一系列政策及措施，如建立价格检测和预警机制（王锐和陈倬，2011）；减少流通环节、降低运营成本（李磊和肖光年，2011）；鼓励规模化生产、发展畜牧合作社（胡凯和甘筱青，2010）；建立猪肉目标价格，实行逆周期补贴（谭莹，2011）等。于冷和吕新业（2012）针对农产品价格调控目标进行分析，认为国家制定调控政策短期内要明确干预的范围和品种，分清批发价格和零售价格，长期内应该关注城市居民中的低收入群体利益，更要激励农民生产积极性，提升国家粮食生产能力。刘婷和曹宝明（2019）对中国的粮价调控认为政府价格干预是造成当前粮食困局的主要原因，政府应把握好政策调控力度和时间跨度，渐进式推进市场化改革，着力改善市场环境，建议可将名义价

生猪价格波动的非对称传导机制研究

格保护率作为调控的重要依据对政策进行了批评，运用 VAR – STR 模型对国内价格支持调控政策的有效性进行判断。

学者分析了中国农业政策对农产品价格及波动传导的影响，认为农业调控政策在一定程度上增加了供给，减少了流通中的交易成本，但支持力度过低，方法欠妥也会导致价格加剧波动（谭莹，2010；凡兰兴，2012；王婷，2014）。

5. 不确定因素的外部冲击对猪肉价格波动的影响

近年来也有学者从外部冲击的视角，来探讨其对猪肉价格波动的影响，例如经济不确定性，政策以及疫病疫情等因素。周海文（2013）和潘方卉（2016）指出疫病是影响猪肉价格波动的主要外部冲击因素之一，生猪养殖阶段疫病的暴发会对猪肉供给产生冲击，同时也会对消费者心理产生影响，进而影响猪肉价格。全世文和曾寅初（2016）等探讨国家储备政策对猪肉价格产生的冲击，在不同的时期实施不同的储备政策，对市场进行收储和放储操作，会对猪肉价格产生冲击，储备政策对猪肉价格传导产生较为明显的阈值，当收储和放储力度不同时会导致上下阈值以外的价格非对称传导现象。由于猪肉价格与居民消费指数密切相关，对于两者之间关系的探讨也比较多。段隐华（2012）和何蒲明（2013）研究了猪肉价格与居民消费指数 CPI 之间的联系，指出从长期角度来看居民消费价格指数对猪肉价格波动的影响会逐渐减小，但在短期内其对猪肉价格波动仍具有较大程度的正向冲击作用。最后，有学者采用最新的研究动向，探讨了经济不确定性对肉类等畜产品产生的冲击，殷克东（2015）和石自忠（2016）等发现经济政策的不确定性对畜产品价格的冲击是持续存在的。并且在所有的肉类产品中，猪肉价格波动受经济不确定性的冲击最为突出，外部冲击对研究包括猪肉价格在内的畜禽产品以及农产品价格非对称传导具有十分重要的意义，并且近年来与国家政策以及宏观经济运行的研究相结合，极大地丰富了价格非对称传导的研究。

二、价格非对称传导的路径分析

价格传导路径及效应的研究，则主要从实证的角度研究市场体系中哪些是中心市场、价格发起市场，哪些是被动的市场，及中心市场价格在整个市场体系传导中所处位置、方向、大小及其纬度等。按照市场体系的不同，一般来讲，经济学者主要从产业链的纵向市场传导、区域的横向市场传导及涉及产品替代的相关市场价格非对称传导来展开。主要涉及的市场体系有：

1. 纵向市场传导

（1）纵向市场传导的国际研究。纵向市场传递是在产品产业链上的传递，例如农产品市场上，农业产品生产价格上升和下降，但在零售市场上却不能很快地上升和下降，存在着纵向传递的不均衡。例如很多经济学家发现零售对成本价格上升的调整比价格下降的调整要快得多。纵向市场体系包括从生产领域到消费领域的一系列市场的总和，从生产领域向消费领域的正向传导称为成本导向型传导；由消费领域向生产领域的逆向传导称为需求导向型传导，其中正向传导是纵向市场研究的重点。

学者对畜产品市场纵向产业链的价格传导进行了大量的、系统的研究，发现价格非对称传导广泛存在于猪肉、牛肉及羊肉等的纵向市场体系中，且批零市场对整个市场的导向明显，即正向传导更加有效（Hahn W. F.，1990；Goodwin and Holt，1999；Rumánková，2012）。Goodwin 和 Holt（1999）运用 1987～1998 年猪肉农场市场、批发零售市场价格周数据，利用阈值协整方法进行分析，发现批发零售环节对上游价格有较强反应，也就是正向传导比较明显。奥热尔和希尔威尔（2007）以 1994 年 1 月至 2002 年 10 月的月度数据为研究对象，运用非对称误差修正模型研究了美国液态奶产业链的纵向价格传导机制，通过估计生产者价格和零售价格之间的长期与短期弹性，研究发现生产者价格与零售价格的传导是非对称的，价格上升富有弹性，价格下降缺乏弹性。L. Rumánková（2012）应用VECM 模型对捷克猪肉产业链市场的价格传递进行分析，发现价格正向传导的有效性。伯纳德（2009）采用马尔柯夫链向量误差修正模型，分析了 2000 年 6 月至 2004 年 11 月政策改变对乌克兰小麦和面粉市场垂直价格传导的影响，研究发现，政策干预在乌克兰收成波动时会放大市场的不稳定性。

（2）农产品纵向市场传导的国内研究综述。农产品纵向产业链 APT 传导一直是学者研究的热点，学者考察了产业链中市场势力的差异、垂直关联程度等对APT 的影响。

首先，认为中国农产品纵向 APT 存在，路径相对通畅（刘敏等，2005）。郭利京（2011）考察了生猪市场的纵向价格传导，以纵向产业链价格形成、传递机制和中间层理论作为理论基础，深入探讨了猪肉纵向产业链中的中间商对猪肉价格形成和传递的作用和影响机制，廓清了纵向产业链各主体的存在对价格在纵向产业链中传递和福利的影响，研究表明在生猪纵向养殖链中，生猪养殖、屠宰、收购、批发、零售等市场势力的差异是价格非对称传递。李圣军（2012）认为仔猪价格、猪肉批发价格和猪肉零售价格呈现出明显的"放大效应"。根据方差分解表，在仔猪价格、生猪价格、猪肉批发价格和猪肉零售价格 10 个月内的预测误差中，生猪价格的解释力度总体保持在 60% 以上，充分显示生猪价格是全产业链价格传递的"核心发动者"和"最大影响者"。

其次，农产品以"需求拉动"的逆产业链传导为主，"供给推动"传导为辅，食品加工企业发挥了"稳定器"的作用；居民食品消费价格对上游各环节的价格有显著的直接影响，其中对农产品价格的最大解释力度为74.2%，对农业生产资料价格的最大解释力度为39.8%；农业生产资料价格对下游各环节的价格均没有显著的直接影响，其中对农产品价格的最大解释力度为74.2%，对居民食品消费价格的最大解释力度为61.7%（李圣军等，2010）；范润梅等（2007）影响了蔬菜市场的纵向价格关系，认为零售价格是影响蔬菜批零价差的主要因素，同时也发现蔬菜市场的零售商对某些产品拥有一定的市场支配力，能够通过一定的途径提高零售价格，扩大价差。

最后，学者对猪肉纵向市场传导时滞进行了分析，认为猪肉上行和下行传递速度不一致。影响猪肉价格涨跌的主要因素来源于生猪养殖环节，与生猪和猪肉的流通环节关系不大。要稳定猪肉价格，重点应当放在生猪养殖上（张磊等，2008）。王芳等（2009）研究发现，中国养猪业上下游价格传导存在着不超过5个月的时滞，养猪业市场纵向整合度较高。因此，政府应当把玉米价格、生猪价格作为价格监控的重点对象，并且要加强对生猪流通领域的宏观调控力度。杨朝英等（2011）研究发现生猪价格与猪肉价格之间存在着长期整合，并且通过价格的非对称传递方式进行短期误差调整。两种价格之间的上行传递和下行传递速度是不一样的；且均对"利空"消息反应更加敏感，即猪肉批发商对生猪价格上涨更加敏感，而生猪养殖者则对猪肉价格下跌更敏感。

2. 横向市场传导

（1）横向市场传导的国外研究综述。产品价格的空间均衡主要是研究价格的横向传递，即价格在不同区域里传递。空间均衡最早起源于 LOP 理论，空间价格联系是市场结构有效性的一个重要的尺度，尤其是在发展中的市场中，影响市场结构中的因素例如道路系统、市场发展、交通等都是影响区域市场价格传导的重要因素。

农产品可以被认定为同质商品，同质商品在不同区域的分配的研究基石是 LOP 理论，其认为较高的价格关系，才能造成市场的组合，被解释为贸易和价格。价格横向传递出现在国际贸易理论中，只要国际存在着空间的套利机会，价格的传递就可能会发生（Ousmane Badiane，1998），直到价格持平为止。市场根据价格的输入和输出，分为中心市场和外围市场，中心市场是价格需求市场，是净进口市场，是价格发起市场；外围市场是供给市场、净出口市场。将不同的区域分为中心区域或者地方区域市场，或者按照饲料生产和销售地的不同分为生产区域和销售区，以此来研究不同区域市场价格之间的价格传导和非对称传导。如果将这一理论扩大，分为发展中国家和发达国家，中心和外围的辐射，即为国际市场的传递理论。标准的地区价格均衡模型由 ESTJ 模型（Enke，1951；Samuelson，1952；Takayama and Judge，1964，四个理论组成的模型），该模型论述了如果不同市场之间的价格差异大于交易成本，则市场间贸易规模由不同区域需求和供给决定。

不少学者对价格横向传递的原因进行了分析，Bailey（1989）认为包括价格传递成本、信息传递、企业市场力量大小和价格的信息披露等原因。成本因素主要包括运输成本等，运输成本的不同有自然及社会的原因，如实际的交通费用和处理设施成本会带来不同地区之间的运费和差异。例如乌克兰的粮食更多地向俄罗斯出口。由于政策不同，交通成本大小主要决定于市场实际运输成本、市场结构和市场信息传递成本（Fafchamps，1992）。成本调整因素受利润最大化的理论限制，对价格的影响区域主要涉及生产区域和消费区域的价格传导，学者认为经济发展水平高的区域能产生巨大的需求，带动其他经济区域的发展。

阿乌杜（Abdulai，2000）采用阈值协整和误差修正模型研究了加纳地方玉米市场和中心市场之间的价格传导关系，结果表明：地方玉米市场和中心市场存在长期的均衡关系，但地方玉米市场对中心玉米市场价格的上涨反应较快，对价格下降反应较慢，即价格传导过程存在非对称性。露丝和道恩（2003）探讨了北美两个新鲜西红柿主要产地装运点与美国和墨西哥的几个主要销售市场之间的价格联系，研究发现，墨西哥锡那罗亚州装运点价格与地理位置较近的美国洛杉矶终端市场的整合程度明显高于与其本国终端市场的整合程度。肯迪和雅克（2005）以埃塞俄比亚画眉草（一种粮食作物）为研究对象，建立自回归分布滞后模型，研究了埃塞俄比亚农产品市场自由化政策实施后，粮食中心市场和地方市场之间的空间价格传导情况，发现中心市场与地方市场之间存在长期均衡关系，中心市场在价格波动中处于主导地位，长期和短期内均影响着地方市场的价格波动。

（2）横向市场价格非对称传导的国内研究。不少学者对农产品的横向区域传导进行了研究，探索了农产品消费区需求的变化对产品价格传导的影响（Caearwn et al.，2013）。对于区域横向价格的传导学者则主要基于区位特征，从运费成本、流通费用、流通模式、流通效率等因素研究市场区位对 APT 和对价格波动传导的原因。

学者对横向区域价格传导主要基于生产区对消费区的波动传导，首先，对中国国内市场的分割和一体化进行相关的研究，Yong（2000）认为中国的市场存着分割性问题，可能存在着国内市场非一体化的危险。文章引发了广泛的争论，陆铭和陈钊（2009）利用相对价格研究了中国省级市场的一体化。桂琦寒等（2006）利用各地商品价格指数实证了中国市场一体化的趋势。分析了省际、产销、农产品之间的价格传导，正向传导明显（许世卫和李哲敏，2010；刘芳等，2012；董晓霞等，2011；陈飞和王娟，2014；贾伟和秦富，2012）。

其次，针对农产品市场整合进行研究，武拉平（2000）以小麦、玉米、生猪等生猪市场为例研究了农产品地区差价和价格波动问题。万广华等（1997）利用共聚合法对中国水稻市场的整合程度进行了研究。喻闻和黄季焜（1998）通过各省份粮食价格数据，利用 ADF 方法对中国粮食市场的整合进行了检验和分析。进入 21 世纪，对区域价格波动传导的研究相对较少。姚霞和张卫健（2006）对江苏省苏南、苏中、苏北的蔬菜价格波动空间特征进行分析。许世卫和李哲敏（2010）分析农产品在产地和销地之间的价格传导。董晓霞等（2011）分析了西红柿价格传导的区域性和交叉性特征。贾伟和秦富（2012）以省际之间玉米的价格传导效应进行研究，研究发现主要产区省份玉米价格波动影响高于主销省份。

最后，对中国生猪及畜牧业区域转移进行研究，胡浩等（2005）对中国生猪的区域转移进行了分析，主要分析了各省份生猪生产的比较优势以及生猪饲养方面。郭利京等（2011）研究养猪业价格体系，分析东、中、西部市场整合情况。虞祎等（2009）利用均衡转移模型将猪肉市场分成城乡市场，来研究两市场的价格波动和反映程度。近年来，随着空间计量经济学的发展，学者应用新的方法对区域价格传导进行系统研究（刘金山，2006；郭国强，2010；王晶晶，2014）。

3. 替代农产品市场的价格非对称传导研究

农产品特别是畜产品的相互替代性，哪种产品在价格体系中占中心地位？如果波动会不会影响到其他替代品价格？产生波动的大小和纬度如何？这些都是该领域主要研究内容。研究表明，相关畜产品猪肉、牛肉、羊肉产业链之间价格的动态传导关系明显，存在不对称性效果，对产品的价格波动起重要的作用（Griffith G. R. and Piggot N. E，1994；W. Ero Kuiper，2014）。Ana I. , Sánjuan Jose Mgil（2001）运用 1998 ~ 1995 年欧盟各国猪肉、羊肉价格数据，显示猪肉市场的正向传导更有效，无论是长期还是短期，猪肉、羊肉市场都是整合的。关于畜产品如猪肉（Boyd M. s，1998；Abdulai A. , 2002；Goodwin B. K. , 2000）、牛肉（Bernard J. c，1996）、鸡肉（Bailey，1989）、牛奶（vande Kamp，P. R. and Kaiser, H. M., 1999）等研究非常多，学者还对相互替代的产品市场的价格非对称传导进行研究，Griffith G. R. 和 Piggot N. E.（1994）研究了澳大利亚猪肉、牛肉、鸡肉互相替代畜产品的价格非对称传导，Hahn W. F.（1990）还研究了猪肉和牛肉生产、批发、零售市场的价格非对称传导。

　　中国学者对各类农产品市场替代的研究不是很多，主要集中在粮食市场、肉类市场和蔬菜类市场的价格替代性研究中。郝晓燕等（2018）研究了玉米价格和小麦价格的联动，表明玉米价格变动对小麦价格的影响作用更大；玉米和小麦价格之间的联动关系会影响市场供求变化，主要表现为饲用消费需求的替代和进口供给的替代。喻妍等（2019）利用广义预测误差方差分解和网络拓扑模型图分析了各品种的关联度。研究结果显示，各蔬菜之间呈现出较高关联度，且不同品种两两之间成对关联度差异明显，其中萝卜存在较强风险脆弱性，黄瓜、茄子等蔬菜则具有较强传染性；蔬菜间的相互影响构成蔬菜系统的网络拓扑模型，其中黄瓜、茄子、油菜最具系统重要性，而冬瓜、萝卜的系统重要性最弱；调整滞后阶数和预测步数，蔬菜关联度保持在 60% ~ 80%，依然处于较高水平，结果较为稳健。

　　畜牧产品之间的价格传导关系的文献并不多。主要原因在于中国肉类消费结构中，猪肉占据了绝大多数比例，其他肉类产品如牛、羊肉产量较少，部分学者认为牛、羊肉价格对于猪肉价格基本没有影响。如王明利（2013）认为猪肉价格会影响牛肉价格，但反过来牛肉价格却不会影响猪肉价格。但也有部分学者认为虽然牛、羊肉产量较少，居民日常消费不多，但由于价格较高，随着居民生活水平的提高消费增长潜力巨大，牛、羊肉价格必然会对猪肉价格产生一定的影响。丁存振和肖海峰（2017）研究了羊肉价格波动和替代市场传导，表明中国羊肉价格表现出显著的季节性波动规律；羊肉价格呈现出先缓慢上升再缓慢下降，之后再快速上升再下降的长期趋势；替代品价格中对羊肉价格波动影响最大的是牛、肉价格，其次是猪肉价格和鸡肉价格。石自忠（2016）对不同畜产品之间的波动状态进行了研究，发现了其价格波动之间存在着非对称性。田文勇（2016）通过对中国猪肉价格与牛肉、羊肉、鸡肉价格动态关联实证分析，也支持了这一观点。翟雪玲（2008）和李哲敏（2010）分明通过肉鸡、禽蛋市场的研究表明，价格之间存在一定的传导关系，成本推动型传导路径明显。田文勇等（2016）研究了猪肉、牛肉、羊肉、鸡肉的价格波动和价格关联关系，研究表明四种肉类价格周期性波动频繁，价格波动幅度不断增大，波动周期持续时间逐渐变长，市场不稳定性逐渐增强，产业风险逐渐增大；猪肉价格与牛肉、羊肉、鸡肉价格存在长期稳定的均衡关系；猪肉价格波动主要受其自身影响较大，其次依次为鸡肉、羊肉、牛肉价格。

4. 开放条件下国际农产品的价格非对称传导研究

国际农产品的价格传导依赖于商品贸易，并受贸易规模大小的影响。Fackler 和 Goodwin（2001）认为在不同地区的商品贸易流动可以加强不同区域的联系，从而影响对需求和供给的冲击。地区间的商品库存水平和交通限制等成本的差距影响进口和出口地区的贸易水平。Robert 等（2012）利用南非和津巴布韦玉米价格数据进行研究，研究发现地区之间的价格传导依赖于贸易流的幅度而非价格不同的幅度。Caearwn 等（2013）利用欧盟各国猪肉数据进行研究，研究显示价格在各国的传导和贸易量成正比。同时随着股价期货市场的发展、信息的传导，学者还探讨了在缺乏贸易流的情况下，依据地区之间的供求信息及将来贸易流和股价调整进行的价格非对称传导。Jensen（2007）利用 1997～2001 年印度渔业数据进行研究，结果表明信息技术对价格的传导有显著影响。Stephens 等（2008）利用津巴布韦番茄数据进行研究，认为地区之间的信息传导比贸易传导更快、幅度更大。Yang 等（2003）分析了欧盟、美国、加拿大小麦期货市场价格的价格非对称传导，发现在国际市场没有相对的领导价格，相对来讲，欧盟的小麦价格受外界影响最小。

中国学者对开放条件下的价格传递研究主要集中在汇率、贸易等角度对价格传递的影响。①人民币汇率变动对价格的非均衡传递的影响。施建淮等（2008）研究了人民币汇率变动对国内价格链中进口价格、生产者价格、消费品价格的传递程度和速度。曹伟和倪克勤（2010）利用门限回归从汇率变动的方向和幅度考察对进口价格的非对称性。秦臻和倪艳（2013）建立人民币汇率阈值转换模型研究农产品汇率传递存在明显的不对称，研究发现农产品进口价格对人民币贬值更为明显。刘艺卓和吕剑（2009）认为人民币汇率变动对农产品价格的传递效应具有由短期波动到长期均衡的自我修正的动态机制。②贸易领域的价格非均衡传递。孙立坚等（2003）从国际贸易的角度，运用动态和静态模型考察了中、日、美三国的外国价格、相对名义汇率的波动对本国价格的影响。王丽娜和陆迁（2011）应用 VAR 模型考察了国外玉米价格对国内玉米价格的动态传导关系，潘苏和熊启泉（2011）以小麦、大豆、玉米为例考察了国际粮价对国内粮价价格波动的影响，研究表明：国际粮价对国内粮价的波动不明显，市场整合度不高。罗锋和牛宝俊（2009）考察了国际农产品波动对国内农产品波动的传递效应，结果显示国际农产品价格对国内农产品价格存在协整关系。张利庠和张喜才（2011）

从产业链视角考察了外部冲击对我国农产品的影响。刘玉满（2011）分析了外国奶粉对中国奶业产生的影响。

三、价格非对称传导的实证研究方法演进

一般来讲，非均衡可以从两个方面来解释。首先，传递的速度和强度是非对称的，假定输出价格 P1 是输入价格 P2 的应变量，如果价格 P1 的升高或下降影响到 P2 的升高或降低，及影响的方向和程度是多少。其次，价格传递被认为是负的或正的。如果输出的价格比输入的价格增长快或是提高，被认为是正向传递；如果输出的价格比输入的价格增长慢或是降低，则被认为是负向传递。

传统的 APT 理论主要集中在价格非对称波动的溢出效应，即研究输入市场价格 x_t 和输出市场价格 y_t 影响的时滞长短、传导强度、传导方向、波动大小等，用来反映价格波动在不同市场的非对称传导程度。从溢出效应的衡量维度看，包括波动溢出和幅度溢出。从溢出效应的衡量维度看，包括波动溢出和幅度溢出。波动溢出是指一个市场的波动不仅受自身而且受其他市场前期波动有关，即价格波动条件一阶矩的 Granger 因果关系。幅度溢出是指一个市场的波动幅度不仅受自身波动幅度影响，而且还受其他市场波动幅度的影响，即波动二阶矩的 Granger 因果关系。

价格纵向传导和横向传导在传导溢出效应的方法上，基本原理和计量模型是相通的，在具体模型设计时会根据研究内容选择不同的变量及约束条件。因此，本书将非对称传导溢出效应方法的文献综述合并起来。在 APT 领域，理论研究百家争鸣，实证研究尤为活跃，学者用各种数据和模型来验证不同市场非对称传导的价格溢出效应，并验证理论假说，充实理论成果。

（1）从方法上看，早期的研究主要集中在自回归分布滞后模型（ARDL），因变量 Y 随着自身的回归（AR）和另一个变量 X 同期和滞后的影响。假设输出变量 y_t 受到本期滞后 y_{t-h} 的累积效应 $\sum_{h=1}^{r} \varphi_h$ 及受到输入变量 x_t 的影响，并根据 x_t 增加（＋）或减少（－）分别看 x 对 y 的影响。

$$y_t = \sum_{h=1}^{r} \varphi_h y_{t-h} + \sum_{i=0}^{s} a_i^+ x_{t-j}^- + \sum_{j=0}^{q} a_j^- x_{t-j}^- + \varepsilon_t \qquad (2-1)$$

通过检验零假设 $a_i^+ = a_j^-$，来确定输入变量 x_t 的增加或减少对 y_t 产生的影响。最早进行价格非均衡传导的实证文献可以追溯到 Farrel（1952）分析了一些商品如土豆、啤酒等需求的变化率受收入及价格的滞后影响。这种变化被认为是累积价格变化的影响和期间价格变化的影响（Cumulative Price Variations and Period to Period Price Variation)。Houck(1977)在研究美国牛奶和大豆的需求变化时,将需求 Y 定义为 Y - Y₀(即需求变化的累积影响),Ward(1982)、Kinnucan 和 Forker(1987),逐渐发展了累积变化影响的模型。

(2)20世纪90年代以来,价格的非对称主要研究价格均衡的调整方法,理论也逐渐丰富起来。主要有部分调整模型(Partial Adjustment Model,PAM)和误差修正模型(Error Correction Model,ECM)。PAM 主要是研究产品价格 y_t 在一个给定价格或目标价格 y^* 下如何调整的问题。

$$y_t = \beta y_{t-1} + \varphi^+ \delta (y_{t-1}^* - y_{t-1})^+ + \varphi^- \delta (y_{t-1}^* - y_{t-1})^- + \varepsilon_t \qquad (2-2)$$

Normal(1991)利用了 PAM 模型分析了原油批发价格和零售价格,分析了美国原油价格的非均衡传导。

Engle 和 Ganger(1987)提出了误差修正模型,提出利用差分的方法将非均衡的状态转成均衡。

$$\Delta y_t = \sum_{h=1}^{r} \beta_h \Delta y_{t-h} + \sum_{i=0}^{s} a_i^+ \Delta x_{t-j}^+ + \sum_{j=0}^{q} a_j^- \Delta x_{t-j}^- + \rho^+ ECT^+ + \rho^- ECT^- + \varepsilon_t$$

$$(2-3)$$

Manning(1991)最早使用误差调整研究了原油价格、零售价格及税收的长期均衡关系。恩格尔和 Ganger 提出用 ECM 的方法从长期非均衡中进行均衡分析,但有些学者却反对,认为价格之间如果长期是非均衡的关系,那么建立在均衡基础上的协整理论将产生有误的结论。并且回归和协整的检验忽略了贸易和套利中交易费用,对交易费用的分析,引致新的实证方法的应用。

Conforti 等(2003)研究埃及小麦的国内价格和国际价格关系对 Manning (1991)的模型进行了扩展,在 ECM 引进了虚拟变量($\begin{cases} 1, & \text{if} \quad ECT \geqslant 0 \\ 0, & \text{if} \quad ECT < 0 \end{cases}$)。在此基础上,Arden 等(1997)和 Abdulai(2002)将门限自回归(TAR)和惯性门限自回归(MTAR)引入价格调整中。TAR 和 MTAR 根据残差的变化,将残差分成两部分,一种是正的变化,另一种是负的变化;而如果一个变量在一个方向上表现得比在另一个方向上更有动力,那么 MTAR 方法就更加有效力了。近些年来,TAR 及 MTAR 逐渐成为现代经济学价格非对称分析中重要的一个方向。Tong (1983)最早发现非线性的门限回归,Hansen(2002)发展了检验门限效应的统计显著性的方法,将 TAR 和 MTAR 及其相关的方法进一步扩展。

(3)现代的实证还将上述的方法由单变量扩展到多个变量模型中,形成方程系统,如向量自回归模型(VAR)、向量误差修正模型(VECM)及向量误差机制转换模型（VRS）。Capps（1993）应用 VAR 模型来研究休斯顿市场 15 种肉类产品批发和零售价格的非对称传导问题。Miller 和 Hayenga（2001）应用 1981～1995 年英国每周猪肉数据，利用谱分解方法来研究价格的非均衡是否和价格的周期频率相连。谱分析可以让时间序列由时间域转向频率域，经过这种转换，作者选择四个频率带，应用 VAR 模型进行预测频率域。Shepherd（2004）应用 VAR 模型分析了世界主要的六个咖啡出口国与美国、德国消费国的价格之间的联系。Chavas 和 Mehta（2002）应用美国 1980～2001 年黄油月度数据，利用机制转换的 VECM 模型分析黄油价格的批发和零售价格的非均衡。

Balke 和 Fomby's（1997）对门限协整（Threshold Cointegration）的论述，使 TVECM（Threshold Vector Error Correction Model）成为分析非对称性价格传播较为普遍的方法。Hansenand Seo（2002）用极大似然估计方法估计 TVECM 模型，但这些方法会出现有偏性或较大的方差。学者又探索了贝叶斯估计等方法，通过蒙特卡洛模拟，寻求 TVECM 模型最有效的估计（Goodwin and Piggott，2002；Grebet et al.，2011；Friedrike et al.，2013）。

（4）APT 研究的其他方法。还有机制转换模型 RSM（Regime Switching Model），Powers（1995）在研究莴苣价格变动时引入 RSM，当地莴苣的零售价和进口的离岸价会受到本地生产莴苣数量的影响，并且他还发展了 RSM 模型，离岸价受本地价格的影响，且允许机制内不均衡的出现。VRSM 是研究 VAR 模型和 VECM 模型的多机制转换，Aguero（2003）应用误差修正转换机制模型来研究秘鲁1995～2001 年大米、土豆、西红柿零售和批发市场的非对称。Luoma 等（2004）应用三个机制转换模型研究了秘鲁猪肉和牛肉市场生产者与消费者的价格不均衡，从估计效率和脉冲反映来看，并没有证据显示市场价格的非均衡。

现在实证方法的方向，就是将最新的计量经济学理论应用到实证研究中，根据实际及具体的情况将上述的方法进行综合分析，形成模型系统，而不再局限于单一模型。

第三节　国内外文献述评

综上所述，基于关联市场的农产品价格非对称传导研究，是学者普遍关注和研究的热点问题，研究成果众多，也奠定了本书的研究基础。然而，中国畜产品价格波动及传导的复杂性、特殊性，基于市场体系的系统性传导研究还不多，而对现有调控政策对价格传导效应的研究还较少。现有文献有以下特点：

一、基于关联市场系统的非对称传导研究仍不多见

国内外对农产品价格波动的研究多数是针对某一种农产品价格形成、波动传导的分析，将纵向产业链和横向区域市场分割分别来研究。由于市场的复杂性，不同的市场在价格波动、传导时会出现重合和交叉的特点，很难划分清楚，把纵向、横向及替代市场作为一个系统来分析，研究关联市场系统波动传导的共同性因素，有利于从根源上分析价格波动。

从价格非对称传导的研究内容和方向上讲，对价格纵向非对称传导的研究在数量和理论深度上远高于横向区域传导研究。相当多的理论和实证研究都是针对纵向传导构建，对横向传导和国际传导的刻画度较低。价格的纵向传导和横向传导很多时候会出现重合和交叉的特点，但横向价格传导特别是国际传导受区域特性和政策的影响很大，对横向价格传导的研究可以充实价格传导理论，有利于探求价格传导的规律。中国学者对农产品价格传导也多集中在产业链的纵向分析，对区域价格传导和国际传导的研究非常少，还没有系统地展开。

二、对中国畜产品价格非对称传导机理的探讨还远远不够

国内外学者从宏观经济层面到微观经济层面都对价格的非对称传导机制进行了深入的探讨，但总体来讲，对于价格非对称传导机理的探讨还远远没有形成理论体系。中国生产的资源有限，土地面积和水源资源都不丰富，尤其是西部地区属于严重缺水区域，区域分布明显不均衡；市场结构复杂，生产领域还存着大量的散户，规模化养殖和散户并存，散户能有效地调节生产供应，但有时也会扩大供应，造成市场的波动；流通模式和流通渠道复杂，效率不高，价格的不透明，造成生产和消费的分割，价格上涨时，生产者并没有获得实在的收益，而价格下跌时却要承担损失，生猪生产者的风险大，影响生产的积极性；目前中国居民对肉类消费还以猪肉为主，但随着经济的发展和人们健康意识的提升，各种肉类、家禽相互替代成为最主要的趋势，各种肉类替代效应是否明显，具有什么样的特征，对猪肉的价格传导有什么样的影响，这些都是中国畜产品有别于世界市场的价格波动传导的特质性因素，从目前的研究来看，基于中国畜产品市场特征的价格传导机理的分析远远不够。

但中国学者对畜产品价格的非对称的研究还不多，基于畜产品特性的研究更

少，且多集中在猪肉价格非对称传导上，对其他畜产品研究较少。随着人民生活水平的提高，对猪肉以外的其他畜产品的需求将增大。研究猪肉及其他畜产品价格波动传导和与猪肉价格相互替代的价格波动传导很有必要，从目前的研究来看，这方面的研究还处于空白。

三、欠缺畜产品宏观调控机制对价格传导效应的分析

中国为保证畜产品供应，稳定价格，出台了一系列调控措施，如增加生产环节补贴、大力发展规模化养殖、减少流通环节、创新流通模式、加强流通体系建设、建立价格预警体系等。从目前的研究来看，政策对价格 APT 的传导机理、路径、效应等的分析还远远不足。深入研究我国畜产品价格 APT 的影响机理，分析调控政策对畜产品价格的形成、波动机制的影响，发现政策存在的问题，才能构建合理的调控政策。

国外学者能迅速将计量经济学最新成果应用于非对称的研究上，且根据农产品特性及其特征进行细致分析，产生较为丰硕的研究成果。而我国的学者在实证方法对新技术的应用跟踪不及时，不能根据研究目的和内容研究转换方法，分析略显粗糙。

以往学者在基于传统计量经济学进行猪肉价格波动非对称传导分析时存在很大的不足，传统计量方法下关于观测值空间均值分布以及变量独立的假定在现实中并不成立，观测值及变量之间存在一定程度的空间依赖性和空间相关性。相关实证分析采用的计量模型主要有误差修正模型、向量自回归模型，以及门限模型等，忽视了价格波动存在的空间效应。谭莹（2016）认为价格波动在空间上存在强烈的空间关联性，各影响因素对猪肉价格的影响同样存在空间溢出性，价格波动非对称传导在空间上是存在的，以往的研究方法存在很大的估计偏误。因此，可以借鉴现有的研究对农产品价格波动的空间计量经济进行研究，避免现有传统计量方法下价格波动传导产生的缺陷，在对猪肉价格波动非对称传导分析时，考虑解释变量的空间相关性，扩展为空间非对称传导。在此基础上将时间滞后项纳入模型中，形成动态空间计量模型，衡量空间非对称传导的动态变化，将成为未来猪肉价格非对称传导的重要研究方法。

本章基于市场关联的视角，研究猪肉市场体系（纵向、横向及相互替代市场）中市场价格非对称传导的机理、路径和效应，以此探寻我国畜产品波动的内在根源，在梳理和评价国内各项调控政策的效应时，提出构建中国畜产品价格调控政策的长效机制。

第三章 生猪价格非对称传导："棘轮效应"分析

维持价格稳定，特别是重要农副产品的物价稳定，是政府长期以来宏观调控的主要目标之一。前文我们也介绍了中国猪肉生产持续增长，但价格波动频繁，幅度大周期效应明显。我们在细致地研究猪肉价格波动时，发现猪肉的上涨和下跌并不完全随着供给的减少和增多来变化，有一定的非对称性，即具有"易涨难跌"的特征，我们称为价格非对称传导的"棘轮效应"。

本章通过构造理论模型和实证模型对中国生猪价格波动的这种特征进行分析，猪肉价格的"暴涨"容易引起"通胀恐慌"，推高农产品及其他大宗商品价格，国家对猪价的宏观调控政策也多选择在价格"暴涨"时期，但效果不明显且有加剧波动的趋势。分析猪肉价格非对称传导的"棘轮效应"有助于探讨猪肉价格波动的特征及产生的原因，保障猪肉供给、稳定猪肉价格将在农业供给侧结构性改革中发挥越来越重要的作用。

第一节 价格非对称传导的"棘轮效应"

一、价格非对称波动"棘轮效应"文献回顾

"棘轮效应"（Ratchet Effects）这一概念最早是由 Weitzman（1977）在研究计划经济时提出的，他在对苏联式计划经济制度的研究中发现，在计划体制下，企业的年度生产指标根据上年的实际生产不断调整，好的表现反而由此受到惩罚，表现好的企业往往承担更多的任务，因为生产计划总是倾向于调高而不是降

低。因此，聪明的经理经常用隐瞒生产能力来对付计划当局。这种标准随业绩上升的趋向被称为"棘轮效应"。

在消费领域，也存在着棘轮效应，当人们的消费习惯形成之后，便具有不可逆性，即易于向上调整，而难于向下调整。尤其是在短期内消费是不可逆的，其习惯效应较大。这种习惯效应，使消费取决于相对收入，即相对于自己过去的高峰收入。消费者易于随收入的提高增加消费，但不易于随收入降低而减少消费，以致产生有正截距的短期消费函数。中国学者对消费领域的棘轮效应作了一定的研究，龙海明和钱浣秋（2018）研究了消费信贷对城镇居民的促进作用，因为棘轮效应的存在，消费信贷对低收入阶层的促进作用要低于高收入阶层。但提高收入，对高收入阶层的促进作用要小于低收入阶层。制定和实施配套支持政策，提高城镇居民尤其是中低消费人群的可支配收入，为消费信贷增长提供支持。蒋静和于恩峰（2017）利用 1978～2015 年人均居民收入、少儿和老年抚养比等宏观数据，对影响居民消费的因素进行了实证研究，并且引入滞后期居民消费变量度量棘轮效应。研究发现人均居民消费不仅受到收入的影响，同时受到人口年龄结构和上期居民消费的影响；随着时间的延长，人均居民消费受到收入、人口年龄结构和棘轮效应的影响比较大，少儿对消费的影响较弱，而老年人对消费的影响相比之下较强。

棘轮效应这种现象普遍存在于经济、管理领域，不少学者对企业管理、行政管理及绩效管理中的棘轮效应也作了分析。葛丰（2020）分析了在政府管理中的不可逆性，通过探究棘轮效应发生的制度原点，继而对棘轮效应的显现进行模型推演，在制度层面对棘轮效应作出解释并给出其相应的政策含义。蒋瑶（2018）对公司治理中高管权力、棘轮预算及预算松弛关系进行了研究。

棘轮效应还经常用于分析经济社会当中的各种价格的波动中，如房价、汽油价格以及各种名目的收费，相关部门总是热衷于涨价而不愿意降价，就像转动的棘轮一样倾向于向前而不愿后退。关于价格棘轮效应的文献有很多，早期 Goldstein（1977）和 Labys（1993）率先在国际贸易领域中研究了进口商品和国内物价之间的棘轮效应关系，以及 Bachmeier（2003）和 Garcfa（2010）在能源经济领域考察原油价格对汽油价格的棘轮效应影响，改进了原油价格对汽油价格的预测能力。

国内对于价格棘轮效应的研究并不多见，主要集中在房价以及黄金价格领域，王斌和高波（2011）研究了中国房价上涨中的棘轮效应。赵子沫（2018）认为长期以来，中国房地产市场表现出了典型的单向棘轮效应，即成交量和价格持续走高，而未曾出现明显的下行趋势预期针对这一现象，运用行为宏观经济学理论构建动态一般均衡模型（DGE），加入需求侧的真实预期和供给侧垄断定价，发现预期的不断推高以及供给侧结构性问题是房地产市场棘轮效应的根本原因。基于研究结果，房地产市场调控应从供给侧和需求侧协同发力，将制度供给和预期管理有机结合，实现房地产市场平稳健康发展。廉永辉和张琳（2013）研究了黄金价格中的棘轮效应，发现了价格波动中出现的易涨难跌的棘轮现象，这些方法和思路对研究畜产品价格波动特征具有重要的参考意义。

在农业经济领域，特别是畜产品的生产周期及产业链较长，畜产品价格"易涨难跌"的棘轮效应的研究也成为热点。Goodwin 和 Holt（1999）对美国猪肉及牛肉市场进行了研究，Ben-kaabia 和 Gil（2007）对西班牙羊肉市场进行研究均发现价格上涨和下跌的幅度不一致，上涨频率和幅度要大于下跌频率和幅度。Griffith 和 Piggotl（1994）研究了澳大利亚猪肉、羊肉、牛肉价格数据，研究发现畜产品之间价格上涨具有连锁性。Goodwin 和 Piggott（2001）、Miller 和 Hayenga（2001）、Karanttininis（2011）从产业链角度实证了成本上涨等因素对畜产品价格上涨的影响。国内的学者从猪肉产业链的角度出发，认为畜牧产品纵向产业链玉米、豆粕等价格上涨会推高猪肉价格（辛贤和谭向勇，2000）。高群和宋长鸣（2015）则从产业链环节双向波动的角度来探讨猪肉价格和成本的相互溢出效应。学者也实证了猪肉价格对 CPI 的影响及推动作用，例如于爱芝等（2013）通过阈值协整发现猪肉价格对 CPI 的影响，当猪肉价格超过 19.45 元/公斤，对 CPI 的冲击影响越大，猪肉价格偏离回调的就慢。部分学者从畜产品的相关替代关系以及区域之间来探讨猪肉价格波动的影响（田文勇，2016；张颜江和王燕鸣，2013）。谭莹和陈标金（2016）研究发现国际市场猪肉价格对于国内猪肉价格具有一定的溢出。

学者的研究丰富了本书的研究思路，但也存在某些不足之处。首先，以上的学者对于猪肉价格"易涨难跌"的棘轮效应进行了实证的分析，但缺乏影响因素的动态变化。其次，多数学者研究集中于产业链上下游之间的单一的因素的影响，忽视了猪肉价格复杂多元的影响因素。最后，对于猪肉价格波动，大多都集中在全国层面，较少细化到区域省级层面，研究层次不够深入。

本章从猪肉价格"易涨难跌"的现象探寻猪肉价格中存在棘轮效应的理论假说，分区域以细化研究层面，将替代品因素、成本因素以及宏观经济因素纳入模型综合考虑猪肉价格棘轮效应，通过滤波处理以避免不同地区趋势项差异的影响，通过滚动回归来反映猪肉价格棘轮效应的动态过程，为猪肉市场的价格调控和风险防范提供理论实证依据。

二、中国猪肉价格波动存在"棘轮效应"

近十几年来,中国猪肉价格波动频繁,波动幅度大。图3-1是中国各地区猪肉价格走势图,从图中我们可以看出2000~2004年各地区猪肉价格走势平稳;2005年以后各地区猪肉价格便开始"过山车"式的波动。表3-1给出了各地区猪肉价格月均涨跌幅度,从表3-1和图3-1中我们发现在上升的周期内,猪肉价格快速上涨,极少回调,而在下跌期间,则经历几次幅度较大的向上回调过程。由此可见,猪肉价格在各种因素的影响下具有"易涨难跌"的走势,即"棘轮效应"。

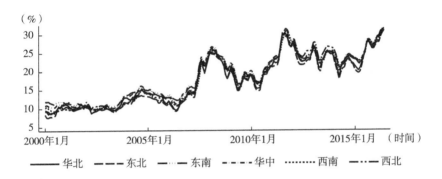

图3-1 2000年1月至2016年5月中国各地区猪肉价格走势

资料来源:中国畜牧业信息网数据库。

表3-1 2000~2016年中国各地区猪肉价格月均涨跌幅 单位:%

年份		华北	东北	东南	华中	西南	西北
2000~2004	涨幅	4.79	4.19	4.24	3.86	3.24	7.59
	跌幅	4.16	4.17	3.21	2.80	2.56	6.15
2005~2009	涨幅	6.30	7.58	4.88	5.38	4.66	5.70
	跌幅	5.11	5.25	3.51	3.62	3.31	4.73
2010~2014	涨幅	5.05	5.49	3.46	3.94	3.70	3.74
	跌幅	4.26	4.48	3.00	3.65	3.60	3.69
2015~2016	涨幅	4.56	5.04	3.26	3.76	4.29	4.23
	跌幅	1.97	2.17	1.14	1.20	0.98	1.77

资料来源:中国畜牧业信息网。

猪肉价格的大起大落,特别是猪肉价格的暴涨,容易引起"通胀恐慌",推高农产品及其他商品价格,引起 CPI 的上涨。上一轮的猪肉周期,从 2015 年初的 20 元/公斤开始一路上涨到 2016 年 4 月的 30.32 元/公斤,涨幅 51.6%,随后便逐渐下跌,到 2016 年 10 月达到 24.96 元/公斤,跌幅近 17.8%。随着猪肉价格的暴涨,一系列的宏观政策开始出台,首先,2016 年 3 月 23 日至 6 月 15 日猪粮比价连续 13 周处于 9.5∶1 的红色区域,政府启动储备肉投放政策,中央和地区的储备肉陆续投放,[①] 估计半年内全国投放储备肉 10 万~12 万吨。其次,大量进口猪肉,[②] 据农业部国际合作司统计 2016 年 1~11 月进口猪肉 150.7 万吨,同比增长 120%,进口猪杂碎 135.9 万吨,同比增长 85.1%。由于利益的驱动,走私猪肉也很猖獗,据央视报道[③],仅广西某镇每天就有 1.5 万头生猪从越南走私到中国,猪肉走私不仅冲击中国猪肉市场,也带来了疫病的风险。

2017 年中央经济工作会议明确提出深入推进农业供给侧结构性改革,提高供给结构对需求结构的适应性,实现供求关系新的动态均衡。保障猪肉供给、稳定猪肉价格将在农业供给侧结构性改革中发挥越来越重要的作用。从目前猪肉市场来看,政府部门实施的一系列稳定猪肉价格的宏观调控政策,并没有取得预期效果,猪肉价格周期性波动依然会是常态。

第二节 "棘轮效应"价格波动的理论模型

一、理论模型

我们假设猪肉价格的长期趋势独立于各影响猪肉价格波动的短期因素,在短时间内保持不变,以过去时期猪肉价格来决定当期价格,因此,任意时间点的长期猪肉趋势价格为:

$$P^m = P_{t-1} \qquad\qquad (3-1)$$

短期内,猪肉价格受到各种因素的影响,需要在前一期价格的基础上进行调

---

① 来自 2016 年 7 月 6 日《中国食品科技网》,《2016 年上半年全国储备肉投放超 10 万吨结果呢?》。
② 来自猪价格网,http://www.zhujiage.com.cn/article/201612/706303.html。
③ 央视新闻网 11 月 20 日新闻,"每天有 1.5 万头生猪从广西崇左市宁明县爱店镇走私到我国境内"。http://www.102tv.cn/article/109185.html。

整从而得到波动价格：

$$P^n = P_{t-1} + u(\Delta f_1^t, \Delta f_2^t, \cdots, \Delta f_n^t) \qquad (3-2)$$

其中，u 表示波动调整价格对短期因素变化的反应函数，当所有的短期影响因素均未发生改变时有 $u(0, 0, \cdots, 0) = 0$。

这样，猪肉市场价格是长期趋势价格和短期波动价格的加权平均价格，如式（3-3）所示：

$$P^t = (1-\delta)P^m + \delta P^n = P_{t-1} + \delta u(\Delta f_t^1, \Delta f_t^2, \cdots, \Delta f_t^n) \qquad (3-3)$$

其中，δ 为波动参数表示各种短期因素对猪肉价格的影响程度，δ 在 $0 \sim 1$，$\delta = 0$ 表示市场中完全不存在短期波动因素，猪肉价格达到稳定均衡状态；$\delta = 1$ 时，$P = P^n$，猪肉价格完全由短期波动因素决定，价格剧烈变化。波动参数 δ 受到各种短期因素 $f^i (i = 1, 2, 3, \cdots, n)$ 及其他因素 e 的综合影响，将 δ 改写成如式（3-4）形式：

$$\delta = \delta(\Delta f_t^1, \Delta f_t^2, \cdots, \Delta f_t^n, e) = \beta\delta_1(\Delta f_t^1, \Delta f_t^2, \cdots, \Delta f_t^n) + \delta_2(e) \qquad (3-4)$$

其中，β 是可变参数，$\beta\delta_1(\Delta f_t^1, \Delta f_t^2, \cdots, \Delta f_t^n)$ 表明波动参数中的短期可变部分，反映了各种短期影响因素频繁变动对猪肉价格的影响部分，$\delta_2(e)$ 表明波动参数中长期较为稳定的因素，并且满 $\beta \geq 0$，$\delta_1(\Delta f_t^1, \Delta f_t^2, \cdots, \Delta f_t^n) \geq 0$，$\delta_2(e) \geq 0$，$\beta\delta_1(\Delta f_t^1, \Delta f_t^2, \cdots, \Delta f_t^n) \leq 1 - \delta_2(e)$。在其他影响因素不变的情况下，短期因素之一 f^i 变动刺激猪肉价格上涨，一方面使猪肉波动程度上升 $\frac{\partial \delta_1}{\partial \Delta f^i} > 0$，另一方面波动价格上升 $\frac{\partial u}{\partial \Delta f^i} > 0$；反之 f^i 变动刺激猪肉价格下跌，一方面使得猪肉波动程度下降 $\frac{\partial \delta_1}{\partial \Delta f^i} < 0$，另一方面波动价格下跌 $\frac{\partial u}{\partial \Delta f^i} < 0$，因此，短期影响因素的变化对波动参数和波动价格函数的影响方向相同如下所示：

$$\frac{\partial \delta_1}{\partial \Delta f^i} \times \frac{\partial u}{\partial \Delta f^i} > 0 \qquad (3-5)$$

在以上模型公式设定下，本书用一个两期模型以成本价格 η 为例解释猪肉价格棘轮效应的形成原因，假定除成本因素价格以外的各种短期因素均保持不变，则有：

$$\delta = \beta\delta_1(\Delta\eta, \Delta f_t^2, \cdots, \Delta f_t^n) + \delta_2(e) = \beta\delta_1(\Delta\eta) + \delta_2(e) \qquad (3-6)$$

$$u(\Delta\eta, \Delta f_t^1, \cdots, \Delta f_t^n) = u(\Delta\eta) \qquad (3-7)$$

分别记 P1、P2 为猪肉在时期 1、2 的价格，ΔP 表示猪肉价格变动 P2 - P1，由以上各式可得：

$$\Delta P = \left[\beta\delta_1(\Delta\eta) + \delta_2(e)\right]u(\Delta\eta) \tag{3-8}$$

由成本价格与猪肉价格的正向关系可得$\dfrac{\partial u}{\partial \Delta\eta} > 0$，进一步可得：

$$\frac{\partial\delta_1}{\partial\Delta\eta} > 0 \tag{3-9}$$

$$u(-\Delta\eta) = -u(\Delta\eta) \tag{3-10}$$

由成本因素价格变动服从正态分布$\Delta\eta \sim (0, \sigma^2)$，$\omega$为其概率密度函数，猪肉价格变化$\Delta P$的期望值为：

$$
\begin{aligned}
E(\Delta P) &= \int_{-\infty}^{+\infty}\left[\beta\delta_1(\Delta\eta) + \delta_2(e)\right]u(\Delta\eta)\omega(\Delta\eta)d\Delta\eta \\
&= \int_{0}^{+\infty}\left\{\left[\beta\delta_1(\Delta\eta) + \delta_2(e)\right]u(\Delta\eta)\omega(\Delta\eta) + \right.\\
&\quad\left.\left[\beta\delta_1(-\Delta\eta) + \delta_2(e)\right]u(-\Delta\eta)\omega(-\Delta\eta)\right\}d\Delta\eta \\
&= \int_{0}^{+\infty}\beta\left[\delta_1(\Delta\eta) - \delta_1(-\Delta\eta)\right]u(\Delta\eta)\omega(\Delta\eta)d\Delta\eta
\end{aligned}
\tag{3-11}
$$

当成本因素价格发生变化时，$\Delta\eta \geqslant 0$，由式（3-9）可知，$\delta_1(\Delta\eta) - \delta_1(-\Delta\eta) > 0$，由$\dfrac{\partial u}{\partial\Delta\eta} > 0$以及$u(0) = 0$可知，$u(\Delta\eta) > 0$。又因为可变参数$\beta \geqslant 0$，可得$E(\Delta P) \geqslant 0$。

因此猪肉价格变动的期望$E(\Delta P) \geqslant 0$，猪肉价格在成本因素价格的影响下确实具有倾向于上涨的棘轮效应，以此类推，所有影响猪肉价格的短期因素的变化都能够导致猪肉价格棘轮效应。

二、反应函数

以上棘轮效应的理论推导表明短期因素的变化能够导致猪肉价格出现棘轮效应，进一步地，将短期因素对猪肉价格的影响划分为正向冲击和负向冲击，进一步验证相关短期因素对猪肉价格的棘轮效应影响。本书首先对猪肉价格及影响因素进行 HP 滤波处理，剔除长期趋势项的影响而得到短期波动冲击，如式（3-12）所示：

$$\min\left\{\sum_{t=1}^{T}(Y_t - S_t)^2 + \lambda\sum_{t=1}^{T-1}\left[(S_{t+1} - S_t) - (S_t - S_{t-1})\right]^2\right\} \tag{3-12}$$

其中，Y_t表示实际观测值，S_t表示趋势值，λ表示设定的惩罚因子，先求得最小的S_t趋势值，用观测值Y_t减去趋势值S_t得到波动值，然后利用波动值除以为进一步反映猪肉价格棘轮效应的动态变化过程,接下来分区域对各变量的系数序列值做成时间序列图来直观表现各解释变量对猪肉价格波动影响,为节约篇幅,每个解释变量只给出具有代表性的两个地区系数序列图。

图 3 – 2 中两地区牛肉价格 beef⁺ 系数值序列在 2008 年之后急速上升并稳定在 0.5 左右,beef⁻ 系数值序列在 100 期之后逐步下降到 0 附近,其价格涨跌对猪肉价格波动的影响程度也不同,容易出现助涨不助跌的情况,即牛肉价格下跌对猪肉价格影响不大,牛肉价格上涨则容易使猪肉价格跟风上涨。

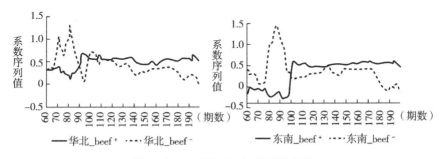

图 3 – 2   beef⁺ 和 beef⁻ 的系数序列

从图 3 – 3 可以看到,两地区鸡肉价格 chicken⁺ 系数值序列处于 1 ~ 2,始终在 chicken⁻ 系数值序列(0 ~ 1)上,并且 chicken⁺ 系数值序列在 100 期左右有明显的跃升,鸡肉价格涨跌对猪肉价格波动均会产生影响,但对于猪肉价格而言,有利消息(替代品价格上升)的影响总是要大于不利消息(替代品价格下降)的影响。

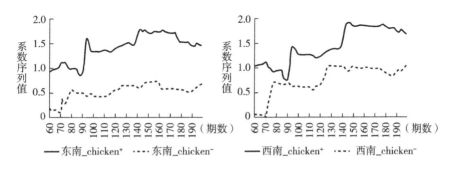

图 3 – 3   chicken⁺ 和 chicken⁻ 的系数序列

图 3 – 4 各地区饲料成本上升 corn⁺ 系数值序列对猪肉价格的影响程度逐步增强或稳中有升,饲料成本下降 corn⁻ 系数值序列对猪肉价格的影响程度则逐渐降

低，在 100 期左右（2008 年前后）存在交点。饲料成本上升容易转嫁给消费者造成猪肉价格上升，而饲料成本下降则更多的是作为生产者福利被猪肉生产者作为利润攫取，对猪肉价格影响逐步减弱直至消失。

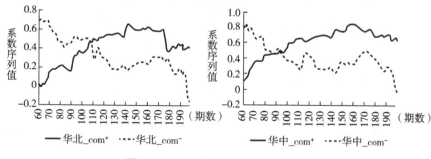

图 3-4　corn⁺ 和 corn⁻ 的系数序列

图 3-5 中两地区 cpi⁺ 和 cpi⁻ 系数值序列波动较大，但 cpi⁺ 系数值序列总体在 cpi⁻ 系数值序列之上，经济向好，物价上升能够更为有力地影响猪肉价格。

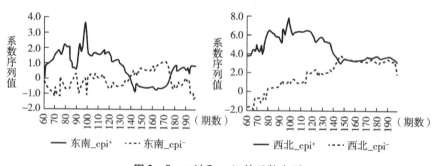

图 3-5　cpi⁺ 和 cpi⁻ 的系数序列

三、结构突变检验

综上来看，各解释变量对猪肉价格正向冲击和负向冲击的影响是不断变化的，在某个时间点（如 100 期）存在交点，这个节点之后，猪肉价格对于正向冲击反应程度总体呈上升趋势，而对负向冲击反应程度及显著程度逐渐降低，两者的背离及程度的逐渐加大使棘轮效应出现增强的趋势。

本章最后进行结构突变检验，结果如表 3-7 所示，总体而言，各地区各因素的正向冲击和负向冲击对猪肉价格的影响均存在显著的时间突变点，猪肉价格棘轮效应出现在各变量结构突变点之后。时间突变点在 2011 年出现的次数最为

表3－7　棘轮效应结构突变检验

	华北 统计值	华北 突变点	东北 统计值	东北 突变点	东南 统计值	东南 突变点	华中 统计值	华中 突变点	西南 统计值	西南 突变点	西北 统计值	西北 突变点
beef+	5.901 [0.425]	2011年3月	8.965 [0.142]	2004年8月	22.093 [0.000]	2011年4月	7.038 [0.290]	2011年3月	14.511 [0.014]	2011年5月	24.769 [0.000]	2011年3月
beef-	46.925 [0.000]	2014年1月	50.625 [0.000]	2014年1月	57.334 [0.000]	2007年7月	30.418 [0.000]	2014年1月	56.968 [0.000]	2007年8月	65.821 [0.000]	2011年3月
chicken+	33.050 [0.000]	2013年5月	46.635 [0.000]	2005年8月	41.736 [0.000]	2013年3月	19.805 [0.001]	2013年4月	23.872 [0.000]	2007年8月	29.809 [0.000]	2006年3月
chicken-	10.537 [0.076]	2012年8月	13.880 [0.019]	2004年8月	12.905 [0.028]	2011年3月	13.762 [0.020]	2012年5月	19.013 [0.002]	2007年8月	26.030 [0.000]	2006年3月
corn+	24.265 [0.000]	2012年1月	12.120 [0.040]	2011年12月	36.793 [0.000]	2011年12月	39.157 [0.000]	2011年12月	28.097 [0.000]	2010年3月	15.534 [0.009]	2011年3月
corn-	46.551 [0.000]	2014年1月	18.406 [0.002]	2012年4月	54.575 [0.000]	2014年1月	53.439 [0.000]	2014年1月	37.287 [0.000]	2010年1月	14.120 [0.017]	2011年3月
soybeans+	15.837 [0.008]	2011年3月	16.921 [0.005]	2011年5月	23.529 [0.000]	2011年4月	21.253 [0.001]	2011年3月	18.608 [0.002]	2011年5月	39.817 [0.000]	2011年3月
soybeans-	52.310 [0.000]	2007年6月	38.461 [0.000]	2011年3月	56.167 [0.000]	2010年10月	43.086 [0.000]	2011年1月	63.011 [0.000]	2011年2月	42.717 [0.000]	2011年3月
cpi+	4.550 [0.633]	2011年2月	6.597 [0.338]	2004年8月	11.419 [0.053]	2011年3月	7.048 [0.289]	2011年3月	7.887 [0.214]	2007年8月	16.116 [0.007]	2010年11月
cpi-	5.768 [0.444]	2007年6月	10.316 [0.083]	2007年4月	11.426 [0.053]	2011年3月	7.133 [0.281]	2011年3月	7.111 [0.283]	2011年3月	11.987 [0.042]	2011年3月

注:中括号内为p值p值p<0.01、p<0.05、p<0.1分别表示在1%、5%、10%水平上显著。

集中，因此中国各地区猪肉价格波动的棘轮效应出现的时间点应该在 2011 年前后。从宏观视角来说，有可能基于以下原因：自 2008 年经济危机，宏观经济出现结构性变化，以房价为首的各种显性及隐性成本推高了社会整体运行负担，社会成本总体趋向于波动上升，猪肉价格棘轮效应只是宏观经济运行中的一个缩影。另外，从产业层面来看，生猪行业固有的周期性、疫病等问题使猪肉价格传导链条的阻滞则会加剧价格非对称传导，造成 2011 年猪肉价格的暴涨，从而出现价格棘轮效应。

第四节　本章小结

本章首先对猪肉价格波动的特点进行分析，研究发现：

（1）中国猪肉市场的价格波动存在着"涨多跌少，涨快跌慢"的棘轮效应现象。本章通过价格预期模型进行分析和推测，通过理论推导认为短期因素的冲击是导致猪肉价格棘轮效应的主要原因。

（2）本章对影响猪肉价格棘轮效应的短期因素进行了实证分析，研究发现：替代品、成本价格以及宏观经济因素的短期波动冲击是造成棘轮效应的主要原因，猪肉价格波动对短期因素的正向冲击反应更加敏感，负向冲击反应不明显。

（3）通过分区域价格波动分析，各地区猪肉价格均存在棘轮效应，且具有空间上的联动性。通过对棘轮效应的时变参数动态检验发现，中国猪肉价格棘轮效应具有时间上的突变性，中国猪肉价格棘轮效应出现节点在 2011 年前后，并且近年来有逐步加强的趋势。

针对上述研究结论，提出政府在进行宏观调控时应注意以下方面：

（1）宏观调控的时间选择，应作提前的预警。中国生猪调控政策的出台多选择在价格暴涨时期进行，但效果并不明显。猪肉价格的暴涨是由多种因素引起的，是经过一段时间逐渐累积而成的，而不是某一因素引起的。政府应建立完善的预警机制，及时把握市场中的各项信息，在暴涨来临之前进行干预和调查，提前防控，以减缓对猪肉价格的最坏冲击。

（2）生猪价格短期因素会推高猪肉价格，替代品、成本及宏观因素都会对猪肉价格的暴涨和缓跌产生影响，因此应当综合考虑调控政策，"头疼医头，脚疼医脚"可能并不奏效。

（3）生猪价格的棘轮效应存在着突变点，每一轮的猪肉价格波动都有节点，在政策实施中，应准确把握生猪价格变化的节点，顺应猪肉价格变动的规律，合理进行调控，对猪肉价格波动的节点进行观测，以及时应对，这对于制定相关的调控政策尤为重要，有关部门在决策研究及政策实施过程中应加以注意。

第四章　纵向产品链市场价格波动研究

生猪生产的周期长，产业链也比较长，涉及的关联市场也比较多，也最受学者的关注，大量的学者进行了充分的研究，有较多的研究成果。我们在第二章也对纵向价格非对称传导的理论进行了比较详细的总结和综述，这里就不再重复。从研究方法来看，学者关注国内纵向产业链上游、中游及下游价格之间的传导关系，借助向量自回归、协整检验、门限误差修正模型、非对称误差修正模型等研究工具，在农产品纵向价格传导中发现非对称性。

目前研究比较多地集中在肉类价格，顾国达（2012）运用 VAR 模型对国内农产品产业链进行研究，研究发现上、下游价格向中游单向传递，作用程度不一致，并且有 3~5 个月的时滞。杨志波（2013）构建非对称误差修正模型发现生猪价格下降比上升能更快地传递给猪肉价格，存在负的对称性。而周金城（2014）采用门限误差修正模型发现，下游价格下跌时都要比上涨时能更快地传导给上游价格。董晓霞（2015）研究发现，中国生猪价格与猪肉价格之间的传导是非对称的，且这种非对称现象具有双向特征，即生猪价格对猪肉价格的传导是非对称的，猪肉价格对生猪价格的传导也是非对称的。

综上所述，现有研究大多集中于产业链中游生猪与下游猪肉之间的价格非对称传递，鲜少学者研究上游仔猪与中游生猪之间的价格传递。因此，本章聚焦于中国猪肉整个纵向产业链市场，研究市场体系中上、中、下游市场间产品价格是如何相互作用的，是否同样都存在非对称价格传导效应？明晰猪肉产业链上、中、下游产品间的价格传导机制，对于稳定市场价格、保障人民生活与生猪产业发展有重要的借鉴意义。

本章选取 2006 年 7 月至 2019 年 10 月中国猪肉产业链上各产品的周度价格数据，运用两机制的 TAR、C - TAR、MTAR、C - MTAR 四种门限自回归模型对纵向产业链市场上产品价格进行非线性协整分析，结合门限非线性误差修正模型明晰产业链各阶段价格传导非对称效应。结果表明，产业链中仔猪价格对生猪价格的正向偏离的调整速度要慢于负向偏离的调整速度；产业链上游价格的上涨会更快地传导给下游价格；而下游价格的下跌比上涨能更快地传导至上游。

第一节　中国猪肉产业链的构成及产品价格波动分析

一、中国猪肉产业链划分和各个市场环节特征分析

中国生猪的纵向产业链市场多且复杂，结合中国的生猪产业各市场结构，本章按产业链上、中、下游进行划分，产业链上游饲料为种猪繁育和生猪养殖提供能量，养猪的过程中必不可少的就是饲料的使用，在生猪成长的过程中，饲料的喂养比例占总成本的40%～60%，而玉米等粮食类饲料的重要组成部分，占到饲料的50%～60%，有些区域会达到80%左右，故本章选取玉米为主要饲料产品；另外，上游种猪为中游生猪养殖满足仔猪供应，仔猪费用约占10%，上游的饲料和仔猪作为生猪养殖成本的主要构成，其上游价格波动在一定程度上会对中游生猪价格产生影响。生猪养殖阶段以生猪为中游产品，经过生猪流通主体生猪经销商交易下进入屠宰加工，猪肉作为下游产品在不同类型消费者之间进行选择（见图4-1）。

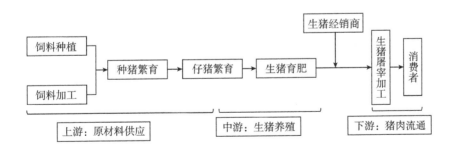

图4-1　中国猪肉产业链上、中、下游主要构成

通过对上游市场特征分析，发现饲料和种猪产业集中度均存在提高趋势。据《中国饲料工业年鉴》统计，2016年猪饲料产量8726万吨，同比增长4.6%，其

中大型饲料企业规模迅速扩张，中国饲料产业集中度逐年提高，目前饲料企业与养殖终端"场厂对接"合作不断深化，产业链融合发展加速，这意味着可能在未来饲料市场会存在一定程度的壁垒。不同的是，种猪繁育需要先进的品种培育和防疫技术以及运转资金多、规模大等，随着人们收入水平的提高和经济发展，消费者市场更偏向高质量产品，都将导致种猪产业集中度提高。

对于中游生猪养殖市场，近年来，社会各界都关注到生猪养殖带来的农业污染问题，中国也相继推出各项政策来防治畜禽养殖带来的污染问题，如2015年国务院印发《水污染防治行动计划》等，进而在南方水网密集区划分生猪禁养、限养和适养区等政策。《中国畜牧兽医年鉴》（2017）数据显示，2007~2016年，年出栏量在500头以下的养殖户（定义为散户养殖）出栏量占比由78%降至45%，年出栏量在10000头以上的养殖企业出栏量占比由4%增至16%，规模化比例提升明显，但与美国相比仍然较低（美国年出栏量500头以上的养殖户出栏量占比超过98%）。生猪养殖业严格的环境规制虽加速了中国生猪养殖的规模化发展，但由于中国地域禀赋和经济发展不平衡，使中国生猪养殖市场目前依然以小规模分散养殖为主体。

中国生猪实行定点屠宰、集中检疫制度，1997年12月19日中华人民共和国国务院令第238号发布《生猪屠宰管理条例》，后经2007年12月19日国务院第201次常务会议修订通过该条例，自2008年8月1日起施行。该条例禁止任何单位和个人未经许可从事生猪屠宰活动。当然，农村地区个人自宰自食的除外。同时，该条例对生猪屠宰的检疫及其监督等方面都作出规定。并且，对销售、使用非生猪定点屠宰厂（场）屠宰的生猪产品、未经肉品品质检验或者经肉品品质检验不合格的生猪产品，以及注水或者注入其他物质的生猪产品，由工商、卫生、质检部门，依据各自职责给予处罚。

经过屠宰加工后，猪肉以不同形式、不同渠道流通到消费者手中，可以通过生鲜肉和冷冻肉贮运进入零售市场，或者进入食品加工环节制成各种腊肠、罐头、香肠等肉制品，再进入消费品市场。1997年我国公布了《生猪屠宰管理条例》（在2008、2011、2016年进行修订）等，以及构建屠宰执法体系，这大大提高了中国屠宰加工企业的行业准入水平，使其进入退出市场的壁垒较高。在下游猪肉流通阶段，随着冷链物流新技术的发展，流通渠道更加多样化，相对而言组织化程度低。

综上所述，中国猪肉产业链市场体系各个阶段的协作关系增强，大规模的企业更加偏向于规模一体化养殖，从而在一定程度上降低外界金融环境和疫情市场带来的风险。上、中、下游各阶段的市场结构特性和市场主体构成导致各市场的议价能力强弱存在差别，大量研究证实产业链上、中、下游各市场主体不同议价能力（或市场势力）为各市场价格传导的非对称提供了可能。

二、中国猪肉产业链上产品价格波动分析

本章选取源自中国畜牧业信息网 2006 年 7 月至 2019 年 10 月中国玉米、仔猪、生猪和猪肉价格的周度数据，分析中国猪肉产业链上的产品价格波动特征。从图 4-2 可知：第一，我国猪肉产业链上产品价格总体均呈上升趋势，其中作为生猪养殖成本的玉米价格呈现出小幅度的波动上升趋势，直到 2016 年稳定于 2元/千克。第二，中国中游生猪价格和下游猪肉价格走势和周期性波动相对高度一致，且猪肉和生猪价格之间存在一个周期上升的价差，价差在 2008 年达到 8元/千克左右，到 2012 年高达 12 元/千克，近年来价差相对稳定在 10 元/千克左右。第三，对比来看，仔猪价格波动更为剧烈，且存在一定的周期性。在 2006~2009 年为一个周期，受到金融危机的影响仔猪价格在 2008 年价格到达高峰，之后相对稳定波动出现一些小波动周期，直到 2016 年左右突破形成了另一个价格高峰，2019 年初受到"非洲猪瘟"的影响，使中国仔猪价格急剧增长。可以发现出现周期性波动的高峰的时间点与中国宏观环境状况有一定重合，下面章节将进一步深入剖析两者之间的影响机制。

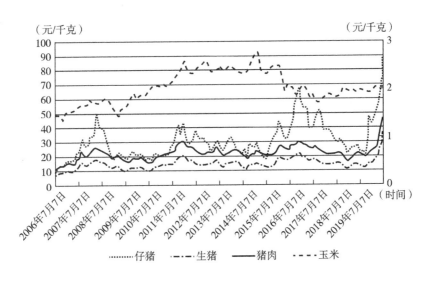

图 4-2　猪肉产业链上不同产品价格波动情况

为了更明显地观察猪肉产业链上不同产品价格波动特征以及猪肉产业链价格的顺向传递情况，将以上数据进行环比增长处理。观察图4－3可知：①从波动幅度来看，仔猪价格的波动幅度最大，其周期波动幅度达到36.21%；其次是生猪价格波动幅度达20.72%；仔猪价格周期增长率均值为0.42%，而生猪和猪肉增长率变化趋势基本保持一致，均值分别为0.29%和0.24%，值得关注的是玉米价格周期增长率均值仅为0.06%，均远远低于猪肉产品价格波动幅度。②顺向产业链上价格传递存在差异。仔猪价格增长率变化幅度与生猪和猪肉增长率有较高的一致性，仔猪和生猪价格周期增长率普遍高于生猪与猪肉价格周期增长率，即当价格波动沿着产业链传递时，价格波动会呈现出递减态势，也就是说生猪与猪肉价格传递相对仔猪和生猪价格传递更为通畅。

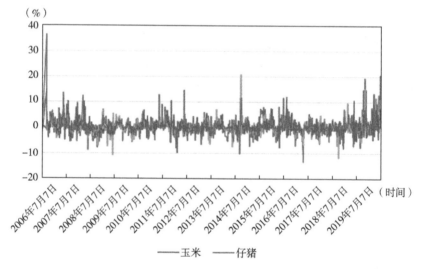

图4－3　猪肉产业链上不同产品价格周期波动对比

第二节　模型理论与设定

一、传统协整理论和门限协整理论

　　Engle 和 Granger（1978）首先提出协整理论，为避免出现虚假回归，进一步解决非平稳时间序列变量之间建立回归模型。传统的协整理论阐述两个及以上单整阶数相等的非平稳时间序列经过一定的线性组合可以构成平稳体系，即时间序列之间存在长期均衡关系。随后，学者构建的误差修正模型（ECM）刻画了系统内变量的动态变化对出现偏离均衡状态的调整反应。往往在现实中由于存在各种原因，使大多情况下不能满足传统协整理论的相关假设，如短期偏离向长期均衡的回归过程是不间断的，以及回归调整的速度是对称的。为弥补这一缺陷，Tong（1978，1983，1990）提出了门限模型，利用各种门限自回归模型来探究实践序列之间的联系。在此基础上，学者进一步完善形成了门限协整理论，借助门限自回归模型把变量的短期偏离均衡的调整过程分成几个不同的区域，当短期偏离长期均衡达到不同的门限值时，变量间发生不同的调整行为。

门限协整理论的完善推动了非线性时间序列模型的发展，后来学者对门限模型进行了综合和拓展，构建了门限自回归模型（TAR）、持续门限自回归模型（C－TAR）、冲量门限自回归模型（M－TAR）和持续冲量门限自回归模型（C－MTAR）等模型，进而能够更好地捕捉系统中变量的非线性不对称动态调整过程。因此，本章运用两机制门限协整检验深入探究中国猪肉产业链上产品间的非对称价格传导。

二、门限自回归模型

Tong（1978，1983，1990）、Tong 和 Lim（1980）提出并构建了门限自回归模型（Threshold Autoregressive model，TAR）在不同机制内建立不同的线性模型从而阐明变量的非线性特征。门限自回归（Self－Exciting TAR）模型中以原序列的滞后项作为门限变量，考虑到不同的研究目的，本章重点讨论两机制的门限自回归模型。模型表达为式（4－1），记作 SETAR（2；p_1, p_2），或者 TAR（2；p_1, p_2）。

$$Y_t = \begin{cases} \phi_{1,0} + \phi_{1,1}Y_{t-1} + \cdots + \phi_{1,p_1}Y_{t-p_1} + \sigma_1 e_t, & Y_{t-d} \leq \tau \\ \phi_{2,0} + \phi_{2,1}Y_{t-1} + \cdots + \phi_{2,p_2}Y_{t-p_2} + \sigma_2 e_t, & Y_{t-d} > \tau \end{cases} \quad (4-1)$$

其中，ϕ 为待估的自回归项系数，p_1, p_2 为模型内自回归滞后阶数，两个自回归阶数可以不相等，但大多学者设置为 $p_1 = p_2 = p$；另外，Y_{t-d} 为门限变量，τ 为门限值，决定了在两个机制间转换的临界点；d 为延迟参数，一般假设为 $1 \leq d \leq p$。当门限变量 Y_{t-d} 不超过门限值 τ，以 $\phi_{1,i}(i=0, 1, \cdots, p)$ 估计系数的子模型的机制运行；当门限变量 Y_{t-d} 小于门限值 τ，则以 $\phi_{2,i}(i=0, 1, \cdots, p)$ 估计系数的子模型的机制运行。后来，Petrucelli 和 Woolford（1984）、Chan 和 Tong

(1986) 证明了 SETAR 模型渐进平稳的充要条件是 $|\phi_{1,1}| + |\phi_{1,2}| + \cdots + |\phi_{1,p_1}| < 1$，且 $|\phi_{2,1}| + |\phi_{2,2}| + \cdots + |\phi_{2,p_2}| < 1$。

Enders 和 Granger（1998）在 SETAR 模型的基础上，提出冲量门限自回归（Momentum TAR，M – TAR）模型，差别是该模型的门限变量为差分序列的滞后项，即门限变量为 ΔY_{t-d}。以上 SETAR 和 M – TAR 为目前最为常见的两类门限自回归模型。随着计量方法的推进，对于门限效应的检验方法也随之增多，为解决冗余参数问题，直到 Tasy（1989）提出采用排列回归方程的非参数方法对门限自回归模型的非线性进行检验，简化了门限模型检验的程序，才使该模型的应用领域更加广泛。随后 Chan 和 Tong（1990，1991）基于似然比检验原理，转化得到 F 检验，进而给出一个与模型自回归阶数相关的临界值表。Hansen（1996）基于文件异方差的 Wald 统计量，构造了 P 值转换函数计算 Wald 统计量的分布函数概率值。近年来，仍然有很多学者基于不同的原理提出新的检验方法，Eenders 和 Siklos（2001）给出了 TAR 模型以及拓展模型的不同置信度下的非线性检验临界值。

门限自回归模型的设定与识别，主要包含机制个数，各个机制内的自回归阶数，门限变量的延迟参数和门限值。大多学者研究发现，自回归阶数确定方法可以依据 AIC、BIC 准则，类似于 AR 模型的最优滞后阶数选择。Chan（1993）以模型残差平方和（SSR）为目标函数，通过格点搜索法得到门限值和门限变量延迟参数。

三、模型设定

传统协整模型是运用最小二乘法估计变量间的长期均衡关系。E – G 协整检验双变量模型，第一步，估计方程式（4 –2）：

$$y_t = \alpha_0 + \alpha_1 x_t + \mu_t \tag{4 – 2}$$

其中，y_t、x_t 均为同阶单整序列，α_1 为待估参数，μ_t 为随机误差项。

第二步，式（4 –2）得到的误差序列，采用 ADF 检验，检验估计方程为式（4 –3）：

$$\Delta \hat{\mu}_t = \rho_1 \hat{\mu}_{t-1} + \sum_{i=1}^{p-1} \gamma_i \Delta \hat{\mu}_{t-i} + \varepsilon_t \tag{4 – 3}$$

其中，p 为滞后阶数，依据 AIC、BIC 准则选择最优滞后阶数，ε_t 为白噪声误差项。

考虑到变量的非线性特征及调整的不对称性，Tong（1983）基于传统协整模型构建 TAR 模型，能够捕捉时间序列偏离长期均衡时的非对称变动。本章重点关注两机制 TAR 表达式，如式（4-4）和式（4-5）所示：

$$\Delta\hat{\mu}_t = I_t\rho_1\hat{\mu}_{t-1} + (1 - I_t)\rho_2\hat{\mu}_{t-1} + \sum_{i=1}^{p-1}\gamma_i\Delta\hat{\mu}_{t-i} + \varepsilon_t \qquad (4-4)$$

$$I_t = \begin{cases} 1 & \text{if} \quad \hat{\mu}_{t-1} \geqslant 0 \\ 0 & \text{if} \quad \hat{\mu}_{t-1} < 0 \end{cases} \qquad (4-5)$$

其中，I_t 为 Heaviside 示性函数，衰减幅度取决于 $\hat{\mu}_{t-1}$。Petrucelli 和 Woolford（1984）、Chan 和 Tong（1985）证明了 TAR 模型渐进平稳的充要条件是拟特征方程的根均在单位圆外，即 $\rho_1 < 0$，$\rho_2 < 0$，且 $(1 + \rho_1)(1 + \rho_2) < 1$。如果 $\rho_1 = \rho_2 \neq 0$，即调整是对称的。如果 $\rho_1 = \rho_2 = 0$，说明该序列为纯随机游走序列。如果 $|\rho_1| > |\rho_2|$，表明 $\hat{\mu}_{t-1}$ 序列在负向偏离阶段比正向偏离阶段更具有持久性。由模型定义可知 ρ_1 代表正向冲击的待估参数，即对长期均衡正向偏离（$\hat{\mu}_{t-1} \geqslant 0$）的调整速度；$\rho_2$ 代表负向冲击的待估参数，即对长期均衡负向偏离（$\hat{\mu}_{t-1} < 0$）的调整速度。

一般情况下，门限值是未知的，需要与 ρ_1、ρ_2 一起进行估计。在很多研究中，学者为了便于分析则假设 $\tau = 0$，这也是 TAR 模型的缺点。后来，Chan（1993）提出格点搜索法可以估计出门限值 τ，因此，模型中的 $I_t = \begin{cases} 1 & \text{if} \quad \hat{\mu}_{t-1} \geqslant \tau \\ 0 & \text{if} \quad \hat{\mu}_{t-1} < \tau \end{cases}$，则与式（4-4）称之为持续门限自回归模型（C-TAR）。其中，$\hat{\mu}_{t-1} = \tau$ 为序列的长期均衡值。如果 $\hat{\mu}_{t-1} \geqslant \tau$，调整遵循 $\rho_1\hat{\mu}_{t-1}$ 过程；如果 $\hat{\mu}_{t-1} < \tau$，调整遵循 $\rho_2\hat{\mu}_{t-1}$ 过程。此时的门限误差修正模型（TAECM）方程如式（4-6）所示：

$$\Delta y_t = c + ECM_{t-1}^+\hat{\mu}_{t-1}^+ + ECM_{t-1}^-\hat{\mu}_{t-1}^- + \sum_{j=1}^{k}\alpha_j\Delta y_{t-j} + \sum_{j=0}^{k}\beta_j\Delta x_{t-j} + \upsilon_t \qquad (4-6)$$

Enders 和 Granger（1998）在研究非对称单位根检验时提出 M-TAR 模型，区别在于用差分序列的滞后变量作为门限变量，即对模型赋予了不同的含义。M-TAR 模型表达为式（4-7）和式（4-8）：

$$\Delta\hat{\mu}_t = M_t\rho_1\hat{\mu}_{t-1} + (1 - M_t)\rho_2\hat{\mu}_{t-1} + \sum_{i=1}^{p-1}\gamma_i\Delta\hat{\mu}_{t-i} + \varepsilon_t \qquad (4-7)$$

$$M_t = \begin{cases} 1 & \text{if} \quad \hat{\mu}_{t-1} \geqslant 0 \\ 0 & \text{if} \quad \hat{\mu}_{t-1} < 0 \end{cases} \qquad (4-8)$$

与 TAR 模型一样，当 $M_t = \begin{cases} 1 & \text{if} \quad \hat{\mu}_{t-1} \geqslant \tau \\ 0 & \text{if} \quad \hat{\mu}_{t-1} < \tau \end{cases}$ 时，模型称为 C-MTAR 模型。

第三节　数据来源与处理

本章选取 2006 年 7 月至 2019 年 10 月周期数据，来源于中国畜牧业信息网、Wind 资讯数据库。鉴于数据可得性和完整性，选取玉米（YM）、仔猪（ZZ）、生猪（SZ）和猪肉（ZR）四个指标的 22 个省市平均价进行实证分析中国猪肉产业链上价格传导机制。

从表 4 - 1 可知仔猪价格的波动性最强，其次是猪肉价格；从表 4 - 2 可知仔猪、生猪和猪肉之间都存在很强的相关性，但是作为饲料的玉米价格与其他价格数据相关性较低；从图 4 - 4 ~ 图 4 - 6 来看，生猪与猪肉价格走势基本一致，且存在一定的产销价差。

表 4 - 1　各个价格序列的基本统计量

	价格数据（元/千克）			
	玉米价格（YM）	仔猪价格（ZZ）	生猪价格（SZ）	猪肉价格（ZR）
均值（Mean）	2.027758	30.138	14.34832	21.86182
中位数（Median）	1.970000	27.560	14.18000	21.65500
最大值（Maximum）	2.760000	72.700	35.72000	45.51000
最小值（Minimum）	1.338000	8.600	6.420000	11.00000
标准差（Std. Dev.）	0.328119	11.750	3.357073	4.437944
偏度（Skewness）	0.116857	1.055	1.148471	0.594587
峰度（Kurtosis）	2.053894	4.002	7.839138	5.559629
Jarque - Bera 检验	27.46329	217.8830	829.7117	230.3454
样本量（Observations）	694	694	694	694

表 4 - 2　价格序列的相关系数矩阵

	玉米价格（YM）	仔猪价格（ZZ）	生猪价格（SZ）	猪肉价格（ZR）
玉米价格（YM）	1.000000	0.121615	0.330192	0.397982
仔猪价格（ZZ）	0.121615	1.000000	0.857460	0.842564
生猪价格（SZ）	0.330192	0.857460	1.000000	0.980792
猪肉价格（ZR）	0.397982	0.842564	0.980792	1.000000

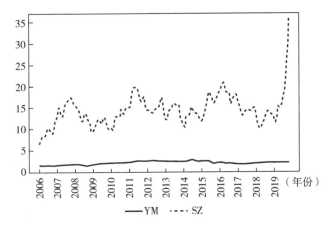

图 4 - 4　2006 ~ 2019 年玉米价格与生猪价格走势

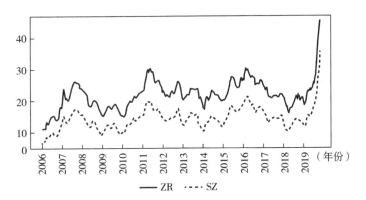

图 4 - 5　2006 ~ 2019 年猪肉价格与生猪价格走势

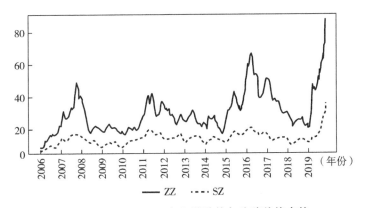

图 4 - 6　2006 ~ 2019 年仔猪价格与生猪价格走势

第四节 实证分析

一、长期价格传递实证分析

1. 变量的平稳性检验

分别对玉米（YM）、仔猪（ZZ）、生猪（SZ）和猪肉（ZR）价格序列进行单位根检验，结果如表4-3所示。结果表明，四个序列均为一阶单整序列 I（1），序列两两之间可能存在长期均衡关系。

表4-3 价格序列的平稳性检验结果

检验序列	检验形式（C，T，K）	ADF 检验统计量	P 值	检验结果
玉米价格（YM）	(c, 0, 1)	-9.9025***	0.0000	平稳
仔猪价格（ZZ）	(c, 0, 1)	-10.0231***	0.0000	平稳
生猪价格（SZ）	(c, 0, 1)	-9.4577***	0.0000	平稳
猪肉价格（ZR）	(c, 0, 1)	-8.5534***	0.0000	平稳

注：C、T 和 K 分别表示截距项、趋势项和滞后期数；*** 和 * 分别表示在1%和10%的水平上显著。

2. Johansen 线性协整检验

首先，基于 VAR 模型进行 Johansen 协整检验，分析猪肉产业链体系内不同产品价格的长期均衡关系。其次，根据 SC 和 HQ 最小值准则，确定 VAR 模型中变量的最优滞后期数为4，结果如表4-4所示。

表4-4 模型的最优滞后期数选择

Lag	LogL	LR	FPE	AIC	SC	HQ
0	1940.966	NA	4.15e-08	-5.647133	-5.620713	-5.636911
1	6950.488	9946.017	1.97e-14	-20.20550	-20.07341	-20.15439
2	7056.400	209.0460	1.52e-14	-20.46764	-20.22987*	-20.37564
3	7105.585	96.50588	1.38e-14	-20.56439	-20.22094	-20.43150
4	7143.195	73.35568	1.29e-14*	-20.62739*	-20.17827	-20.45362*
5	7154.790	22.48009	1.31e-14	-20.61455	-20.05975	-20.39989

Lag	LogL	LR	FPE	AIC	SC	HQ
6	7168.598	26.60908*	1.32e-14	-20.60816	-19.94768	-20.35261
7	7175.582	13.37862	1.35e-14	-20.58187	-19.81572	-20.28543
8	7182.889	13.90971	1.39e-14	-20.55653	-19.68470	-20.21920

注：*表示不同准则下的最优滞后期数选择。

　　进而构建 VAR（4）模型重新估计，进行稳定性检验得到回归残差序列满足正态性，不存在相关性和异方差。在 VAR 模型基础上进行协整检验，此时的阶数设置为3。结果如表4-5所示。通过迹统计量和最大特征值统计量得出的结果一致。拒绝了"不存在协整向量"的"至多一个协整向量"的原假设，而不能拒绝"至多两个协整向量"的原假设，故说明猪肉产业链价格体系内存在两个长期稳定的协整关系。

表4-5　模型 Johansen 协整检验结果

原假设	迹统计量	迹统计量临界值（5%置信水平）	p 值
不存在协整关系*	160.6823	47.85613	0.0000
至多存在1个协整关系*	38.62256	29.79707	0.0037
至多存在2个协整关系	10.78211	15.49471	0.2253
至多存在3个协整关系	1.716044	3.841466	0.1902

注：*表示在5%的显著性水平下拒绝原假设。

3. 格兰杰因果检验

　　本章依照产业链上市场的划分，分别采用格兰杰因果检验来考察猪肉产业链上产品价格传导方向。定义玉米价格对生猪价格、仔猪价格对生猪价格、生猪价格对猪肉价格的传递为沿产业链自上而下的顺向传递；生猪价格对玉米价格、生猪价格对仔猪价格、猪肉价格对生猪价格的传递为沿产业链自下而上的逆向传递（见图4-7）。

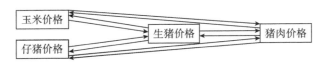

图4-7　中国猪肉产业链价格传导

对模型进行格兰杰因果检验，结果如表4-6所示。可以得出：上、中游产业链中，仔猪价格与生猪价格互为双向因果（传导）关系；中、下游间生猪价格与猪肉价格互为双向因果（传导）关系，因此，猪肉产业链的价格传导为上游向下游传导，上、中游双向传导，中、下游双向传导。

表4-6　格兰杰因果关系检验结果

产业链	指标	原假设	卡方统计量	p 值	检验结果
顺向	上游对中游	玉米价格不是生猪价格的格兰杰原因	7.8278	0.0981	接受原假设
		仔猪价格不是生猪价格的格兰杰原因	18.1024	0.0012	拒绝原假设
	中游对下游	生猪价格不是猪肉价格的格兰杰原因	315.5467	0.0000	拒绝原假设
	上游对下游	玉米价格不是猪肉价格的格兰杰原因	8.9136	0.0633	接受原假设
		仔猪价格不是猪肉价格的格兰杰原因	24.0615	0.0001	拒绝原假设
逆向	中游对上游	生猪价格不是玉米价格的格兰杰原因	7.6177	0.1066	接受原假设
		生猪价格不是仔猪价格的格兰杰原因	58.3199	0.0000	拒绝原假设
	下游对中游	猪肉价格不是生猪价格的格兰杰原因	2.4428	0.0049	拒绝原假设
	下游对上游	猪肉价格不是玉米价格的格兰杰原因	8.9926	0.0613	接受原假设
		猪肉价格不是仔猪价格的格兰杰原因	5.5101	0.2388	接受原假设

4. 门限模型实证分析

Johansen 协整只能判断产业链上产品价格是否存在长期线性协整关系，并不能得出猪肉产业链纵向市场产品间的价格传导存在非对称性的结论。结合格兰杰因果检验结果四个有效的价格传导方向，本章进一步运用两机制的 TAR、C - TAR、MTAR、C - MTAR 四种门限自回归模型对产业链上产品价格进行非线性协整分析。以生猪价格和仔猪价格为例进行门限协整检验，设定最大自回归阶数为12，根据 AIC 准则确定最佳滞后阶数为5，根据 BIC 准则确定最佳滞后阶数为4，本章将优先选择 AIC 准则。

根据门限自回归模型估计结果由表4-7可知，四种门限自回归模型结果基本一致，且 p_1、p_2 参数估计值满足门限模型渐进平稳的充要条件，但相对而言 C - MTAR 模型具有最小的 AIC 和 BIC，故 C - MTAR 模型为四个模型中拟合效果最优的。因此，对 C - MTAR 模型结果进一步分析，发现：

表4-7 生猪价格与仔猪价格门限协整检验结果

	TAR	C-TAR	MTAR	C-MTAR
参数估计值				
门限值τ	0	-1.979	0	-0.482
ρ_1	-0.026 **	-0.025 ***	-0.034 ***	-0.033 ***
	(0.011)	(0.009)	(0.012)	(0.009)
ρ_2	-0.042 ***	-0.056 ***	-0.052 ***	-0.104 ***
	(0.012)	(0.015)	(0.014)	(0.031)
模型诊断				
SSE	79.440	79.207	77.245	78.239
AIC	480.896	478.873	480.348	472.736
BIC	512.642	510.620	548.201	509.006
Q_{LB} (4)	0.989	0.993	0.992	0.998
Q_{LB} (8)	0.970	0.958	0.961	0.968
Q_{LB} (12)	0.991	0.977	0.981	0.993
假设检验				
H1：$\rho_1 = \rho_2 = 0$	8.7827 ***	9.8126 ***	9.427 ***	12.864 ***
H2：$\rho_1 = \rho_2$	0.9377	2.9488	1.2141	5.031 *

注：①C-TAR 和 C-MTAR 模型中的门限值 τ 是依据模型残差平方和为目标函数通过格点搜索法计算而得。②结果的括号内分别表示原假设 H0：$\rho_1 = 0$ 和原假设 H0：$\rho_2 = 0$ 的 t 统计量。③Ljung-Box 检验是基于一系列滞后阶数，判断序列总体的相关性或随机性是否存在。这里 Q_{LB}（p）显示出 Q 统计量的 p 值，原假设为检验回归方程的残差是否存在序列自相关。④假设检验中 H1 的原假设为 $\rho_1 = \rho_2 = 0$，即检验两价格序列是否存在门限非线性协整关系，结果报告显示 F 统计量，本章对比参考 Enders 和 Siklos（2001）给出的临界值见表4-8。⑤H2 的原假设为 $\rho_1 = \rho_2$，即检验价格序列间是否存在非对称价格传导机制，上表报告出 F 检验统计量。⑥ *** 、 ** 、 * 分别表示在 1%、5%、10% 水平上显著。

表4-8 Enders 和 Siklos（2001）两机制不同模型临界值

临界值（%）	TAR	C-TAR	M-TAR	C-MTAR
10	4.87	5.92	5.29	5.57
5	5.80	6.93	6.34	6.63
1	7.89	9.18	8.54	8.84

注：该表的临界值样本量为500。

（1）H1 检验结果为 F 统计量为 12.864 大于临界值 8.84，说明在 1% 显著性水平下,仔猪价格和生猪价格之间存在门限非线性协整关系。由仔猪价格下跌或者生猪价格上涨带来得对长期均衡正向冲击($\Delta\mu_{t-1} \geqslant -0.482$)将以每周 3.3% 的速度削弱。由仔猪价格上涨或者生猪价格下跌导致得对长期均衡负向冲击($\Delta\mu_{t-1} < -0.482$)将以每周 10.4% 的速度削弱。也就是说,在长期均衡过程中,对长期均衡的正向偏离大约需 30.3 周($1/0.033 = 30.30$)来调整,而对长期均衡的负向偏离大约需要 9.6 周($1/0.104 = 9.61$)来调整。通过以上分析可以得出对长期均衡正向偏离的调整速度要慢于负向偏离的调整速度。

(2)H2 检验结果显示 F 值为 5.031,在 10% 显著水平下拒绝原假设,表明仔猪价格与生猪价格之间的传导是非对称的。

进一步运用门限协整分析玉米价格和生猪价格、生猪和猪肉价格的传导,根据 AIC 准则均选择 C - MTAR 模型,模型结果整理如表 4 - 9 所示。

表 4 - 9 猪肉产业链价格传导门限协整检验结果

变量	YM - SZ	ZZ - SZ	SZ - ZR
Model	C - MTAR	C - MTAR	C - MTAR
参数估计值			
门限值 τ	0.362	- 0.482	0.120
ρ_1	0.044 ***	- 0.033 ***	- 0.142 ***
	(0.008)	(0.009)	(0.032)
ρ_2	- 0.013 ***	- 0.104 ***	- 0.048 *
	(0.005)	(0.031)	(0.024)
模型诊断			
SSE	72.276	78.239	69.9969
AIC	413.363	472.736	386.078
BIC	440.583	509.006	404.236
Q_{LB} (4)	0.652	0.998	0.784
Q_{LB} (8)	0.781	0.968	0.836
Q_{LB} (12)	0.834	0.993	0.933
假设检验			
H1:$\rho_1 = \rho_2 = 0$	19.9678 ***	12.864 ***	11.7158 ***
H2:$\rho_1 = \rho_2$	39.502 ***	5.031 *	5.8414 *

注:*** 、** 、* 分别表示在 1%、5%、10% 显著性水平上显著。

由表 4 - 9 可知:

(1)首先判断门限模型的平稳性,发现猪肉价格和生猪价格之间也存在门限协整关系。但是玉米价格和生猪价格模型的待估参数 ρ_1 不能满足其渐进平稳的充要条件，结合前文的格兰杰因果检验结果玉米价格与生猪价格不存在格兰杰因果关系。因此下文重点研究产业链上仔猪价格与生猪价格传导，生猪价格与猪肉价格间的价格传导机制。

（2）通过分析发现生猪价格与猪肉价格模型中对长期均衡正向偏离的调整速度要快于负向偏离的调整速度。由生猪价格下跌或者猪肉价格上涨带来得对长期均衡正向偏离（$\Delta\mu_{t-1} \geqslant 0.120$）将以每周 14.2% 的速度调整。由生猪价格上涨或者猪肉价格下跌导致的对长期均衡负向偏离（$\Delta\mu_{t-1} < 0.120$）将以每周 4.8% 的速度调整。也就是说，在长期均衡过程中，对长期均衡的正向偏离大约需要 7.04 周（1/0.142 = 7.04）来调整，而对长期均衡的负向偏离大约需要 20.93 周（1/0.048 = 20.83）来调整。

（3）H2 假设检验结果显示 F 值为 5.8414，在 10% 显著水平下拒绝原假设，表明生猪价格与猪肉价格之间的传导也是非对称的。

综上所述，可以发现在长期中国猪肉产业链中仔猪与生猪、生猪与猪肉价格间存在非线性门限协整关系，且它们之间的价格传导具有非对称性。

二、短期动态调整实证分析

为了进一步研究猪肉产业链间价格传导过程中的短期动态调整的非对称效应。以下基于 C - MTAR 模型分别建立门限非对称误差修正模型（TAECM），结果汇总整理至表 4 - 10。

表 4 - 10　猪肉产业链的价格传导非对称误差修正模型估计结果

待估参数	ΔZZ_t	ΔSZ_t	ΔZR_t	ΔSZ_t
c	-0.015 (-0.164)	-0.026 (-1.017)	-0.052** (-2.262)	0.003 (0.146)
ECT_{t-1}^{+}	0.091*** (3.019)	-0.01 (-1.229)	0.267*** (7.635)	0.078*** (2.67)
ECT_{t-1}^{-}	0.366*** (3.372)	-0.032 (-1.059)	0.51*** (10.97)	0.124*** (3.188)
α_1^{+}	-0.115* (-1.918)	0.517*** (8.984)	-0.063 (-1.089)	0.467*** (6.484)
α_2^{+}	0.058 (0.953)	0.086 (1.364)	—	—

待估参数	ΔZZ_t	ΔSZ_t	ΔZR_t	ΔSZ_t
α_3^+	0.414*** (6.75)	0.126** (1.986)	—	—
α_4^+	0.199*** (3.039)	0.025 (0.39)	—	—
α_5^+	−0.08 (−1.235)	0.062 (0.991)	—	—
α_1^-	0.09 (1.093)	0.361*** (4.585)	−0.414*** (−5.838)	0.384*** (4.472)
α_2^-	0.076 (0.895)	0.055 (0.661)	—	—
α_3^-	0.186** (2.204)	0.289*** (3.522)	—	—
α_4^-	0.041 (0.476)	0.068 (0.822)	—	—
α_5^-	0.211** (2.51)	0.017 (0.218)	—	—
β_1^+	0.553*** (7.487)	0.003 (0.16)	0.594*** (6.882)	0.057 (1.192)
β_2^+	0.324 (1.42)	−0.019 (−1.109)	—	—
β_3^+	−0.339 (−1.482)	0.055*** (3.246)	—	—
β_4^+	−0.289 (−1.24)	0.018 (1.006)	—	—
β_5^+	−0.215 (−0.952)	−0.055*** (−3.072)	—	—
β_1^-	0.998*** (3.518)	0.049** (2.165)	0.46*** (4.467)	0.006 (0.106)
β_2^-	0.005 (0.016)	−0.076*** (−3.248)	—	—
β_3^-	0.381 (1.291)	−0.039* (−1.664)	—	—

待估参数	ΔZZ_t	ΔSZ_t	ΔZR_t	ΔSZ_t
β_4^-	-0.47 (-1.583)	-0.062*** (-2.596)	—	—
β_5^-	-0.701** (-2.432)	0.036 (1.559)	—	—

注：TAECM 模型滞后阶数以 AIC 准则来选择，生猪与仔猪价格模型选择滞后 5 阶，而生猪与猪肉价格模型选择滞后 1 阶。***、**、*分别表示在 1%、5%、10% 显著性水平上显著。

在对模型结果进行分析之前，先对非对称误差修正模型进行模型诊断和检验，结果如表 4-11 所示。

表 4-11　非对称误差修正模型假设检验结果

假设检验	仔猪价格	生猪价格	猪肉价格	生猪价格
H1：$ECT_{t-1}^+ = ECT_{t-1}^-$	6.032**	0.484	19.875***	1.013
H2：$\alpha_1^+ = \alpha_1^-$	3.359*	2.221	11.609***	0.484
H3：$\alpha_2^+ = \alpha_2^-$	0.025	0.081	—	—
H4：$\alpha_3^+ = \alpha_3^-$	3.874**	2.122	—	—
H5：$\alpha_4^+ = \alpha_4^-$	1.772	0.144	—	—
H6：$\alpha_5^+ = \alpha_5^-$	6.204**	0.171	—	—
H7：$\beta_1^+ = \beta_1^-$	2.158	2.281	0.883	0.349
H8：$\beta_2^+ = \beta_2^-$	0.632	3.269*	—	—
H9：$\beta_3^+ = \beta_3^-$	3.213*	8.572***	—	—
H10：$\beta_4^+ = \beta_4^-$	0.202	5.82**	—	—
H11：$\beta_5^+ = \beta_5^-$	1.553	7.975***	—	—
H12：$\sum_{i=1}^{k} \alpha_j^+ = \sum_{i=1}^{k} \alpha_j^-$	0.515	3.699*	11.609***	0.349
H13：$\sum_{i=1}^{k} \beta_j^+ = \sum_{i=1}^{k} \beta_j^-$	1.741	0.025	0.883	0.484

注：以上假设均是对价格传导的非对称性进行检验，H1 检验模型短期动态均衡调整的非对称效应；H2~H11 是检验门限非对称误差修正模型中分布滞后项的非对称效应；H12 和 H13 是检验模型中累积非对称效应。***、**、*分别表示在 1%、5%、10% 显著性水平上显著。

由表 4-11 的非对称效应假设检验结果可知：①在短期内，仔猪价格和猪肉价格对长期均衡偏离调整的动态路径显著存在较强非对称性；②仔猪价格不仅对其自身价格的滞后 1 期、3 期、5 期存在非对称性，且在短期内仔猪前期价格对生猪价格的传导显著存在非对称效应。③在 10% 显著性水平下 F 检验统计量为 3.699，表明短期内仔猪价格对生猪价格存在累积非对称效应，也就是说短期内仔猪价格滞后项对生猪价格冲击的累积效应存在显著的非对称性；在 1% 显著性水平下 F 检验统计量为 11.609，表明短期内生猪价格对猪肉价格存在累积非对称效应，也就是说短期内生猪价格滞后项对猪肉价格冲击的累积效应存在显著的非对称性。因此，猪肉产业链上仔猪与生猪、生猪与猪肉价格间的价格传导存在一定的分布滞后非对称和累积非对称效应。

结合表 4-11 的非对称误差修正模型结果，深入探究我国猪肉产业链上的价格传导机制。其中，ECT_{t-1}^{+} 表示对长期均衡正向偏离调整的误差修正项，即"正向冲击"，是由于上游价格下跌或者下游价格上涨导致的市场"利好"；而 ECT_{t-1}^{-} 表示对长期均衡负向偏离调整的误差修正项，即"负向冲击"，是由于上游价格上涨或者下游价格下跌导致的市场"利空"。第一，当仔猪价格上涨一个单位（即负向冲击）会导致下一期生猪价格上涨 0.517 个单位，养殖户由于养殖成本的提高利润减少，为了稳定养殖户对生猪的供应，市场上的生猪价格将以 0.032 的上涨幅度进行调整；反之，当仔猪价格下降一个单位（正向冲击）导致下期生猪价格下跌 0.361 个单位，养殖成本的下降幅度大于收益，随后生猪价格以每期 0.01 的下跌幅度进行调整。这表明生猪价格对仔猪价格上涨（负向冲击）的调整反应比其下跌时更强烈，也就是说短期内仔猪价格上涨比其下跌时要更快地传导反映到生猪价格上。第二，从逆向传导角度，当生猪价格增长一单位，仔猪价格下期上涨 0.553 个单位，随后仔猪价格将以 0.091 的调整幅度上涨；当生猪价格下跌一单位，仔猪下期价格下跌 0.998 单位，之后仔猪价格下跌幅度为 0.366。进一步阐明仔猪价格对生猪价格上涨的反应较弱，反而对生猪价格下跌的反应更为强烈，即短期内生猪价格上涨时要比其下跌时更慢地传导到仔猪价格上。第三，可以发现短期内生猪价格上涨比下跌更快在猪肉价格上反应。另外，短期内生猪价格对猪肉价格下跌反应很强，即猪肉价格下跌比上涨更快地传导至生猪价格。总之，在猪肉产业链中顺向传导中，上游价格的上涨会更快地传导给下游价格；而下游价格的下跌会比上涨更快地传导至上游。这在一定程度上解释了为什么市场上猪肉价格如此高，养殖户却没有获得更多的收益。第四，产业链上的价格传导存在时间滞后，仔猪价格的滞后 3 期左右对生猪价格的影响更为显著，且呈现较强的非对称效应。

第五节 本章小结

本章通过对中国猪肉产业链进行了初步划定，从上、中、下游纵向视角研究市场间产品价格是如何相互作用的，研究发现产业链上各产品价格之间存在长期的均衡关系。本章在线性均衡关系分析基础上，进一步运用门限协整理论验证了各产品价格间存在非线性协整关系。门限值的设定更好地刻画出产品价格传导过程，在此基础上，采用拓展门限自回归模型及门限非对称误差修正模型明晰产业链上、中、下游玉米与生猪、生猪与仔猪、猪肉与生猪的价格传导机制。

我们发现：首先，产业链各产品间的传导路径是相对通畅的。仔猪价格与生猪价格、生猪价格与猪肉价格之间互为格兰杰因果关系，且市场体系内存在着长期均衡关系。其次，产业链的价格非对称传导存在。本章通过门限协整分析发现产业链中仔猪价格对生猪价格的正向偏离，其正向偏离调整速度要慢于负向偏离的调整速度，也就是说生猪和仔猪价格传导存在较强的非对称性。最后，从顺向和逆向价格传导角度分析，发现在猪肉产业链中顺向传导中、上游价格的上涨会更快地传导给下游价格；而下游价格的下跌会比上涨更快地传导至上游。

因此，中国建立完整的猪肉价格预警体系非常有必要，同时为了加强中国猪肉价格预警监测准确度，要更加细化地反映中国生猪价格的波动，对不同的产业链、对猪肉的影响作不同的分析。应重点关注不同产业链市场价格门限值划分的不同机制内的价格传导，以及根据不同体系内价格对"利空""利好"的调整幅度稳定调节价格，并把这些纳入预警体系的监控体系中。为促进生猪产业绿色健康发展，还应推动产业链纵向协作一体化，平摊因不同市场主体所承担的经济风险，以及由于非对称性带来的社会福利损失。

第五章　中国猪肉生产的区域布局及横向市场价格非对称传导

　　改革开放以前，生猪的生产主要按自然资境、资源禀赋、生产成本等布局，主要集中在中国粮食和谷物比较丰富的区域，如东南、华中、西南等区域。20世纪90年代，随着经济的发展，各地区的经济发展程度不均，也使中国生猪生产的格局发生了很大的变化，生猪布局到经济发达、需求旺盛的区域。到21世纪初，经济发达区域随着收入水平的增高，经济的发达区域受环境保护等影响逐渐减少生猪的发展，生猪区域逐渐向华中、东北等地区转移，西北区域也有一部分增加。

　　本章研究中国改革开放以来，生猪区域布局转移的历程，分析当前中国生猪区域布局特点和变化，分析生猪生产布局改变的原因，掌握演进的规律，从而为分析生猪价格的区域传导即横向传导做准备，有利于中国政府制定合理生猪发展的产业政策。

　　从猪肉市场的价格波动情况来看，近年来中国猪肉价格波动出现空间联动性，各个省份的猪肉价格波动方向及幅度呈现趋同性，出现各地猪肉价格齐涨齐跌的新情况，当一个地区猪肉价格波动时，不仅影响本地肉禽价格变化，而且会影响到其他地区肉禽价格波动。同时，某区域玉米豆粕等价格的波动，也会对猪肉及其他畜禽类价格有波动影响。因此有必要对这种价格波动传导的空间性进行研究和分析，探讨其形成的影响因素，对稳定猪肉价格市场，推进农业供给侧结构性改革，具有理论及实践意义。

　　本章将采用空间计量的研究方法对中国猪肉价格波动进行分析，检验中国猪肉市场价格波动是否存在空间相关性，分析中国省际猪肉价格波动的影响因素，并将其分解成总效应、直接效应以及间接效应，区分和厘清空间影响机制，为研究猪肉价格波动提供一种新的研究方法和思路。

第一节 中国生猪的生产区域化布局演进及区域优化

一、中国生猪的生产区域变动分析

本章采取 1980～2017 年中国及各省份的生猪出栏量数据，使用生猪生产布局指数①（Production Layout Index，PLI）表示各地区生猪出栏量占全国生猪出栏量的比重，来研究生猪生产布局的变化状况分析生猪区域的变动情况。生猪生产布局指数是生猪生产地区集中度的表现，综合反映了生猪生产的地区分布和规模变化，能够很好地反映全国生猪生产的布局变化。计算公式为 $PLI_{ij} = \dfrac{q_{ij}}{Q_i}$，i 为 1980～2017 年，j 为我国各省市区（基于数据可得性，本章不包括重庆市，中国香港特别行政区，中国澳门特别行政区及中国台湾）。通常学者将中国生猪主产区划分为六大区域：东北地区包括内蒙古、黑龙江、辽宁、吉林；华北地区包括北京、天津、河北、山西、山东、河南；西北地区包括陕西、甘肃、青海、宁夏、新疆、西藏；东南地区包括上海、江苏、浙江、福建、广东；华中地区包括安徽、江西、湖北、湖南；西南地区包括广西、四川（不包括重庆）、贵州、云南、海南。

本章通过计算我国各地区生猪布局指数，得出我国生猪生产六大区域的 PLI 值，进而对比分析各生产区域转变情况。观察图 5－1 可以发现西南和华中区域的主产区地位稳固，一直以来两个地区的生猪出栏量占全国生猪出栏量的比重在 44% 以上，因此这两个区域的生猪养殖规划对中国生猪产业发展有重要的影响。从图 5－1 可以看出，1980～2017 年西南地区占比一直高居于 23%～30%；而华中地区生猪生产占比在 20 世纪 90 年代初出现明显的上涨，21 世纪后该区域生猪生产情况基本稳定。另外，华北区域比例在迅速上升，1997 年该区域 PLI 值突破 20%，并在 21 世纪初超过西南、华中区域，可见华北区域后来者居上的发展潜力；21 世纪初，东北区域作为新兴生猪产区呈现出稳步增长趋势。对比而言，东南地区的生猪主产优势明显下滑，逐渐向华北地区和东北地区转移；西北地区占比变化幅度非常小，生猪生产基本稳定发展。

---

① 生猪生产布局指数（PLI）又称生猪生产集中度指数，用各地区生猪出栏量占全国生猪出栏量的比重表示（杨万里，2011；张振、乔娟，2011）。

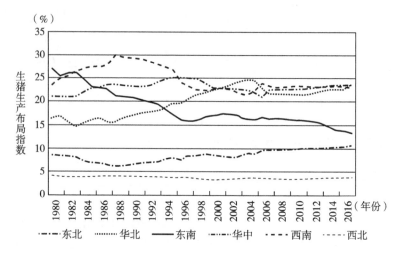

图 5-1 1980~2017 年中国六大区域生猪生产布局变动趋势

资料来源：根据《中国畜牧兽医年鉴》(1999~2018) 及各省统计年鉴，布瑞克数据库相关数据整理计算得出。

通过六大区域的 PLI 值占比分析，西南、华中区域是中国生猪生产相对重要的区域，但是并不能说明中国生猪生产的产地集中度高。下面采用产地集中度系数法定量进行测算，以了解中国生猪生产的产地集中程度。如果生猪的产地集中度系数越高，说明生猪生产养殖区域相对越集中；反之，则生猪生产养殖区域相对分散。产地集中度系数计算过程如下（刘雪等，2002）：①按照各省份生猪出栏量占全国生猪出栏量的比重分为 6 组，计算出各组省份在所有省份中所占的比重 P_i 和生猪出栏量占全国生猪出栏量的比重 Y_i。②计算出各组生猪出栏量占全国生猪出栏量的累加比重 U_i。③将累加生猪出栏量比重按照等级两两相加得到 V_i，其中第一组不变。④将 V_i 与相应地区占所有地区比重 P_i 相乘得到 S_i，$\sum S_i$ 得到 S。⑤运用公式 $G = \dfrac{S}{10000} - 1$，计算得到产地集中度系数 G（见表 5-1）。

表 5-1 2017 年中国生猪产地集中度系数

比重分组	P_i (%)	Y_i (%)	U_i (%)	V_i (%)	S_i	G
10% 以上	0	0	0	0	0	—
7% ~ 10%	13.33	34.32	34.32	34.32	457.4856	—
5% ~ 7%	13.33	22.42	56.74	91.06	1213.8298	—
3% ~ 5%	16.67	21.08	77.82	134.56	2243.1152	—

续表

比重分组	P_i（%）	Y_i（%）	U_i（%）	V_i（%）	S_i	G
1% ~3%	26.67	15.84	93.66	171.48	4573.3716	—
1% 以下	30.00	3.84	100	193.66	5809.8	—
合计	100.00	100.00	—	—	14297.6022	0.4298

资料来源：根据布瑞克数据库的数据计算得出。

如果生猪的产地集中度系数越高，说明生猪生产主要集中在少数区域，也就是说生猪生产的产地集中程度越高。按照这个方法计算1980~2017年产地集中度系数，图5-2绘制出中国生猪产地集中系数的动态变化情况。

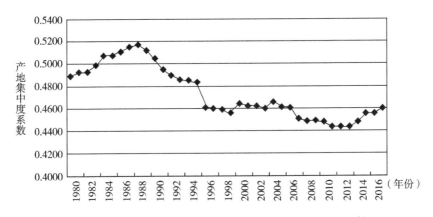

图 5 - 2　1980 ~ 2017 年中国生猪产地集中度系数变化趋势

资料来源：笔者根据《中国畜牧兽医年鉴》相关数据整理后计算得出。

1980~2017年，中国生猪生产集中程度大体呈现下降趋势，但在部分年份内存在上升波动趋势。通过计算1980年中国生猪产地集中度系数为0.4885，到1988年上升至最高值0.5169，生猪生产集中度上升；1988年以后，中国生猪产地集中度系数呈现逐渐下降趋势，在1995年存在急剧下降情况，这说明在此期间中国生猪生产由集中走向分散；1996年后，中国生猪产地集中度系数呈现平稳的小幅度波动，直到2014年左右中国生猪产地集中度系数再次大幅上涨，到2017年中国生猪产地集中度系数达0.4594。总体而言，中国生猪生产产地呈现比较微弱的集中趋势，也就是说中国的生猪养殖依旧属于生产分散型的产业。

二、中国生猪的主产省变动特征分析

采用 1980～2015 年中国和各个省份的生猪出栏量数据，运用生产布局指数（PLI）分析生猪主产省的变动情况。生产布局指数为各省份生猪出栏量占全国生猪出栏量的比重，按照从大到小排序，将前十个省份定义为主产省，总计超过全国出栏量的 50% 以上，再按照时间序列进行比较，可以分析出生猪主产省的变化情况。

测算各个省份的 PLI 指标，如表 5-2 和表 5-3 所示。

表 5-2   1980～2015 年中国生猪主产省及 PLI 指标   单位:%

1980 年		1985 年		1990 年		1995 年		1998 年		2001 年	
省份	PLI	省份	PLI	省份	PLI	省份	PLI	省份	PLI	省份	PLI
四川	15.75	四川	18.7	四川	19.71	四川	16.36	四川	11.13	四川	11.19
江苏	10.41	湖南	9.61	湖南	9.98	湖南	10.52	湖南	10.89	湖南	10.40
湖南	8.69	江苏	8.47	江苏	6.83	山东	6.71	河南	7.16	河南	7.92
山东	6.25	山东	6.20	山东	6.25	湖北	6.27	山东	6.22	山东	6.75
广东	5.50	湖北	5.83	广东	5.79	江苏	5.79	河北	5.78	河北	6.51
湖北	5.28	广东	5.82	湖北	5.53	河南	5.51	江苏	5.04	广东	5.73
河北	3.61	河北	4.26	河北	4.50	广西	5.11	湖北	4.96	江苏	5.48
江西	3.52	江西	3.69	江西	4.24	河北	5.07	广东	4.83	广西	5.20
安徽	3.49	安徽	3.68	河南	3.82	广东	5.04	广西	4.83	湖北	4.70
河南	3.45	河南	3.29	广西	3.43	江西	4.97	江西	4.52	安徽	4.52
合计	65.95	—	69.55	—	70.08	—	71.35	—	65.36	—	68.40

资料来源：布瑞克农业数据库中各地区生猪出栏量。

从表 5-2 和表 5-3 可以看出：

（1）1980～2015 年中国生猪十大主产省占全国生猪出栏比重呈现出"上—下—上"的波动趋势。21 世纪之前中国主产省占比高达约 70%，说明中国生猪生产存在明显的集聚现象；2000～2013 年，中国生猪主产省出栏量占比稍有下降，2013 年降至 63.58%；但自 2014 年以来中国生猪主产省占比再次呈现上升趋势，这与近年来生猪养殖污染引起社会各界的关注有一定联系，随着环境保护力度和政府规制程度的加大，使中国生猪生产趋于规模化集中。

表5-3 1990~2015年中国生猪主产省及PLI指标   单位:%

1990年		1995年		2000年		2005年		2010年		2015年	
省份	PLI	省份	PLI	省份	PLI	省份	PLI	省份	PLI	省份	PLI
四川	19.71	四川	16.36	四川	11.19	四川	11.33	四川	10.76	四川	10.22
湖南	9.98	湖南	10.52	湖南	10.4	湖南	10.63	湖南	8.58	河南	8.71
江苏	6.83	山东	6.71	河南	7.92	河南	9.06	河南	8.08	湖南	8.58
山东	6.25	湖北	6.27	山东	6.75	山东	7.56	山东	6.45	山东	6.83
广东	5.79	江苏	5.79	河北	6.51	河北	7.26	湖北	5.74	湖北	6.16
湖北	5.53	河南	5.51	广东	5.73	广东	5.78	广东	5.61	广东	5.17
河北	4.5	广西	5.11	江苏	5.48	湖北	5.46	广西	4.84	河北	5.01
江西	4.24	河北	5.07	广西	5.2	江苏	5.22	河北	4.83	云南	4.87
河南	3.82	广东	5.04	湖北	4.7	云南	4.51	云南	4.44	广西	4.82
广西	3.43	江西	4.97	安徽	4.52	安徽	4.42	江苏	4.27	江西	4.58
合计	70.08	合计	71.35	合计	68.4	合计	71.23	合计	63.6	合计	64.95

注: 生产布局指数（PLI）为各省份生猪出栏量占全国生猪出栏量的比例。四川省不包括重庆市。

资料来源：布瑞克农业数据库。

（2）20世纪80年代以来，中国生猪的主产省稍有变动，且部分省份在主产省的地位发生了很大的改变。四川省一直处于中国生猪主产省首位，但从时间维度来看，四川省占全国生猪出栏比例呈现明显的下降趋势，从1980年的15.75%下降到2017年的9.37%；20世纪90年代以来，河南省逐渐增加生猪产量，跻身中国生猪主产省的行列，并以较快的增速超过湖南省，稳定排于全国第二位，其占全国生猪出栏量8%左右；湖北省在1980年位居全国第七，随后排名呈现出反复波动，最后稳居全国第五位；江苏省1980年位居全国第二，之后逐步下降甚至退出主产省行列；广东省经历了波动上升和波动下降的过程，之后稳居全国第六位。总体而言，东南沿海地区主产省的位次均出现了不同程度的下降，而华中地区和华北地区部分花生主产省的位次则明显上升。

（3）从时间维度来看，中国生猪各主产省占比差距稍有减弱。20世纪90年代之前，四川省生猪出栏量占比不断增长，与其他主产省之间存在较大差距，其中1990年四川省占占比第二名的湖南省高9.73%，而在2017年四川省占比高于第二名河南省下降至0.51%。这与上文测算中国生猪生产的产地集中度逐渐减小相一致，说明目前中国生猪养殖区域仍相对分散。

三、中国生猪生产区域生产比较优势分析

中国的生猪生产布局变动受到经济因素、市场因素、自然资源等条件的影响。按资源禀赋理论，拥有丰富的饲料资源和较好的环境优势的区域，具有生猪生产的比较优势。近年来环境污染问题越来越严重，不少区域限制生猪的生产，例如东莞早在2007年就宣布全市禁止生猪生产。但现代化的污染处理技术可以改变生猪生产的模式和环境，降低生猪疫病发生率，提高生猪生产的效率，达到高产、高效、高质的水平，技术优势也会影响到生猪生产布局。根据德国经济学家杜能在1810年提出的农业区位理论，城市周围的农业土地利用方式呈同心圆圈层结构（后称杜能圈）。以城市为中心，由里向外依次为自由式农业、林业、轮作式农业、谷草式农业、三圃式农业、畜牧业这样的同心圆结构。以几大城市为中心，在一定区域形成不同程度的杜能圈，由于其交通发展、基础设施等的成本决定其生产分布。因此，基于上述分析，通过资源禀赋系数法和综合比较优势测算法，来测定中国生猪各生产区域生产的比较优势状况，为中国生猪生产产业结构的优化调整方案提供参考。

1. 资源禀赋系数法

资源禀赋系数是用来反映某个国家或地区某一资源相对丰富程度的指标。

$$EF = \left(\frac{P_i / P_{wi}}{Y_i / Y_{wi}} \right) \qquad\qquad (5-1)$$

其中，P_{wi}代表全国拥有的猪肉产量；P_i代表某一地区拥有的猪肉产量；Y_{wi}代表全国的国民生产总值；Y_i代表该地区生产总值。如果$0 < EF < 1$，则说明该地区猪肉缺乏或不具有资源禀赋比较优势；如果$1 < EF < 2$，则说明该地区猪肉拥有一定的资源禀赋比较优势；如果$EF > 2$，则该地区猪肉拥有较强的资源禀赋比较优势，如表5-4所示。

表5-4　1990~2015年中国生猪资源禀赋具有比较优势的地区

年份	$1 < EF < 2$	$EF > 2$
1990	河北省、安徽省、福建省、湖北省、广西壮族自治区、云南省、甘肃省、江西省	湖南省、四川省、贵州省
1995	河北省、安徽省、湖北省、广西壮族自治区、云南省、甘肃省、河南省、吉林省	湖南省、四川省、贵州省、江西省
2000	河北省、内蒙古自治区、安徽省、江西省、河南省、湖北省、海南省、重庆市、吉林省	湖南省、广西壮族自治区、四川省、贵州省、云南省

年份	1 < EF < 2	EF > 2
2005	河北省、吉林省、安徽省、江西省、河南省、湖北省、广西壮族自治区、海南省、重庆市、甘肃省	湖南省、四川省、贵州省、云南省
2010	河北省、吉林省、安徽省、江西省、湖北省、广西壮族自治区、海南省、山东省	湖南省、四川省、贵州省、云南省、河南省
2015	河北省、吉林省、河南省、江西省、山东省、湖北省、广西壮族自治区	湖南省、四川省、河南省、贵州省

资料来源：笔者根据《中国统计年鉴》《中国畜牧业年鉴》计算所得。

由表 5 - 4 可见，1990～2015 年，湖南省、四川省和贵州省等地的资源禀赋系数大于 2。分析可知，首先，由于生猪的生长受到适宜温度的影响，相对于四季分明的北方而言，南方四季如春的特点相对适宜猪的养殖。其次，生猪的养殖需要大量的水，而西南区域，如四川省、湖南省等气候温润、水资源丰富，使其区域具有较强的资源禀赋比较优势。河南省、河北省、山东省和吉林省等地区的资源禀赋系数大于 1，即具有一定的资源禀赋比较优势。由于生猪的养殖过程非常消耗粮食，因此粮食主产区的省份具有相对的优势。玉米作为最主要的饲料原料，河南省等地的玉米产量排名较前，可供给充分的饲料用料，低成本优势使生猪生产由沿海、西南等水稻产区转向中东部地区。

2. 综合比较优势测算法

运用综合比较优势指数法对中国各地区生猪产业发展进行测算，考虑数据的可得性，本书以肉猪的产量比作参数计算。

$$AAI = \left(\frac{A_i / A_{it}}{A / A_t} \right) \qquad (5 - 2)$$

其中，A_i 为某一地区猪肉的产量；A_{it} 为该地区所有肉类总产量；A 为全国猪肉总产量；A_t 为全国肉类总产量。如果 AAI 越大，表明该地区肉猪生产具有优势，其值越大，优势越强；反之表明该地区猪肉生产不具有优势；AAI = 1 则处于临界状态。表 5 - 5 依据不同年份 AAI 从大到小的顺序，列出 1995～2015 年主要年份的中国在生猪生产上具有综合比较优势的地区。分析发现湖南省、贵州省在生猪的生产上具有较强的综合比较优势。河南省、广东省、陕西省、山西省等地区综合比较优势上升较快，跻身于具有综合比较优势的省份行列中。广西壮族自治区、福建省、海南省等地区曾经是综合比较优势的省份。见表 5 - 5。

表5-5 中国生猪资源禀赋具有综合比较优势的地区

年份	AAI > 1
1995	湖南省、贵州省、云南省、重庆市、江西省、湖北省、四川省、浙江省、福建省、广西壮族自治区、陕西省、山西省
2000	重庆市、湖南省、贵州省、云南省、江西省、湖北省、福建省、浙江省、四川省、广西壮族自治区、陕西省、山西省
2005	湖南省、云南省、福建省、贵州省、重庆市、四川省、湖北省、浙江省、江西省、广西壮族自治区、广东省、陕西省、海南省
2010	湖南省、贵州省、福建省、陕西省、重庆市、江西省、湖北省、云南省、浙江省、四川省、山西省、河南省、安徽省
2015	湖南省、贵州省、浙江省、陕西省、湖北省、云南省、江西省、重庆市、四川省、山西省、河南省、广东省

资料来源：笔者根据《中国统计年鉴》《中国畜牧业年鉴》计算所得。

第二节　中国生猪区域布局的影响因素分析

一、模型设定

本书采用动态面板数据来解释生产布局指数，将影响生猪生产布局的因素如资源禀赋、区位经济状况技术状况等作为变量构建分析模型。

$$Y_{it} = a_i + a_t + \beta' X_{it} + u_{it}, \quad Y_{it} = a + \beta' X_{it} + u_i + v_t + \varepsilon_{it} \qquad (5-3)$$

其中，向量 X_{it} 为被解释变量，包含了 p_{it}、t_{it}、c_{it}、f_{it}、pe_{it}、a_{it} 6 个变量，u_{it}、u_i、v_t 为随机误差项，ε_{it} 为随机扰动项。i 为省、市（不包括西藏、中国香港、中国澳门及中国台湾，共 30 个省、市、区数据）i = 1，…，n；t 为年份（通过以上对 1990～2015 年中国生猪生产区域的变化特征分析，为了提出生猪生产区域的进一步优化方案，本书选择了 2005～2015 年的相关数据来分析中国生猪生产区域变动的影响因素）；这里的解释变量 Y_{it} 是生猪生产布局指数 PLI，用来衡量其生产布局的变动程度 P_{it} 是当期的猪肉价格；t_{it} 是畜牧机械使用的千瓦数代表技术对生产布局变动的影响；c_{it} 是各个地区生产者的养殖成本；f_{it} 是各个地区用玉米产量来体现其粮食资源，因为玉米是最主要的生猪饲料；pe_{it} 是各个地区用人口总数来表示其地区的市场规模；a_{it}是各个地区用耕地面积间接反映生猪的生产布局。

本书先通过面板单位根检验变量的平稳性，再通过 Stata 对模型进行估计，估计结果如表 5-6 所示。

表 5-6　固定效应模型和随机效应模型的估计结果

变量	固定效应	p 值	随机效应	p 值
猪肉价格	-0.02511 (-0.501)	0.619	-0.06392 (-1.370)	0.171
技术投入	-0.00128 (-3.701)	0.000	-2.79106 (-0.300)	0.762
生产成本	-0.00423 (-3.682)	0.000	-0.00114 (-1.310)	0.189
玉米产量	0.00086 (0.793)	0.428	0.00020 (0.541)	0.588
人口密度	0.02126 (1.631)	0.104	-0.00015 (-1.733)	0.084
耕地面积	0.00028 (1.031)	0.302	0.00013 (1.424)	0.154
常数项	-1.3185 (-2.390)	0.018	-0.1470 (-1.731)	0.084

由表 5-6 可知，变量的估计基本与预期相符合，除玉米产量和耕地面积的影响未通过显著性检验外，其他解释变量都对中国的生猪生产布局变动具有一定的解释作用。

对固定效应模型和随机效应模型进行豪斯曼检验，如表 5-7 所示。

由表 5-7 可知：分别对两种模型的估计结果、对表 5-6 的数据结果进行豪斯曼检验。检验结果如表 5-7 所示，豪斯曼检验 =25.73，我们选择固定效应模型来估计解释变量对生产布局变动的影响程度。

二、估计结果讨论

（1）经济因素尤其重要。成本对中国的生猪生产布局变动有着显著的负向影响。在其他条件一定的情况下，某地区的生猪养殖成本上升 1 个单位，那该地区的生产布局指数就下降 0.004% 。而上一期猪肉价格对中国的生猪生产布局变动有着显著的正向影响，其拟合度也是最优的。也就是说，在其他条件一定的情况下，上一期该地区猪肉价格上升 1 个单位，该地区的生产布局指数就提高 0.23% 。生猪生产者的决策受到很多方面的影响，他们会权衡其成本收益。猪肉消费作为刚性需求品，当上一期猪肉的价格提高时，其当期的需求并不会大幅度下降。即猪肉价格的波动对中国生猪的生产布局变动有着很重要的作用。

表 5 – 7　固定效应模型和随机效应模型的豪斯曼检验结果

	固定效应	随机效应	差值	标准误
猪肉价格	– 0.002511	– 0.006392	0.003881	0.001880
技术投入	0.000128	– 2.791061	0.000131	0.000033
生产成本	0.000423	– 0.000114	– 0.000309	0.000075
玉米产量	– 0.000086	– 0.000204	– 0.000065	0.000102
人口密度	0.000212	– 0.000015	0.000227	0.000129
耕地面积	0.000028	0.000013	0.000014	0.000025
豪斯曼检验 = 25.73		p 值 = 0.0006		

（2）市场规模对中国的生猪生产布局变动有着显著的正向影响。也就是说，在其他条件不变的情况下，某地区人口数量即市场规模扩大 1 个单位，该地区的生产布局指数就提高 0.022% ，说明市场需求对生猪的生产有一定的影响。畜牧机械使用对中国的生猪生产布局变动有着负向影响，即技术进步水平有着显著负向影响。在其他条件一定的情况下，技术程度上升 1 个单位，该地区的生产布局指数就下降 0.0013% 。发现其影响程度不是非常大，技术进步使其他畜产品收益率大于生猪成本收益率的提高幅度，进而对中国的生猪生产布局变动有着显著的负向影响，技术因素的影响还没有完全体现出来，需要配合经济、环境等协调发展。

（3）资源因素对其影响程度减弱。玉米产量和耕地资源虽然对中国的生猪生产布局变动有着正向影响，但是并没有通过显著性检验。结合生猪生产的实际情况，可以做出一定的解释。选取玉米产量来表示粮食资源可能存在一定的局限性，估计粮食资源的不显著影响可能与生猪的生产布局由沿海向粮食主产区和周边山区集中的统计分析结果存在矛盾，中国生猪的生产向粮食主产区集中，除了受到饲料粮（玉米等）资源的影响外，更有可能是与粮食主产区的耕地资源充足、环境规制成本较低有关。而耕地资源对于现在的生猪生产的影响程度呈现减弱的趋势。

第三节 中国主要区域猪肉价格波动走势

2000年以来，中国猪肉价格波动十分频繁，陷入周期性的波动怪圈，并且在周期性波动中，各区域间价格波动的关联性逐渐加强，价格波动的方向和幅度出现一致性和趋同性。

如图5-3所示，中国主要区域的猪肉价格波动率走势主要可以分为两个阶段，第一阶段为2000年1月至2007年1月，主要区域的猪肉价格波动幅度较小，波动走势较为离散，猪肉价格总体走势比较平稳，尚未出现剧烈的价格波动。第二阶段为2008年1月至今，猪肉价格起伏剧烈，陷入了齐涨齐跌，大起大落的波动周期中，并且主要区域间猪肉价格波动走势表现出强烈一致性，相互之间的关联性非常强。中国猪肉价格经历了数轮剧烈的涨跌波动周期，各省份猪肉价格步调一致地经历了急剧上涨，快速下跌的运行走势，涨跌方向和幅度十分接近。

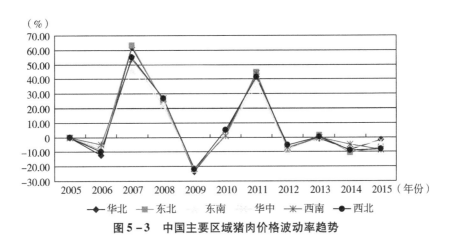

图5-3 中国主要区域猪肉价格波动率趋势

近十几年来，中国各地区猪肉价格波动率的 Moran's I 和 Geary's C 指数均处于0~1，如图5-4所示，呈现空间上的正自相关性。猪肉价格波动率相近的省份在空间上相互聚集，形成高—高聚集、低—低聚集的空间分布状态，各省份猪肉价格波动在空间上并不是无序随机的，而存在一定的依赖关系。

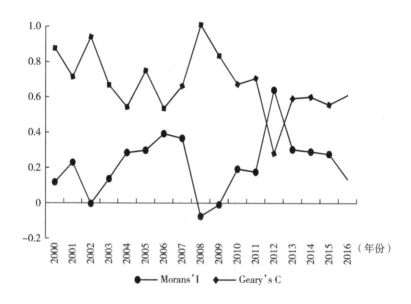

图 5 - 4　2000 ~ 2016 年中国猪肉价格波动空间自相关系数走势

2016 年中国猪肉价格波动的高值区域主要聚集在华北五省，东北辽宁、吉林，以及东南福建、广东、海南，高—高聚集区域相对于其他地区而言，其猪肉价格波动率相对较高，市场价格不稳定，更容易受到各种因素的冲击，是价格波动的中心区域，极易成为猪肉价格波动传导的发动者。在中心区域的外围地区，猪肉价格波动率的逐渐降低，如南方地区的广西、湖南、江西、安徽、江苏以及北方地区的内蒙古、黑龙江，这些地区距离中心区域较近，在中心区域猪肉价格波动发起之后迅速波及响应，助推猪肉价格的波动传导扩散到全国其他地区。从而导致全国范围内猪肉价格的频繁剧烈波动。

第四节　模型设定及数据来源

一、空间杜宾模型

Lesage 和 Pace（2009）提出 SDM（Spatia Durbin Model）作为研究空间效应

问题所使用的最新研究方法之一，该模型将解释变量对被解释变量的影响区分为直接影响、间接影响以及总影响，更好地反映解释变量的空间溢出效应。本书借鉴 Lesage 和 Pace 的方法，设定无约束的空间面板猪肉价格杜宾模型。这个模型既包括了被解释变量（猪肉价格），也包括了所有解释变量的空间滞后项，模型的具体形式如式（5-4）所示：

$$Y_{nt} = \rho W_n Y_{nt} + \beta X_{nt} + \theta W_n X_{nt} + \alpha + \mu_n + \nu_n + \varepsilon_{nt} \quad n = 1, \cdots, N; \ t = 1, \cdots, T$$

$$(5-4)$$

其中，被解释变量 Y_{nt} 表示猪肉价格，解释变量 X_{nt} 表示牛肉、羊肉、鸡肉、小麦麸、玉米、豆粕价格，n 表示地区，t 表示时间，α 表示截距项，μ_n 表示地区固定效应列向量，ν_n 表示时间固定效应列向量，ε_{nt} 表示服从均值为 0，方差为 σ^2 的独立同分布随机误差向量。ρ、β、θ 是本书中我们需要估计的参数，ρ 表示空间滞后参数，反映各省份猪肉价格是否存在空间相关性，若 ρ 显著为正，则表示存在空间正相关；若 ρ 显著为负，则表示存在空间负相关。β 表示 X_{nt} 对 Y_{nt} 的回归参数，θ 表示空间溢出参数，反映各解释变量是否对猪肉价格变动具有空间溢出效应，若 θ 显著为正，表明存在正向的空间溢出效应，若 θ 显著为负，表明存在负向的空间溢出效应，W 表示空间权重矩阵，是在传统计量模型的基础上引入的表示空间单元（或观测值个体）之间的空间相互作用的矩阵。

本章采用 MLE 方法估计空间面板猪肉价格模型，并且通过 LR 检验来判断空间杜宾模型（SDM）是否可以简化成空间自回归模型（SAR）或空间误差模型（SEM）。当 $\theta = 0$ 时，SDM 模型简化成 SAR 模型，当 $\rho = -\theta\beta$ 时，SDM 模型简化成 SEM 模型。通过适用于空间面板数据的 Hausman 检验方法（Lee and Yu，2012）来检验猪肉价格空间面板杜宾模型是采取固定效应模型还是采取随机效应模型。最后本章将尝试设置不同的空间权重矩阵来检验实证结果的稳健性。

二、空间相关性检验

在使用空间计量的方法来进行实证分析时，首先必须对数据进行空间相关性检验。空间相关性是指位置相近、属性相似的区域具有相似的变量取值。空间正相关指高值和低值分类聚集；空间负相关指高值和低值交错聚集；而空间非相关性则指高值和低值完全随机分布。常用的检验空间自相关的指标有 Moran's I、Geary's C、Getis-Ord 指数，本文使用 Geary's C 指数来检验猪肉价格是否存在空间自相关性，其计算公式为：

$$C = \frac{(n-1)\sum\limits_{i=1}^{n}\sum\limits_{j=1}^{n}w_{ij}(x_i - x_j)^2}{2\left(\sum\limits_{i=1}^{n}\sum\limits_{j=1}^{n}w_{ij}\right)\left[\sum\limits_{i=1}^{n}(x_i - \bar{x})^2\right]} \tag{5-5}$$

其中，x_i 代表第 i 个地区的观察值，w_{ij} 表示空间权重矩阵，Geary's C 指数的核心成分为 $(x_i - x_j)^2$，Geary's C 检验的取值为大于 0 小于 2，数值越小表明空间相关性越强。当统计值小于 1 时，表示各地区观测值之间存在正的空间相关性，大于 1 时表明存在负的空间相关性，以此作为是否采用空间模型的依据。

三、空间权重矩阵的设定

本章在传统的计量模型基础上，引入空间权重矩阵，反映两个空间区域单元的相互影响关系，不同的空间权重矩阵检验实证结果的稳健性。主要有以下几种空间权重矩阵的设定形式：

1. 空间邻接权重矩阵

根据空间相邻关系设置权重矩阵 matrix 1，相邻权重矩阵的元素是 0 和 1，取决于两个省份之间是否有共同边界，该权重矩阵是主对角线上元素为 0 的对称矩阵。按照定义，一个省份与所有相邻省份之间的相互关系及作用是完全无差别的，两个不相邻的省份之间是完全无影响的。这种空间权重矩阵的设置方法比较简单，也是目前常用的空间权重矩阵的设置方式，如式（5-6）所示：

$$W_{ij} = \begin{cases} 1 & （区域 i 与区域 j 相邻或 i = j） \\ 0 & （区域 i 与区域 j 不相邻） \end{cases} \tag{5-6}$$

2. 反距离空间权重矩阵

采用基于距离倒数的反距离系数来设置空间权重矩阵 matrix 2。一个省份与相邻的所有省份之间的相互关系及作用存在差异，和不相邻的省份之间也存在相互影响和作用，因此基于空间相邻关系设置的权重矩阵可能会存在偏误。因此采用各省省会之间的距离来衡量空间相互作用关系的强弱，该权重矩阵的元素由各省省会空间距离 d_{ij} 的倒数组成，两省省会之间的距离越远，空间相互影响的强度越弱，距离越近，空间相互影响的强度越强，如式（5-7）所示：

$$W_{ij} = \begin{cases} \dfrac{1}{d_{ij}} & 若 （i \neq j） \\ 0 & 若 （i = j） \end{cases} \tag{5-7}$$

3. 经济距离权重矩阵

构建基于经济距离的空间权重矩阵。由于我国各省份经济社会发展水平差异较大，省情不同，基于地理位置关系而构建的空间权重矩阵并不能完全解释地区间存在的内在联系，设置经济距离空间权重矩阵更能反映各省份之间的空间影响和相互作用，如式（5-8）所示：

$$W_{ij} = \begin{cases} \dfrac{1}{|\ x_i - x_j\ |} & 若（i \neq j） \\ 0 & 若（i = j） \end{cases} \qquad (5-8)$$

从目前的研究上来看，以哪种经济指标构建权重矩阵，主要基于主观判断而尚无成熟的理论支持，本书综合以往研究，以三种经济指标来构建空间权重矩阵。首先，用各省份城镇居民肉禽及制品人均支出来构建空间权重矩阵 matrix 3，来衡量中国各省份在肉制品消费上的差异，人均肉制品支出差距越小的省份之间其经济发展水平和肉制品消费偏好可能越接近。其次，基于经济距离的权重矩阵设定会产生内生性问题，在设置空间权重矩阵时需尽可能地避免内生性（Xu X. and Lee L.，2015）。本书用各省份常住人口总数来构建空间权重矩阵 matrix 31，常住人口越多的省份其猪肉消费总量越大，常住人口总数差距越小的省份之间猪肉消费总量可能越接近。最后，考虑到经济发展水平相近的省份之间物价水平也相近，选择反映经济发展水平的经济指标来构建空间权重矩阵，常用的人均 GDP 指标由于各地 GDP 增长较快，以此构建的空间权重矩阵会产生动态变化的问题，使模型估计产生较大的偏差（Lee L. and Yu J.，2012）。因此本书以各省份的常住人口密度为指标构建空间权重矩阵 matrix 32，各省的常住人口密度与经济发展水平相关，常住人口密度越大的省份经济发展水平越高，常住人口密度越接近的省份之间经济发展水平越相近。以人口密度构建权重矩阵既能够反映各省市的经济发展水平，又能够减缓动态变化的问题，减少模型的估计偏差，同时避免权重矩阵的内生性问题。

四、空间效应分解

在空间面板杜宾模型中，变量的选择包含解释变量以及被解释变量两者的空间滞后项，某个区域的被解释变量不仅受到本区域解释变量的影响，同时也受到来自其他地区解释变量的影响（邓若冰和刘颜，2016）。因此，在对回归系数的解释时，不能简单地用解释变量的系数来反映其对被解释变量的影响。Lesage（2009）运用偏微分分解的数学方法，将解释变量对被解释变量的总效应分解为直接效应和间接效应两部分，直接效应表示为解释变量 x_{ir} 对本区域被解释变量 y_i 的平均影响，间接效应表示为解释变量 x_{ir} 对其他区域被解释变量 y_j 的平均影响。计算方法如式（5-9）所示：

$$y = \sum_{r=1}^{k} \beta_r (I - \lambda W)^{-1} x_r + (I - \lambda W)^{-1} \varepsilon = \sum_{r=1}^{k} S_r(W) x_r + (I - \lambda W)^{-1} \varepsilon$$

$$(5-9)$$

其中，$S_r(W) = \beta_r (I - \lambda W)^{-1}$ 为依赖于 β_r 与 W 的 $n \times n$ 矩阵，将方程展开转换成矩阵的形式，得到式（5 - 10）：

$$\begin{pmatrix} y_1 \\ y_2 \\ \vdots \\ y_n \end{pmatrix} = \begin{pmatrix} S_r(W)_{11} & S_r(W)_{12} & \cdots & S_r(W)_{1n} \\ S_r(W)_{21} & S_r(W)_{22} & \cdots & S_r(W)_{2n} \\ \vdots & \vdots & \ddots & \vdots \\ S_r(W)_{n1} & S_r(W)_{n2} & \cdots & S_r(W)_{nn} \end{pmatrix} \begin{pmatrix} x_{1r} \\ x_{2r} \\ \vdots \\ x_{nr} \end{pmatrix} + (I - \lambda W)^{-1} \varepsilon$$

$$(5-10)$$

总效应等于矩阵 $S_r(W)$ 的加总的平均值：

$$\text{平均总效应} = \frac{1}{n} \sum_{i=1}^{n} \sum_{j=1}^{n} S_r(W)_{ij} = \frac{1}{n} i'_n S_r(W) i_n \qquad (5-11)$$

直接效应等于矩阵 $S_r(W)$ 主对角线上元素之和，即矩阵 $S_r(W)$ 的迹：

$$\text{平均直接效应} = \frac{1}{n} \text{trace} \left[S_r(W) \right] \qquad (5-12)$$

间接效应等于矩阵 $S_r(W)$ 中除主对角线元素之外的所有元素之和，等于总效应减去直接效应：

$$\text{平均间接效应} = \frac{1}{n} \left\{ i'_n S_r(W) i_n - \text{trace} \left[S_r(W) \right] \right\} \qquad (5-13)$$

本章的直接效应和间接效应分别指本省和外省因素对本省猪肉价格的影响，其中间接效应可认为是价格的区域溢出效应。例如替代品的直接效应是指本省牛羊肉、鸡肉等替代品价格对本省猪肉价格的影响，间接效应是指外省替代品价格对本省猪肉价格的溢出影响。成本因素的直接效应反映该省玉米、豆粕等成本价格对该省猪肉价格的影响，间接效应反映外省成本价格对该省猪肉价格的溢出影响。

第五节　空间计量的实证检验及结果分析

一、数据来源及猪肉价格空间相关性分析

本章选择了牛肉、羊肉和鸡肉三种主要的猪肉替代品作为替代品因素，小麦

麸、玉米、豆粕等饲料作为猪肉成本因素进入模型中，共收集了中国 30 个省市（中国香港、中国澳门、中国台湾以及西藏因数据不全而不在考察范围内）2000年 1 月至 2016 年 4 月的月度数据来估计模型，数据来自中国畜牧业信息网，其中猪肉品种是去皮带骨猪肉，鸡肉是白条鸡，牛肉是去骨牛肉，羊肉是带骨羊肉。具体变量说明及描述如表 5－8 所示。在进行实证分析时对各变量均做对数处理，采用 Stata 14 软件进行分析。

表 5－8　变量的描述性统计

变量	符号	平均值	标准差	最小值	最大值
去皮带骨猪肉价格	pork	17.91	6.44	4.79	32.51
去骨牛肉价格	beef	32.04	18.69	7.50	96.65
带骨羊肉价格	mutton	33.31	18.98	8.32	102.25
白条鸡价格	chicken	13.83	4.63	5.00	35.95
小麦麸价格	wheat	1.46	0.44	0.60	2.51
玉米价格	corn	1.72	0.57	0.55	2.96
豆粕价格	soybeans	3.18	0.79	0.80	5.06

中国猪肉价格空间相关性的 Geary's C 指数值，如图 5－5 所示，在空间相邻权重矩阵下，Geary's C 指数值主要集中在 0.4～0.8，大部分都通过了 5% 的显著性检验，这表明中国各省份的猪肉价格在 2000 年 1 月至 2016 年 4 月存在显著的空间正相关。

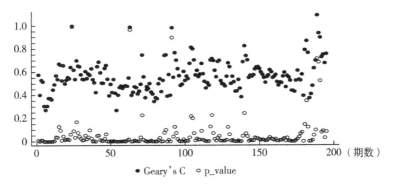

图 5－5　猪肉价格空间相关性检验

二、空间模型的选择及检验

为了确定空间面板模型的具体形式，本书采用 LR 检验来判断空间杜宾模型（SDM）是否会退化成空间自回归模型（SAR）或者空间误差模型（SEM）。根据表 5 - 9 的 LR 检验结果（p < 0.01）认为本书应该选用空间杜宾模型，根据 Hausman 检验结果，本书应该选用固定效应模型。同时本书进行地区固定和时间固定两种效应的联合非显著性 LR 检验。检验结果显示，在不同空间权重矩阵下，地区固定效应和时间固定效应均通过了 1% 水平下的显著性检验。因此本书应该采用同时具有地区和时间固定效应的双向固定效应空间杜宾模型。

表 5 - 9　模型选择及检验

	matrix 1	matrix 2	matrix 3	matrix 31	matrix 32
N（省份）	30	30	30	30	30
T（月份）	196	196	196	196	196
地区固定效应	控制	控制	控制	控制	控制
时间固定效应	控制	控制	控制	控制	控制
LR 检验 （SDM 对 SAR）	201.87*** [0.0000]	235.1*** [0.0000]	582.75*** [0.0000]	588.32*** [0.0000]	394.13*** [0.0000]
LR 检验 （SDM 对 SEM）	684.57*** [0.0000]	359.58*** [0.0000]	584.56*** [0.0000]	722.22*** [0.0000]	532.75*** [0.0000]
Hausman 检验	1807.48*** [0.0000]	18.85*** [0.0000]	46.12*** [0.0000]	688.73*** [0.0000]	80.94*** [0.0000]
LR 检验 （地区固定效应）	1703.08*** [0.0000]	707.1*** [0.0000]	1871.41*** [0.0000]	2167.98*** [0.0000]	1647.95*** [0.0000]
LR 检验 （时间固定效应）	2191.57*** [0.0000]	2258.96*** [0.0000]	1881.85*** [0.0000]	1752.54*** [0.0000]	1945.6*** [0.0000]

注：*、**、***分别表示在10%、5%、1%的显著性水平，方括号内的为 p 值。

三、实证结果

首先，基于各个空间权重矩阵进行模型估计的 R^2 值在 0.883 ~ 0.924，表明在不同的空间权重矩阵下模型的拟合度非常好，解释变量能够充分反映被解释变量的变化程度，另外从模型的回归结果来看，解释变量在不同的空间权重矩阵下的回归系数较为接近，说明在设置不同的空间权重矩阵的情况下，空间杜宾模型的估计是稳健的,实证回归结果的稳健性得到验证。

其次,空间滞后参数的 p 值在 0.754~0.865,在 1% 水平下显著为正,说明猪肉价格存在空间上的正相关性,相邻省份之间的猪肉价格波动的方向是相同的,周边相邻省份的猪肉价格上涨带动本省猪肉价格上涨。总体而言,基于不同的空间权重矩阵,相邻省份猪肉价格上升 1%,本省的猪肉价格也将随之提高 0.8% 左右。这种空间上的联动性也证明了中国猪肉价格波动存在区域"连锁效应"(见表 5-10)。

表 5-10 空间面板杜宾模型回归结果

变量	1 matrix 1	2 matrix 2	3 matrix 3	4 matrix 31	5 matrix 32
lnbeef	0.116 *** (7.56)	0.0534 *** (3.56)	0.0805 *** (4.89)	-0.00126 (-0.08)	0.0380 ** (-2.43)
lnmutton	0.0867 *** (6.57)	0.149 *** (12.27)	0.174 *** (13.94)	0.201 *** (16.00)	0.151 *** (12.12)
lnchicken	0.0729 *** (9.08)	0.0537 *** (6.43)	0.0584 *** (6.50)	0.0761 *** (8.25)	0.0623 *** (7.03)
lnwheat	-0.0739 *** (-5.38)	-0.0337 *** (-2.65)	-0.0362 *** (-2.75)	-0.0413 *** (-3.14)	-0.0266 ** (-1.98)
lncorn	0.0522 *** (3.14)	0.107 *** (6.87)	0.0938 *** (5.91)	0.146 *** (9.40)	0.135 *** (8.91)
lnsoybeans	0.0596 *** (6.69)	0.0209 ** (2.22)	0.0313 *** (3.10)	0.0413 *** (4.27)	0.0473 *** (4.85)
W. lnbeef	-0.122 *** (-6.65)	-0.0795 *** (-3.81)	-0.0772 *** (-3.59)	0.0550 *** (2.73)	-0.0219 (-1.10)
W. lnmutton	-0.0687 *** (-4.03)	-0.129 *** (-6.38)	-0.209 *** (-11.07)	-0.273 *** (-14.40)	-0.170 *** (-9.24)
W. lnchicken	0.113 *** (9.39)	0.118 *** (6.33)	0.216 *** (12.97)	0.242 *** (13.53)	0.180 *** (10.73)
W. lnwheat	-0.0595 *** (-3.24)	-0.0666 *** (-2.93)	-0.115 *** (-5.29)	-0.202 *** (-9.30)	-0.175 *** (-7.97)
W. lncorn	0.0549 *** (2.74)	-0.0394 * (-1.82)	0.0316 (1.52)	0.0122 (0.60)	-0.00575 (-0.29)
W. lnsoybeans	0.0149 (1.35)	0.0468 *** (3.67)	0.0812 *** (6.19)	0.0944 *** (7.58)	0.0640 *** (5.09)

变量	1 matrix 1	2 matrix 2	3 matrix 3	4 matrix 31	5 matrix 32
rho	0.809 ***	0.865 ***	0.781 ***	0.754 ***	0.793 ***
sigma2_e	0.00369 ***	0.00372 ***	0.00442 ***	0.00475 ***	0.00433 ***
R – squared	0.883	0.92	0.907	0.921	0.924

注：*、**、***分别表示在10%、5%、1%的显著性水平，括号内为 t 统计值。下同。

最后，空间面板杜宾模型将解释变量的空间滞后项纳入回归分析当中，解释变量的回归系数不能直接解释对被解释变量的影响，只能提供部分信息。回归结果显示：从解释变量的回归系数（对应模型中的参数 β）来看，猪肉价格受到本省替代品牛肉、羊肉和鸡肉价格的影响，系数为正，在本省范围内，替代品牛、羊、鸡肉价格对于猪肉价格上涨具有显著的推动作用；本省玉米、豆粕价格对猪肉价格的影响系数为正，小麦麸价格对猪肉价格的影响系数为负，考虑到以玉米、豆粕为主的生猪饲料粮，本省饲料成本对猪肉价格上涨同样具有显著的推动作用。从解释变量空间滞后项的回归系数（对应模型中的参数 θ）来看，相邻省份牛、羊肉对本省猪肉价格具有负向影响，而鸡肉价格对本省猪肉价格具有正向影响，牛羊肉和鸡肉对于猪肉价格的溢出影响不同。相邻省份玉米、豆粕价格对本省猪肉价格具有正向影响，而小麦麸对本省猪肉价格具有负向影响，同样考虑到生猪饲料粮中小麦麸比例较少，因此成本因素对猪肉价格具有正向的溢出效应。

四、空间效应分解

由于空间面板杜宾模型中解释变量的系数不能直接解释对被解释变量的影响，需要进行更进一步的分析，本书将解释变量的空间总效应分解成直接效应和间接效应，结果如表5-11~表5-13所示。

表5-11 空间杜宾模型的总效应

变量	matrix 1	matrix 2	matrix 3	matrix 31	matrix 32
lnbeef	- 0.0265 (- 0.47)	- 0.194 * (- 1.83)	0.0155 (0.25)	0.219 *** (3.82)	0.0782 (1.22)
lnmutton	0.0875 (1.39)	0.144 (1.21)	- 0.166 ** (- 2.33)	- 0.300 *** (- 4.55)	- 0.0961 (- 1.34)

续表

变量	matrix 1	matrix 2	matrix 3	matrix 31	matrix 32
lnchicken	0.975 ***	1.271 ***	1.256 ***	1.296 ***	1.171 ***
	(19.45)	(14.11)	(23.27)	(25.70)	(21.31)
lnwheat	-0.692 ***	-0.731 ***	-0.681 ***	-0.980 ***	-0.963 ***
	(-8.67)	(-4.96)	(-7.34)	(-11.48)	(-10.12)
lncorn	0.564 ***	0.502 ***	0.573 ***	0.643 ***	0.626 ***
	(9.29)	(4.60)	(8.68)	(10.54)	(9.24)
lnsoybeans	0.387 ***	0.495 ***	0.510 ***	0.549 ***	0.533 ***
	(8.83)	(7.36)	(11.80)	(14.18)	(11.70)

表5-12　空间杜宾模型的直接效应

变量	matrix 1	matrix 2	matrix 3	matrix 31	matrix 32
lnbeef	0.105 ***	0.0458 ***	0.0770 ***	0.0108	0.0401 ***
lnmutton	0.0856 ***	0.148 ***	0.154 ***	0.173 ***	0.137 ***
	(7.72)	(14.78)	(14.60)	(16.14)	(13.00)
lnchicken	0.146 ***	0.0922 ***	0.125 ***	0.143 ***	0.121 ***
	(14.55)	(9.95)	(12.43)	(14.15)	(12.15)
lnwheat	-0.122 ***	-0.0542 ***	-0.0708 ***	-0.0911 ***	-0.0743 ***
	(-7.58)	(-3.76)	(-4.63)	(-6.01)	(-4.83)
lncorn	0.0901 ***	0.116 ***	0.117 ***	0.170 ***	0.158 ***
	(5.05)	(6.81)	(6.71)	(9.95)	(9.49)
lnsoybeans	0.0863 ***	0.0361 ***	0.0582 ***	0.0694 ***	0.0732 ***
	(9.83)	(4.01)	(6.10)	(7.44)	(7.87)

表5-13　空间杜宾模型的间接效应

变量	matrix 1	matrix 2	matrix 3	matrix 31	matrix 32
lnbeef	-0.131 **	-0.239 **	-0.0615	0.208 ***	0.038
	(-2.35)	(-2.23)	(-0.95)	(3.60)	(0.59)
lnmutton	0.00193	-0.00423	-0.321 ***	-0.473 ***	-0.234 ***
	(0.03)	(-0.04)	(-4.60)	(-7.37)	(-3.32)
lnchicken	0.829 ***	1.179 ***	1.131 ***	1.153 ***	1.050 ***
	(19.02)	(13.64)	(22.78)	(24.84)	(20.72)

变量	matrix 1	matrix 2	matrix 3	matrix 31	matrix 32
lnwheat	-0.570^{***} (-7.87)	-0.677^{***} (-4.75)	-0.610^{***} (-7.06)	-0.888^{***} (-11.23)	-0.889^{***} (-9.95)
lncorn	0.474^{***} (7.82)	0.386^{***} (3.52)	0.456^{***} (6.95)	0.473^{***} (7.85)	0.468^{***} (6.97)
lnsoybeans	0.300^{***} (7.39)	0.459^{***} (6.94)	0.451^{***} (10.81)	0.479^{***} (12.94)	0.460^{***} (10.47)

（1）由表 5－11 可知，替代品牛、羊肉价格对猪肉价格的总效应不显著，而鸡肉价格对猪肉价格的总效应显著为正，总效应系数在 0.975～1.296。从全国范围来看，牛、羊肉价格较高，消费量远远小于猪肉和鸡肉，牛、羊肉对猪肉价格影响较小而鸡肉价格对猪肉价格影响较大。成本因素中玉米价格的总效应系数在 0.502～0.643，豆粕价格的总效应系数在 0.387～0.549，玉米豆粕价格对猪肉价格的总效应显著为正。小麦麸价格的总效应系数在 －0.980～－0.681，总效应显著为负。在全国范围内，生猪饲料粮主要以玉米、豆粕为主，其价格上涨对猪肉价格的具有显著的推动作用。

（2）由表 5－12 可知，在不同的空间权重矩阵下，替代品价格对猪肉价格的直接效应显著为正，与模型回归结果一致，其中牛肉价格的直接效应系数在 0.040～0.105，羊肉价格的直接效应系数在 0.086～0.173，鸡肉价格的直接效应系数在 0.092～0.146，均在 1% 水平下显著。表明本省牛羊肉，鸡肉价格均能对本省猪肉价格产生显著的影响，在区域市场内牛羊肉不受消费量小的限制，对猪肉价格上涨仍有一定的推动作用。对成本因素而言，小麦麸价格的直接效应系数在 －0.122～－0.054，玉米价格的直接效应系数在 0.090～0.170，豆粕价格的直接效应系数在 0.036～0.086，均通过 1% 水平下的显著性检验。表明在本省市场范围内，玉米、豆粕等主要饲料粮价格对猪肉价格上涨具有显著的推动作用。

（3）由表 5－13 可知，替代品牛、羊肉价格对猪肉价格的间接效应在不同的空间权重矩阵下差异较大，牛肉价格的间接效应系数在 －0.239～0.208，羊肉价格的间接效应系数在 －0.473～－0.234，而鸡肉价格的间接效应系数在 0.829～1.179，牛、羊肉价格对猪肉价格的溢出效应为负，而鸡肉价格对猪肉价格的溢出效应为正。表明相邻省份牛羊肉价格对本省猪肉价格上涨具有显著的抑制作用，而相邻省份的鸡肉价格对本省猪肉价格上涨具有显著的推动作用，相对于猪肉而言，牛、羊肉属于高档肉类，而鸡肉属于低档肉类，两者对于猪肉价格的溢出效应截然相反。成本价格的间接效应在不同的权重矩阵下较为一致，小麦麸价格的间接效应系数在 $-0.889 \sim -0.570$，玉米价格的间接效应系数在 $0.386 \sim 0.474$，豆粕价格的间接效应系数在 $0.300 \sim 0.479$，均在 1% 水平下显著，小麦麸价格对猪肉价格的溢出效应显著为负，而玉米豆粕价格的溢出效应显著为正。表明相邻省份小麦麸价格对本省猪肉价格具有抑制作用，而相邻省份玉米豆粕价格对本省猪肉价格上涨具有推动作用，考虑到生猪饲料粮以玉米、豆粕为主，因此成本因素对猪肉价格主要产生正向空间溢出效应，饲料成本上升容易扩散到相邻省份，进而推动相邻省份的猪肉价格上升。

第六节　本章小结

本章从替代品和成本两个方面对猪肉价格波动进行分析，通过空间计量方法的应用，将全国市场分割成省内和省外两个部分，来衡量替代品和成本因素对猪肉价格波动的溢出影响，分析猪肉价格波动在地区空间上的传导效应，弥补了过往研究文献的不足，丰富了研究思路。结果表明：

（1）在不同的空间权重矩阵下，猪肉价格具有显著的空间正相关性，猪肉价格在省际之间具有正向的传导效应，一个省份的猪肉价格变动与相邻周边省份猪肉价格变动的方向一致，猪肉价格容易受到周边省份猪肉价格上涨的影响而随之上涨，出现空间上猪肉价格上涨的"连锁效应"。

（2）整体而言，牛羊肉价格对猪肉价格变动没有显著影响，主要在于牛、羊肉相对于猪肉来说消费量较小，但由于牛、羊肉价格较高，在区域市场范围内对猪肉价格上涨仍会产生一定的推动作用。鸡肉价格的直接和间接效应均显著为正，对本省的猪肉价格波动具有直接推动作用，同时对相邻省份的猪肉价格波动具有溢出影响。

（3）玉米和豆粕作为主要的生猪饲料粮，对于猪肉价格变动的省内直接推动作用和省外间接溢出效应都是显著为正的，且间接溢出效应大于直接效应，玉米豆粕等成本因素价格上涨的影响容易扩散到相邻省份，助推相邻省份猪肉价格的上涨。

针对以上研究结论，本章提出以下几点建议：

（1）加强对猪肉价格的监测、预警及调控。结合空间地理信息 GIS 系统，构建综合覆盖全国、省、市三级猪肉及相关产品价格监测体系，定期监测各地区猪肉及相关产品的市场价格变化；加强猪肉价格预警系统建设，建立空间综合预警系统，将各地区猪肉及相关产品的价格动态变化全面及时准确地向社会发布，为相关企业、生产经营者提供信息指导和风险预警；加强区域信息共享和政策协同，保持调控政策的一致性、有效性及协调性，确保猪肉市场价格的稳定。

（2）引导居民多元化的肉类消费，增加其他肉类供给。合理调配牛、羊、禽肉，稳定肉类市场价格，防止肉类价格波动的相互传导，减少整体肉类市场价格波动的风险；完善国内各级储备肉制度，积极利用国际市场，加强和国际主要肉类出口国的合作，适时适度地进口猪肉，积极进口国内供给较少的牛、羊肉以保证国内市场各种肉类的充足稳定供应，保证肉类价格系统稳定。

（3）建立和完善饲料粮供应和储备机制，稳定成本要素价格。建立畜牧饲料粮储备机制，切实保证生猪饲料的供应，减少原料成本；实施玉米、豆粕产地与生猪养殖地区的对接，加强对饲料粮地区间的合理调配，减少流通环节，避免玉米、豆粕的局部供应短缺而造成饲料价格上涨，刺激猪肉价格波动，缓解饲料成本价格波动对猪肉价格波动的影响。

第六章 国际主要猪肉市场
价格非对称传导研究

近年来,国际猪肉市场价格长期趋势平稳,2009 年之后价格上升趋势明显。但从短期波动来看,波动的幅度逐渐增大,国际猪肉价格的大幅度波动将影响到主要生产市场和消费市场,影响猪肉价格和产量,影响世界的生猪贸易格局。

第一节 世界各国主要猪肉生产情况及价格波动

世界的生猪产量增长迅速,据联合国粮农组织(FAO)数据显示,1961~2017 年,全球生猪存栏量从 4.06 亿头增长到 9.07 亿头,增长约 1.23 倍。生猪出栏量(屠宰量)从 3.76 亿头增长到 14.86 亿头,增长约 2.95 倍。与其他动物蛋白生产比较,受宗教信仰及饮食文化等因素的影响,养猪业在全球的分布具有更明显的地域性。比如,叙利亚 2017 年末生猪存栏量 9 头,而土耳其同年生猪出栏量(屠宰量)为零。从各大洲来看,亚洲养猪业遥遥领先于其他各洲。2019 年数据显示,2017 年亚洲生猪期末存栏量 5.5763 亿头,生猪年出栏量逾 8.8283 亿头,分别占同期全球生猪存栏量和出栏量的 57.64% 和 59.41%,接近 2017 年亚洲人口数量占同期全球人口数量的比例(59.66%)。比较来看,2017 年欧洲、美洲生猪出栏量分别占全球生猪出栏量的 21.79% 和 16.2%,这两大洲同年人口数量占同期全球人口数量比例分别为 9.83% 和 13.34%,前一组数据明显大于后一组数据。若以单位人口生猪出栏占有量来看,欧洲平均每 2.29 人占有一头生猪,其次是美洲(4.18)、大洋洲(4.89)、亚洲(5.10),非洲平均 41.46 人占有一头生猪,与全球平均水平(5.08)相差较大。

除中国外，欧盟、美国、俄罗斯等也是大型的生猪生产基地，2018 年欧盟生猪出栏量为 27000 万头，约占世界的 21.27%；美国出栏量为 12692.68 万头，约占世界出栏量的 10.5%；俄罗斯生猪出栏量为 4525 万头，约占世界出栏量的 3.57%；巴西出栏量为 4795 万头，约占世界出栏量的 3.32%；加拿大出栏量为 2812.8 万头，约占世界出栏量的 2.22%。其主要生猪生产国的情况如表 6 - 1 所示。

表 6 - 1　2000 ~ 2019 年世界主要国生猪生产量　　　　单位：千吨

国家年份	加拿大	日本	韩国	墨西哥	美国	巴西	中国	俄罗斯	乌克兰
2000	1854.3	1270.7	915.9	1015.8	8387.5	2556.0	40469.8	1568.7	675.8
2001	1976.1	1241.7	927.9	1041.1	8450.7	2730.0	41808.4	1497.8	591.1
2002	2097.6	1235.8	1005.1	1022.1	8705.6	2565.0	43473.8	1608.3	599.3
2003	2187.1	1260.1	1148.9	998.9	8765.0	2560.0	42529.5	1742.6	630.9
2004	2291.2	1272.3	959.6	1026.7	8970.9	2620.0	43559.4	1685.8	558.7
2005	2267.6	1245.0	899.3	1066.7	9056.4	2708.0	45686.2	1569.1	481.7
2006	2260.8	1246.5	999.8	1069.4	9204.3	2943.0	46635.7	1699.2	522.5
2007	2336.7	1250.5	1042.8	1124.3	9544.3	2998.0	42999.9	1929.7	633.7
2008	2296.1	1248.8	1055.9	1144.5	10264.6	3026.0	46328.7	2042.1	582.1
2009	2152.2	1309.9	1062.0	1161.0	10248.2	3190.0	49018.2	2169.5	519.0
2010	2108.6	1291.1	1109.8	1163.2	10014.0	3237.0	51172.7	2330.8	620.4
2011	2102.7	1264.0	833.9	1148.7	10159.1	3284.7	51500.0	2460.8	637.6
2012	2101.4	1256.1	875.0	1168.4	10259.9	3300.0	52350.0	2569.1	647.2
2013	2118.0	1246.2	940.5	1183.1	10356.8	3346.2	52993.4	2699.6	639.6
2014	2178.5	1236.0	1027.3	1198.7	10442.6	3398.8	53849.0	2870.5	648.5
2015	2274.1	1223.0	1041.2	1209.5	10606.6	3429.1	54731.5	2940.6	650.2
2016	2348.5	1213.3	1044.8	1221.3	10709.9	3455.6	55620.0	2975.2	658.7
2017	2360.5	1209.0	1038.7	1238.4	10706.5	3523.7	56514.6	3047.8	699.8
2018	2371.0	1203.9	1029.3	1253.4	10833.3	3563.9	57395.5	3072.7	714.1
2019	2378.2	1207.7	1037.2	1281.5	10986.5	3622.4	58298.6	3130.3	737.0

资料来源：经济合作与发展组织。

中国作为世界最大的猪肉生产国和消费国，2017 年生猪存栏量占全球存栏量的45%，出栏量占全球出栏量的47%。此外中国还是世界生猪的进出口大国，进口、出口量在世界排名都在第四位左右（美国农业部，2015）。但中国的耕地、草场资源有限，随着畜产品需求的日益增加，供求缺口会日益拉大。玉米等饲料价格上涨成为猪肉市场价格上涨的刚性原因，我国面临着是进口粮食还是进口猪肉的选择，长期来看，我国的猪肉进口有增加的趋势。高补贴、高品质的进口畜产品具有明显的价格优势，以猪肉为例，中国的猪肉价格比美国高30%～45%（Gale et al.，2012）。进口增加，必然对中国肉类带来较大的冲击和挑战。随着市场成熟和对外开放，畜产品期货市场应该在不远的将来启动。因此研究世界猪肉市场对中国猪肉市场的价格关联对中国猪肉市场及其畜产品市场的发展有积极的意义。

欧盟和美国是世界上主要的猪肉生产国和出口国，具有天然的生猪生产的自然优势和历史传统，对世界市场猪肉价格影响较大。欧盟和美国的生猪生产具有不同的特征，欧盟生猪生产具有较强的区域化特征，主要分布在岛国及沿海地区。例如，2017年每百人生猪出栏量，丹麦304头/百人排在第一，远远高于其他经济体，西班牙108头/百人，荷兰89头/百人，德国71头/百人分别紧随相后。丹麦、荷兰、比利时猪肉自给率分别占500%、250%和200%以上，是主要的出口国。欧盟的散养和规模化饲养并存，其中如生产小于10头猪场占全部猪场的85.5%，但总量仅占5.3%。饲养100头以上的母猪猪场0.6%，但出栏量占到欧盟生猪的一半，加上出栏400头以上的育肥猪，占到出栏量的72.5%。欧盟实行较高的安全标准，使欧盟猪肉的竞争力强，出口市场更具多元化。

而美国的生猪养殖规模化占主导，1976年有近65万个养殖场，截至目前已经下降到7万个左右。单场由不到200头商品猪发展到目前平均单场1200头至2400头；全美母猪存栏由1000万头减至目前的580万头，商品猪年出栏量却从9000万头增至1.2亿头。而养殖规模也越来越大，平均存栏量从87头增加到1075头，2000年以后，美国猪肉市场超过65%的猪肉来自5万头以上的养殖公司。全美平均1头存栏母猪年供上市猪20头以上，而中国却只有14头左右，可见差距和潜力一样巨大。1995年美国由猪肉净进口国转变为猪肉净出口国，日本、中国香港、墨西哥等是其主要出口地区和国家，美国的猪肉出口有赖于充裕的玉米及其他饲料资源。

本书将在现有文献的基础上，应用SUR模型研究主要的猪肉产出国和消费国及国际猪肉市场的价格关联及溢出效应，研究不同类型的猪肉市场对世界猪肉价格的价格关联和溢出效应，有利于研究中国未来的猪肉价格走向，应对世界猪肉市场价格的冲击和挑战。

第二节　价格非对称溢出传导模型

研究表明，价格形成是一个随机过程，因此价格传导溢出效应既可以发生在短期也可以发生在长期。如果两个序列是单整而非协整的关系，递增和递减的变化就会随着时间的长期累积而发生非均衡现象。但如果时间序列既是单整的又是协整的，从理论上讲，短期会有价格的非对称调整，但长期来看，价格的非均衡将随着时间进行调整（Von cramon – Taubade and Loy，1999）。因此对于短期误差的修正即应用误差修正模型成为调整价格溢出效应分析的主要方法。

$$\Delta y_t = a_0 + \left(a_1 + a_2 - 1\right)\left[y_{t-1} + \frac{a_2 + a_3 + a_5}{a_1 + a_2 - 1}X_{t-1}\right] - a_2\Delta y_{t-1} + a_3\Delta x_t - a_5\Delta x_{t-1} + \varepsilon_t$$

$$(6-1)$$

其中，带括号的部分被称为误差修正模型（ECT），代表前一期变动向均衡的一个调整过程。ECT 可以在向长期 s 均衡的调整修正自变量的变化，这样非对称调整就发生在短期。我们根据价格调整方向为正向的误差修正 ECT_{t-1}^+ 和负向的误差修正 ECT_{t-1}^-。分别将正向的和负向的误差调整项代入式（6-1）得到非对称的误差调整模型：

$$\Delta y_t = \alpha_0 + \bar{\alpha}^+ ECT_{t-1}^+ + \bar{\alpha}^- ECT_{t-1}^- + \alpha_2^+ \Delta^+ y_{t-1} + \alpha_2^{-1} \Delta^{-1} y_{t-1} +$$
$$\alpha_3^+ \Delta^+ x_t + \alpha_3^- \Delta^- x_t - \alpha_5^+ \Delta^+ x_{t-1} - \alpha_5^- \Delta^- x_{t-1} + \varepsilon_t \qquad (6-2)$$

其中，$\bar{\alpha} = \alpha_1 + \alpha_2 - 1$，价格非对称传导被用来检验 ECT_{t-1}^+ 和 ECT_{t-1}^- 是否是相等的。如果 $\bar{\alpha}^+ = \bar{\alpha}^-$，则价格非对称溢效应的假定被拒绝，则从长期来看，价格正向调整和负向调整，才能达到均衡，也即是不同系数的估计值相同。在单一的方程中，实际上暗含一个严格的假定，就是 x 和 y 是没有方向的，这在一个自动的方程系统中是可行的，在这样一个系统中，外生性被用来检验两者或一个变量的协整关系，估计的系数可以被用来代替感兴趣的参数，在模型中短期动态的确定需要对每一个方程进行约束，如果同一个变量在两个方程中一个被认为是显著的，而不同的变量将会在第一个方程中是外生的，在第二个则不是；反之，也如此，因此，我们需要对每一个方程进行短期的参数约束。因此，将式（6-2）转成系统方程（6-3）和方程（6-4）用 Δz_t 和 $\Delta z_t'$ 来代替在短期中的变量：

$$\Delta y_t = \alpha_0 + \overline{\alpha}^+ ECT_{t-1}^+ + \overline{\alpha}^- ECT_{t-1}^- - \alpha_2^+ \Delta^+ y_{t-1} - \alpha_2^{-1} \Delta^{-1} y_{t-1} + \alpha_3^+ \Delta^+ x_t +$$

$$\alpha_3^- \Delta^- x_t - \alpha_5^+ \Delta^+ x_{t-1} - \alpha_5^- \Delta^- x_{t-1} - \alpha_6^+ \Delta^+ z_t + \alpha_6^- \Delta^- z_t -$$

$$\alpha_7^+ \Delta^+ z_{t-1} - \alpha_7^- \Delta^- z_{t-1} + \varepsilon_{1t} \qquad (6-3)$$

$$\Delta x_t = \beta_0 + \overline{\beta}^+ ECT_{t-1}^+ + \overline{\beta}^- ECT_{t-1}^- - \beta_2^+ \Delta^+ y_{t-1} - \beta_2^{-1} \Delta^{-1} y_{t-1} + \beta_3^+ \Delta^+ y_t +$$

$$\beta_3^- \Delta^- y_t - \beta_5^+ \Delta^+ y_{t-1} - \beta_5^- \Delta^- y_{t-1} + \beta_6^+ \Delta^+ z'_t + \beta_6^- \Delta^- z'_t -$$

$$\beta_7^+ \Delta z'_{t-1} - \beta_7^- \Delta^- z'_{t-1} + \varepsilon_{2t} \qquad (6-4)$$

可以用方程（6-4）来确定短期和长期的非对称传导效应，用此模型来研究猪肉价格的非对称传导关系，分析国际猪肉价格对各主要区域猪肉零售价格的非对称导关系。

第三节　数据描述及实证分析

一、数据描述

实证的数据来源于 2001 年 1 月至 2014 年 12 月欧盟、美国、中国的猪肉价格月度数据，应用联合国粮农组织（FAO）数据作为世界猪肉价格数据，利用美国农业部数据作为美国的零售价格数据，欧盟的数据来自于欧盟网站农业统计中心，中国的数据来自于中国畜牧业统计网站，为了具有可比性，我们应用 IMF 统计数据将所有的数据转为美元/磅，描述型统计数据如表 6-2 所示。

表 6-2　样本的描述型统计

		平均值	标准差	最小值	最大值
世界猪肉价格（美元/磅）	CP	0.657	0.132	0.366	1.032
欧盟猪肉零售价格（美元/磅）	RP^a	0.805	0.156	0.519	1.642
美国猪肉零售价格（美元/磅）	RP^u	0.619	0.063	0.486	0.764
中国猪肉零售价格（美元/磅）	RP^c	0.882	0.325	0.517	1.668
欧盟和美元的汇率比价	EX^e	1.224	0.193	0.845	1.578
人民币和美元的汇率比价	EX^c	7.568	0.765	6.28	8.279
美国消费者价格指数	CPI^us	2.011	0.187	1.688	2.321

二、数据的稳定性检验

在众多检验平稳性的方法中，ADF（The Augmented Dickey – Fuller）和 PP（Phillips – Perron）的方法最常使用。但模拟的结果显示，这两种方法在小样本条件下具有较小的辨别度，而 DF – GLS 和 KPSS 的检查会好一些，被大量应用在小样本数据的平稳性检验中。

应用 ADF 检验和 DF – GLS 检验在零假设下的非平稳性，应用 KPSS 检验在零假设下的平稳性。为了保证检验的稳健性，我们分别检验了有常数项的数据。

表6 – 3　协整假设检验

t	Critical value	RP^c	RP^u	RP^e	CP
ADF – t H0：∩I（1）	– 2.88	– 8.45	– 12.36	– 11.99	– 11.53
H0：∩I（1）and no constant	– 1.94	– 8.43	– 12.35	– 11.97	– 11.56
DF – GLS H0：∩I（1）	– 1.94	– 7.50	– 12.24	– 5.53	– 10.19
H0：∩I（1）and no constant	– 2.97	– 8.13	– 12.30	– 11.29	– 11.08
H0：∩I（1）and no liner trend	– 1.94	– 0.53	– 1.35	– 1.89	
KPSS H0：∩I（0）and no constant	0.463	1.16	0.21	2.18	0.02
H0：∩I（0）and no linear trend	0.463	0.546	0.79	0.94	0.02
Perron H0：I（1）and no break	– 2.91	– 3.61	– 1.05	– 4.60	– 11.5

上述检验说明所有国家的猪肉价格包括国际猪肉市场综合价格是 I（1）平稳的。并且，我们还用单位根检验时间序列内生的断裂点（Perron，1997），从数据上的显示中可以看出，中国和欧盟的猪肉价格有明显的时间断裂点，但美国的猪肉价格就不显著。显著的时间断裂点就给后续的回归分析提供了更多的信息。

三、数据的协整检验

协整检验用来检验两个 I（1）的时间序列是否具有稳定的相关关系，Johansen（1991，1992a，1995）对数据协整关系进行时间序列的检验。协整检验对于有固定趋势的决定性关系数据产生过程是非常敏感的。Johansen 和 Juselius（1992）考察了以下的三种情形：第一，截距被限制在一定的空间；第二，有漂移项的短期模型；第三，协整向量中有固定的线性趋势。Johansen（1992）建议对方程秩的顺序和决定因子进行联合的检验，以上三种检验可以依次进行，这里的想法是将约束严格的方程化成约束较松的方程。每个步骤的检验都要和临界值相比较，看是否拒绝零假设。对于每个国家来讲，我们用最大的特征根来检验他们相对于世界市场的特征值。相关的检验如表6-4所示，结果显示，所有国家的猪肉价格都有一个协整向量，在欧盟和中国猪肉价格中，ECT 模型是含截距式的长期均衡模型，而美国的价格模型既包括截距式又包含漂移项。这说明三个国家和地区在和世界市场价格的关系中排除了长期的价格传导非均衡。因此，三个国家价格的非对称传导只存在于短期，长期内价格的调整使价格走向均衡。

表6-4　Jonhansen 协整检验

H_0 : r		有截距项的长期模型			有线性趋势的长期模型		
H_0 : r		临界值	RP^c	临界值	EX^e	临界值	RP^u
λ_{max}	0	15.58	19.38	14.26	18.79	14.26	18.26
	1	12.51	7.91	3.84	0.18	3.84	1.44
Trace	0	23.45	25.87	15.49	18.91	15.49	19.71
	1	12.51	7.91	3.84	0.18	3.84	1.44

四、误差系数相等和外生性检验

首先，我们应用似无关模型（Seemingly Unrelated Regressions，SUR）来估计方程（6-3）和方程（6-4）。在方程系统中的误差项我们假定不具有独立性，不同线性方程的扰动项是相互关联的。因为似无关模型矩阵的非对角性可以认为是方程之间的相关性，因此可以提高推导的结论。这样似无关模型就比单个的方程更具有有效性。根据最初的回归，先来检验误差调整向量 ECT_{t-1}^+ 和 ECT_{t-1}^- 的系数是否相等，结论可以显示系统方程（6-3）到系统方程（6-4）的修订是否是必须的。表6-7显示了系数是否是相等的。检验结果表明，是美国的猪肉价格没有拒绝零假设，这就意味着非对称传导只发生于短期的动态调整中；而中国和欧盟的猪肉价格都拒绝了零假设，说明短期和长期中也存在价格的非对称传导。

表6-5还检验世界市场价格在二项分布 ECM 模型中的弱外生性，在中国和欧盟的价格中世界市场价格具有外生性，而美国在零售市场和在世界猪肉市场的影响中弱外生性不显著。长期模型的弱外生性显示从均衡的变异只能引起一个市

场的价格调整。如果在两个方程组中，没有弱外生性就表明零售市场的价格与世界市场的价格存在长期相互作用的关系，因此我们可以预测至少一种价格从长期均衡中去调整。

表6-5　长期非对称性和弱外生性检验

	χ^2 在5%水平的临界值	RP^e	RP^e	RP^u
外生性检验（H$_0$：外生变量没有影响）	3.84	10.99	5.71	0.91
各国零售价格作为外生变量	3.84	37.10 ***	23.45 ***	1.827
世界价格作为外生变量	3.84	2.74	0.75	4.34 *

ECM 可以用不同的方法来估计，我们这里采用二阶段的最小二乘法来估计，恩格尔和格兰杰（1987）建议在非对称的协整关系和短期动态模型中最好适用二阶段法，因为大样本中长期关系可以表明正负的迹象是不同的。根据上述检验和基本假定，我们将方程（6-4）和方程（6-5）改成下述方程：

$$\Delta RP^i_t = \alpha_0 + \alpha_1 RP^i_{t-1} + \alpha_2 CP_{t-1} + \alpha_3^+ \Delta^+ RP^i_{t-1} + \alpha_3^- \Delta^- RP^i_{t-1} +$$
$$a_4^+ \Delta^+ CP_t + a_4^- \Delta^- CP_t + a_5^+ \Delta^+ CP_{t-1} + a_5^- \Delta^- CP_{t-1} - a_6^+ \Delta^+ z_t +$$
$$a_6^- \Delta^- z_t - a_7^+ \Delta^+ z_{t-1} - a_7^- \Delta^- z_{t-1} + \varepsilon_{1t} \tag{6-5}$$
$$\Delta CP_t = \beta_0 + \beta_1 CP_{t-1} + \beta_2 RP^i_{t-1} + \beta_3^+ \Delta^+ CP_{t-1} + \beta_3^- \Delta^- CP_{t-1} + \beta_4^+ RP^i_t +$$
$$\beta_4^- \Delta^- RP^i_t + \beta_5^+ \Delta^+ RP^i_{t-1} + \beta_5^- \Delta^- RP^i_{t-1} + \beta_6^+ \Delta^+ z'_t + \beta_6^- \Delta^- z'_t -$$
$$\beta_7^+ \Delta^+ z'_{t-1} - \beta_7^- \Delta^- z'_{t-1} + \varepsilon_{2t} \tag{6-6}$$

第四节　估计结果与非对称假设

前面的检验已经说明短期动态的确定是非常重要的，因为非对称溢出效应经常发生在一阶差分的变量中，需要系统的动态性来确定统计的推断。汇率变动会对相关市场的猪肉价格传导产生影响，因此将此作为变量之一。对美国零售价格而言，汇率不影响美国的零售市场，我们将美国消费品价格指数作为变量之一。根据上式变量设定的讨论，方程（6-6）、方程（6-7）计量结果如表6-6～表6-9所示。

表6-6 方程 (6-6) 的输出结果

零售价格方程	中国	欧盟	美国
常数	0.2643 (4.9155) ***	0.0614 (2.8713) ***	0.0485 (2.6415) ***
趋势	0.0069 (3.116) ***	-0.0026 (-3.6484) ***	-0.00012 (-2.7898) ***
RP_{t-1}^i for i = e, c, us	0.8200 (23.47) ***	0.8931 (31.89) ***	0.8712 (23.845) ***
CP_{t-1}	-0.4505 (-3.434) ***	-0.0255 (-0.56)	-0.04241 (-1.972) **
$\Delta^+ RP_{t-1}^i$ for i = e, c, us	0.5787 (3.926) ***	0.1318 (0.6674)	0.2081 (1.635) *
$\Delta^- RP_{t-1}^i$ for i = e, c, us	0.2997 (2.6565) ***	0.0556 (0.6553)	-0.0518 (-0.5730)
$\Delta^+ CP_t$	-0.5666 (-1.6476) *	-0.2006 (-1.685) *	-0.06544 (-0.5561)
$\Delta^- CP_t$	-0.4978 (-1.0944)	0.1514 (0.9655)	-0.1351 (-1.646) *
$\Delta^+ CP_{t-1}$	0.4739 (1.1078)	-0.02863 (-1.1078)	0.2165 (1.8711) **
$\Delta^- CP_{t-1}$	-0.3244 (-0.7039)	0.0883 (-0.5531)	-0.01598 (-0.1229)
$\Delta^+ EX_t^{e,c}$ resp $\times \Delta^+ CPI_t^{us}$	2.373 (1.96) **	-0.0251 (-0.308)	-0.04835 (-0.196)
$\Delta^- EX_t^{e,c}$ resp $\times \Delta^- CPI_t^{us}$	-0.024 (-1.607) *	-0.0979 (-1.745) **	0.4349 (1.711) **
$\Delta^+ EX_{t-1}^{e,c}$ resp $\times \Delta^+ CPI_{t-1}^{us}$	0.0656 (0.080)	-0.06549 (-0.8043)	-0.4482 (-18434) **
$\Delta^- EX_{t-1}^{e,c}$ resp $\times \Delta^- CPI_{t-1}^{us}$	0.7769 (2.987) ***	-0.0191 (-3.127) ***	-0.2248 (-0.8434)
$\overline{R}^2$	0.9413	0.9521	0.9031
urbin - waston statistic	1.9767	1.9735	2.1204

从表6-6可以看出，零售价格模型可调整的决定系数，中国、欧盟及美国的可调整系数分别为94%、95%和90%，而在世界猪肉价格模型可决定系数降低到76%、77%和77%，这就说明除去贸易的原因，还有其他的因素会影响到猪肉价格的波动传导，例如美国和欧盟的猪肉期货价格能产生投机性投资，而中国虽然没有猪肉的期货价格，但长期以来猪肉价格的剧烈波动，说明中国猪肉存在投机性生产投资。从 Durbin - Watson 检验的结果来看，三个区域方程均没有存在自相关。中国和美国价格的长期关系向量相关，正如协整向量和弱外生性检验一样。而欧盟零售价格方式中，长期参数向量回归结果不显著。

我们一般预测世界猪肉综合价格正 (负) 的变化会对零售价格的效应有正 (或负) 的影响。因为考虑到滞后的存在，价格滞后一期或二期可能比当期价格的变化更能说明价格波动的影响。从零售价格的方程中，我们看到欧盟和美国有相互的影响。在一阶差分中，欧元对美元价格的上升 (下降) 使得在消费价格指数中会变得更贵 (便宜)，但在二阶差分方程中却不是这样，说明汇率的调整速度过快。而在中国美元汇率的上升降低了零售价格，这和我们的预期不同。汇率的下降，并没有影响中国猪肉的消费需求，说明中国的猪肉消费受汇率的影响不大。在得出非对称传导的结论之前，我们还应用 χ^2 来检验分段的向量是否相等。零假设是系数相等，如果可以拒绝零假设，那么非对称性就是可以存在的。

表6-7 方程（6-7）的输出结果

世界猪肉综合价格方程	中国	欧盟	美国
常数	0.0598（5.115）***	0.0617（5.4092）***	0.05914（5.2706）***
趋势	−0.0331（−1.645）*	−0.0025（−0.322）	−0.00458（−1.931）*
RP_{t-1}^i for i=e，c，us	0.01574（4.1536）***	0.8245（2.294）***	0.0015（0.4953）
CP_{t-1}	0.8272（2.872）***	−0.0664（−0.4899）	0.8269（2.391）***
Δ^+CP_{t-1}	−0.06833（−1.905）**	0.4157（2.809）***	−0.0687（−1.5109）**
Δ^-CP_{t-1}	−0.4108（−2.798）***	0.0197（0.2726）	0.4119（2.7987）***
Δ^+RP_t for i=f，g，us	−0.011451（−1.934）**	0.0051（1.781）*	0.0082（1.554）*
Δ^-RP_t for i=f，g，us	−0.0040（−0.3392）	0.02188（0.1904）	0.0012（0.0435）
Δ^+RP_{t-1} for i=f，g，us	0.00365（0.2805）	−0.01086（−0.3464）	−0.0069（−1.1313）
Δ^-RP_{t-1} for i=f，g，us	0.0017（0.1779）	0.012888（1.904）**	−0.0011（−1.3095）*
$\overline{R}^2$	0.7615	0.7605	0.7607
Durbin-watson statistic	1.991	2.022	2.258

表6-8 方程（6-6）零售价格方程的非对称性检验

零假设：$\alpha_j^+=a_j^-$	χ^2 在5%的临界值水平下	中国	欧盟	美国
Δ^+RP_{t-1} 和 $\Delta^{-1}RP_{t-1}$	3.84	1.668	0.073	5.632***
Δ^+CP_t 和 Δ^-CP_t	3.84	4.897***	11.014***	5.159***
Δ^+CP_{t-1} 和 Δ^-CP_{t-1}	3.84	1.154	34.743***	0.9338
Δ^+z_t 和 Δ^-z_t	3.84	3.598*	44.373***	1.374
Δ^+z_{t-1} 和 Δ^-z_{t-1}	3.84	4.732***	3.444*	0.2734

表6-9 方程（6-7）综合价格方程的非对称性检验

零假设：$\beta_j^+=\beta_j^-$	χ^2 在5%的临界值水平下	中国	欧盟	美国
Δ^+CP_{t-1} 和 $\Delta^{-1}CP_{t-1}$	3.84	1.069	1.8421	2.993*
Δ^+RP_{t-1} 和 $\Delta^{-1}RP_{t-1}$	3.84	3.533***	1.325	7.850***
Δ^+CP_t 和 $\Delta^{-1}CP_t$	3.84	2.771	3.399*	16.163***

以上的检验说明，短期内在三个地区都有非对称的调整。在零售市场的价格传导中，中国和欧盟的价格非对称传导不显著，但汇率的非对称传导是显著的。综合价格的非对称传导中国和美国、欧盟中是存在的，但在欧盟的一阶差分统计是不显著的。而在零售市场的非对称传导中，美国对于汇率的非对称传导是不显著的，但汇率对中国和欧盟的价格的非对称传导都是显著的。

从综合价格方程来看，世界市场价格对欧盟市场存在着非对称传导，但滞后一期的非对称不显著。世界市场对中国市场的价格非对称传导不显著，但中国市场的猪肉价格存在着滞后一期的影响。世界市场对美国市场猪肉价格波动传导存在着溢出效应，统计显著。

第五节　本章小结

本章通过实证分析得出，可以得出以下的结论：

（1）世界猪肉市场具有关联的态势，特别是主要的生猪生产国和出口国的猪肉价格波动具有明显趋势相合的态势，说明世界范围内猪肉价格具有密切的关联关系。中国与世界猪肉市场的关联逐渐增强，受世界猪肉价格波动的影响是中国以后猪肉价格波动的重要因素之一。因此，研究世界市场对中国猪肉价格的影响，越来越重要。

（2）世界最主要的猪肉市场和世界猪肉之间存在着部分的价格非对称传导的溢出效应，说明世界猪肉市场规模和状况不同，价格的传导方式和途径也不同。欧盟猪肉生产集中化程度不高，美国市场的规模化程度最高，中国的生猪规模化程度居于欧盟和美国之间。近些年来，中国猪肉生产的规模化发展比较快，但散养在长期来看还会保持一定的比率，因此，欧盟的价格波动传导可能更接近中国猪肉生产的现实，从本章的实证分析也证明了这一点。

（3）在世界猪肉市场的价格传导中，美元汇率的波动对各地区猪肉市场猪肉价格非对称的溢出影响较大，也是各区域市场猪肉价格所受冲击的外在的重要原因之一。而中国人民币和美元汇率的变动，对零售市场的猪肉价格短期的影响有限，汇率上升引致消费的增加，但下降的影响统计不显著。从长期来看，价格有调整的趋势，即自我修正的态势。

第七章　中国禽畜类食品供需及替代品价格传导

供求理论认为，引起畜产品价格市场波动及相互传导的主要因素是供给与需求之间的均衡与非均衡调整关系。改革开放以来，中国畜产品生产得到了极大的发展，产量逐年提升。随着经济的发展，中国人民对肉类的需求也日益提升，而且随着多元化饮食及健康知识的普及，最主要肉类猪肉的消费有所降低，其他禽畜类消费有所上升，研究禽畜类产品的价格波动规律及替代产品的传导规律，有助于分析中国猪肉价格的非对称传导。基于此，本章首先对中国城镇居民食品消费结构进行分析。其次分析了中国生猪和主要畜产品的生产和供给情况，畜产品的供给即生产情况和需求情况分析畜产品供求状况。再次从畜产品价格替代的角度分析了猪肉价格的非对称传导。最后从基于 VAR 模型的替代品市场价格影响关系进行研究。

第一节　中国城镇居民食品消费结构分析

一、新型城镇化对中国居民消费的影响

新型城镇化作为扩大内需和实现现代化的重要途径，被党中央提到战略的高度。党的十八大提出了"新型城镇化"概念，突破以城市优先发展的传统城镇化，突出城乡互补、协调发展，追求产业、人口、土地、社会、农村五位一体的新型城镇化。新型城镇化建设力求打破城乡二元结构，更大限度地释放居民的消费能力。在此战略的指引下，中国的城镇化进程要加快发展，提高城镇化质量。

据国家统计局数据显示，2018 年中国城镇化水平基本已达到 59.58%，人均可支配收入也在以高于 GDP 增长的速度逐年快速上升，其中 2016 年全国居民人均可支配收入达到 28228 元，同比名义增长率为 8.7%，扣除物价因素增长率为 6.5%，超过 GDP 增速的约 6.7%。其中城镇人民可支配收入 39251 元，名义增长率为 7.8%，扣除物价上涨因素增长率为 5.6%。农村居民人均可支配收入 14617 元，名义增长率为 8.8%，实际增长率为 6.6%。城镇化水平在一定程度上提高了居民收入，进而带动消费快速增长。据统计，2018 年中国人均消费 19853 元，名义增长率为 8.3%，实际增长率为 6.2%。其中城镇人均消费支出 26112 元，名义增长率为 6.8%，实际增长率为 6.2%。农村人均消费支出 12124 元，名义增长率为 10.7%，实际增长率为 8.4%，消费为中国的经济增长贡献率高达 76.2%，同比上升 4.7%，成为拉动中国经济增长最重要的驱动力。

食品消费是居民生活最基本的消费需求。随着人民生活水平的提高，消费结构升级，中国居民恩格尔系数呈下降趋势，1978 年中国居民恩格尔系数平均值为 60%，2017 年中国居民的恩格尔系数降至 30% 左右，城镇居民和农村居民的食品消费支出比重分别为 28.6% 和 31.2%，分别比上年下降 0.7% 和 1%。在消费增长中，食品消费水平及结构升级在扩大消费中占有重要地位。

消费结构的变化是产业结构变化的一个重要原因，居民的消费需求结构是主导产业演进的根本动力（文启湘，2005）。食品消费结构是农业生产调整和食品安全等重大政策制定的重要依据，在城镇化进程快速发展的背景下，研究食品消费需求结构的变化对农产品生产供给格局和农业资源利用的影响具有一定的实践意义。基于中国特有的城乡二元结构，城镇居民消费一直是中国最重要的消费主题。2000 年城镇居民人均全年消费性支出占比是总消费的 74.9%，到了 2016 年城镇居民消费占比下降到 69.5%，城镇居民的人均收入和消费水平最高达到农村居民消费的 3 倍左右。可见未来城镇食品消费在食物需求中的地位将日益重要，因此本书主要以城镇居民食品消费为研究对象，在 LA/AIDS 模型基础上引入城镇化因素，探索城镇化对居民食品消费结构的影响机理，并从弹性视角分析不同属性食品的消费趋势变化，为农业产业转型提供借鉴和参考。

二、模型设定

1. 近似理想需求系统模型（AIDS）的理论基础

Deaton 和 Muellbauer（1980）提出了近似理想的需求系统模型（Almost Ideal Demand System），是在 Working 和 Leser 有关恩格尔曲线理论的基础上引入价格变量的一个拓展，其建模思路是在给定价格体系和一定的效用水平，消费者如何以最少的支出达到已给定的效用水平。首先引入一个以支出份额为变量的恩格尔曲线，表示为：

$$w_i = \partial_0 + \beta_i \log x \tag{7-1}$$

其中，w_i 是第 i 类消费品的消费支出占总消费支出的比例，x 是人均消费总支出。进一步假定消费者行为满足 Muellbauer（1975）提出的 PIGLOG（Price Independent Generalized Log）偏好假说，PIGLOG 偏好假说允许精确的消费者集合体，即市场需求的表现类似是一个典型的消费者所做出的决定。他们定义了独立于价格的一般对数形式 PIGLOG：

$$\log[c(u, p)] = (1 - u)\log[a(p)] + u\log[b(p)] \tag{7-2}$$

其中，效用 u 介于 $0 \sim 1$，即 $a(p)$ 和 $b(p)$ 分别表示消费仅满足生理基本需求与获得最大效用时所需要的最小支出。

$$\log[a(p)] = a_0 + \sum_{i=1}^{n} a_i \log(p_i) + \frac{1}{2} \sum_{i=1}^{n} \sum_{j=1}^{n} r_{ij} \log(p_i) \log(p_j) \tag{7-3}$$

$$\log[b(p)] = \log[a(p)] + \beta_0 \prod_{i=1}^{n} p_i^{\beta_i} \tag{7-4}$$

根据谢泼特（Shephard）引理可以通过消费支出函数推导出其对各种消费产品的需求量。即希克斯需求函数 $x_i^h(p, u)$ 是对于给定的价格与效用，能使消费者实现支出最小化的各种商品的需求量：

$$x_i^* = x_i^h(u, p) \tag{7-5}$$

对式（7-5）两边同时乘以 $p_i/c(u, p)$，再结合式（7-2）~式（7-4），简化可得式（7-6）：

$$w_i = \frac{\partial \log c(u, p)}{\partial \log p_i} = a_i + \sum_{j=1}^{n} r_{ij} \ln p_j + \beta_i \ln \frac{x}{p}, i, j = 1, 2, \cdots, n \tag{7-6}$$

其中，价格指数 p 难以测度，迪顿和米尔鲍尔提出用 Stone 价格指数来代替。Anderson 和 Blundell（1983）利用极大似然值来验证线性替代的影响效果，结果显示以 Stone 价格指数代替后，极大似然值影响甚微。进而整个模型被简称为 LA/AIDS 模型，其中 Stone 价格指数定义如式（7-7）所示：

$$\ln p^* = \sum_{i=1}^{n} w_i \ln p_j \tag{7-7}$$

LA/AIDS 模型中的各回归系数的约束条件关系式为：

$$\begin{cases} \sum_{j=1}^{n} r_{ij} = 0 \text{ 齐次性} \\ \sum_{i=1}^{n} a_i = 1, \sum_{i=1}^{n} r_{ij} = 0, \sum_{i=1}^{n} \beta_i = 0 \text{ 可加性} \\ r_{ij} = r_{ji}(\text{slutsky 对称性}) \end{cases} \qquad (7-8)$$

式（7-7）、式（7-8）中，w_i 表示第 i 类消费品的消费支出占总消费支出的比例，p_j 表示消费品的价格，x 表示人均总消费支出，p 是 Stone 价格指数。其回归系数的经济含义：当各类消费品的相对价格 p_j 不发生变化时，β_i 反映真实支出 $\frac{x}{p}$ 变动 1 个百分点时，w_i 变动的百分比，正负号表示上升和下降的方向。当真实支出 $\frac{x}{p}$ 不发生变化时，r_{ij} 反映各类消费品的相对价格 p_j 变动 1 个百分点时，w_i 变动的百分比，正负号表示变动的方向。

2. LA/AIDS 模型的拓展

本书借鉴胡日东（2014）将城镇化因素直接引入传统 LA/AIDS 模型，重点探索城镇化率对城镇居民食品消费结构的影响机理，拓展模型如式（7-9）所示：

$$w_i = a_i + \sum_{j=1}^{n} r_{ij}\ln\frac{x}{p^*} + \lambda_i urb \qquad (7-9)$$

其中，w_i 表示第 i 种食品的消费支出占食品总消费支出的比例，x 表示人均食品消费总支出，p^* 是 Stone 价格指数。urb 是反映城镇化水平，本书参照 Poumanyvong 等（2012）采用城镇人口数（常住人口数）与总人口数的比值表示，也是目前大多学者使用的较为普遍的反映城镇化水平的指标。各回归系数经济含义：r_{ij} 表示第 j 种食品的价格变化对第 i 种食品的消费支出占比的影响；α_i 表示代表某一类食品消费占支出比重 w_i 随食品消费支出增加而变动的份额，即边际消费倾向；λ_i 表示城镇化率对第 i 种食品的消费支出比重的影响。

王志刚等（2012）用农产品集贸市场价格和历年价格指数数据推算整理出四大类食品的历年价格数据，此方法在处理方式上存在缺陷，并且部分食品的价格数据难以获得，本书将借鉴胡日东（2014）的做法对模型进一步转换，即对式（7-9）进行一阶差分，还可以消除序列自相关的影响。因此得到模型式（7-10）和式（7-11）：

$$\Delta w_i = \sum_{j=1}^{n} r_{ij}\Delta\ln p_j + \beta\Delta\ln\frac{x}{p^*} + \lambda_i\Delta urb \qquad (7-10)$$

$$\begin{cases} \Delta lnp_j = lnp_{j,t} - lnp_{j,t-1} = ln\dfrac{p_{j,t}}{p_{j,t-1}} = lnk_{j,t} \\[3mm] \Delta ln\dfrac{x}{p^*} = ln\dfrac{x_t}{p_t^*} - ln\dfrac{x_{t-1}}{p_{t-1}^*} = ln\dfrac{x_t}{x_{t-1}} - ln\dfrac{p_t^*}{p_{t-1}^*} \end{cases} \qquad (7-11)$$

其中，$k_{j,t}$ 表示食品 j 在 t 时刻的消费价格指数，Stone 价格指数 $lnp_t^* = \sum\limits_i w_{it}lnp_{it}$，因此可以进一步写成：

$$\begin{aligned} ln\dfrac{p_t^*}{p_{t-1}^*} &= lnp_t^* - lnp_{t-1}^* = \sum_i w_{i,t}lnp_{i,t} - \sum_i w_{i,t-1}lnp_{i,t-1} \\ &= \sum_i w_{i,t}(lnp_{i,t} - lnp_{i,t-1}) + \sum_i (w_{i,t} - w_{i,t-1})lnp_{t-1}^i \end{aligned} \qquad (7-12)$$

由于消费者的消费惯性，这里的 $w_{i,t}$ 与 $w_{i,t-1}$ 的相差不多，所以可以用其近似数取值：

$$ln\dfrac{p_t^*}{p_{t-1}} \approx \sum_i w_{i,t}(lnp_{i,t} - lnp_{i,t-1}) = \sum_i w_{i,t}lnk_{i,t} \qquad (7-13)$$

综上对模型的转换，最终模型为：

$$\Delta w_t = \sum_j r_{ij}\Delta lnk_j + \beta_i(\Delta lnx - \sum_i w_i lnk_i) + \lambda_i \Delta urb \qquad (7-14)$$

对式（7-14）进行估计，即可得到式（7-9）中各个回归系数的估计值，进一步得出消费系统模型的相关弹性系数：

各项食品消费支出弹性：$\varepsilon_i = 1 + \dfrac{\beta_i}{w_i}$ \qquad (7-15)

马歇尔价格弹性：$\eta_{ij} = -\delta_{ij} + \dfrac{\gamma_{ij}}{w_i} - \beta_i \times \dfrac{\overline{w_j}}{w_i}$ \qquad (7-16)

其中，δ_{ij} 是克罗内克符号，当 $i=j$ 时，$\delta_{ij}=1$；当 $i \neq j$ 时，则 $\delta_{ij}=0$。

3. 数据分析及处理

本书通过构建中国城镇居民 2001～2012 年人均购买量指数来反映食品消费的趋势变化特征[①]，各年数据以 2000 年中国城镇居民家庭对各类食品的人均购买量为基准，进行指数化调整。由图 7-1 可知，肉类和水产品人均购买量长期呈上升趋势，短期内有所波动，年均增长率分别为 2.88% 和 2.20%。而鲜蛋、鲜瓜果、粮食以及鲜菜的购买量稳中有降，这四类食品分别年均下降 0.54%、

---

① 因国家统计局自 2012 年第四季度起实施城乡一体化住户收支与生活状况抽样调查，区别于之前独立开展的城镇住户抽样调查，2013 年前后的食品类别和统计口径存在一定差异，因此图 7-1 只给出 2013 年前的消费数据变化趋势。

0.21%、0.36%和0.18%。说明随着人们生活水平的提高，人们的健康意识逐渐增强，对肉蛋白类的消费需求增加。

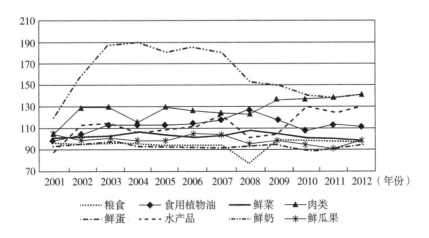

图7-1　2001~2012年中国城镇居民人均购买量指数

资料来源：根据2000~2017年《中国统计年鉴》整理。

2000~2016年是中国调整结构、扩大内需和加大城镇化进程的阶段，考虑城镇化对居民食品消费结构的影响是有意义的。样本区域选择中国31个省市区。城镇居民食品消费主要包括粮食、油脂（主要为食用植物油）、肉类、蛋类、水产品、蔬菜、干鲜瓜果、在外用餐等，其中城镇居民历年分类食品消费支出数据来自2000~2017年《中国统计年鉴》区域年度数据"城镇居民平均每人全年各类食品消费支出"和"城镇居民平均每人全年主要购买量"。X表示人均消费支出，本书用城镇居民人均可支配收入，为削减物价水平的影响，以2000年为基期的价格指数进行指数化处理。而价格数据很难取得，参考胡日东的处理方法：先将环比价格指数进行处理得到以2000年为基期的定基价格指数数据，再利用2008年各地区农产品集贸市场价格递推计算而得到。据式（7-14）该模型实际价格数据采用城镇居民商品消费者价格分类指数 k_i（即环比价格指数，上年同期=100），但由于2013~2016年大多数省市区缺少平均每人全年的消费支出数据，本书借鉴王志刚对价格数据的处理方法。城镇化率 urb_{it} 表示第 i 个省市在第 t 年的城市化。表7-1是中国31个省市区2000~2016年主要年份城镇率的数据，可以发现2016年各个省市区（除四川、西藏）的城镇化率大部分到达45%以上，且近年来不断提高，可见中国城镇化进程的快速发展。

表7-1　中国31个省（市、区）2000~2016年主要年份的城镇化率情况

省（市、区）	2000年	2005年	2010年	2015年	2016年	省（市、区）	2000年	2005年	2010年	2015年	2016年
北京市	77.54	83.59	85.93	86.52	86.50	湖北省	42.72	43.19	49.70	56.85	58.10
天津市	53.20	75.07	79.60	82.64	82.93	湖南省	29.75	36.99	43.30	50.89	52.75
河北省	26.09	37.70	44.50	51.33	53.32	广东省	54.83	60.68	66.18	68.71	69.20
山西省	35.89	42.09	48.08	55.03	56.21	海南省	23.53	45.17	49.83	55.12	56.78
江西省	42.20	47.19	55.50	60.30	61.19	山东省	23.54	45.16	49.83	55.12	56.78
辽宁省	45.46	58.7	62.10	67.35	67.37	重庆市	35.59	45.19	53.00	60.94	62.60
吉林省	26.89	52.52	53.33	55.31	55.97	四川省	24.01	33.00	40.17	47.70	49.21
黑龙江省	51.94	53.09	55.67	58.80	59.20	贵州省	23.87	26.87	33.80	42.01	44.15
上海市	74.60	89.09	89.27	87.60	87.90	云南省	23.36	29.51	34.70	43.33	45.03
江苏省	41.50	50.11	60.58	66.52	67.72	西藏	25.92	26.81	22.67	27.74	29.56
浙江省	48.70	56.03	61.61	65.80	67.00	陕西省	32.27	37.37	45.76	53.92	55.34
安徽省	32.82	35.49	43.01	50.50	51.99	甘肃省	24.41	30.02	36.13	43.19	44.69
福建省	41.96	47.31	57.11	62.60	63.6	青海省	34.76	39.23	44.76	50.30	51.63
宁夏回族自治区	27.69	36.99	44.06	51.62	53.10	新疆维吾尔自治区	32.56	42.35	47.87	55.23	56.29
内蒙古自治区	26.78	45.00	49.70	57.01	59.02	广西壮族自治区	33.76	37.15	43.02	47.23	48.35
河南省	23.20	30.65	38.50	46.85	48.50						

资料来源：依据2000~2017年各省统计年鉴数据整理。

4. LA/AIDS拓展模型实证分析

（1）面板单位根检验。为了消除序列相关性，本书首先对每个变量进行一阶差分处理，然后进行面板单位根检验，为了考察回归过程中可能出现的伪回归情况，本书选择同根情况下的LLC检验、异根情况下的Im-P-S检验、Fisher-ADF检验和Fisher-PP检验，结果发现，经过一阶差分后的变量均是平稳的，因此可以对其进行不同模型的实证分析（见表7-2）。

表7-2 面板单位根检验结果

变量	LLC 检验		Im – P – S 检验		Fisher – ADF 检验		Fisher – PP 检验		检验结果
	Statistic	P	Statistic	P	Statistic	P	Statistic	P	
Δw_1	– 27.5648	0.0000	– 15.5077	0.0000	222.877	0.0000	612.936	0.0000	平稳
Δw_2	– 27.3836	0.0000	– 14.8472	0.0000	206.625	0.0000	601.983	0.0000	平稳
Δw_3	– 32.3238	0.0000	– 19.5769	0.0000	277.559	0.0000	582.990	0.0000	平稳
Δw_4	– 33.9219	0.0000	– 21.1563	0.0000	307.089	0.0000	584.867	0.0000	平稳
Δw_5	– 36.4013	0.0000	– 23.1082	0.0000	326.871	0.0000	558.132	0.0000	平稳
Δw_6	– 33.8063	0.0000	– 15.2661	0.0000	298.888	0.0000	580.446	0.0000	平稳
Δw_7	– 24.4414	0.0000	– 7.2814	0.0000	169.785	0.0000	604.981	0.0000	平稳
Δw_8	– 33.6817	0.0000	– 8.0022	0.0000	266.007	0.0000	483.967	0.0000	平稳
Δlnk_1	– 24.9699	0.0000	– 5.2482	0.0000	211.309	0.0000	517.046	0.0000	平稳
Δlnk_2	– 25.3027	0.0000	– 9.44261	0.0000	203.705	0.0000	544.035	0.0000	平稳
Δlnk_3	– 29.0805	0.0000	– 12.069	0.0000	248.968	0.0000	551.953	0.0000	平稳
Δlnk_4	– 30.0552	0.0000	– 13.1454	0.0000	267.365	0.0000	544.539	0.0000	平稳
Δlnk_5	– 27.4076	0.0000	– 10.3463	0.0000	218.478	0.0000	573.808	0.0000	平稳
Δlnk_6	– 24.6598	0.0000	– 8.64147	0.0000	189.589	0.0000	550.479	0.0000	平稳
Δlnk_7	– 33.6661	0.0000	– 14.4649	0.0000	259.159	0.0000	588.686	0.0000	平稳
Δlnk_8	– 37.7915	0.0000	– 18.3826	0.0000	351.726	0.0000	592.418	0.0000	平稳
ΔlnX	– 32.6149	0.0000	– 14.5837	0.0000	292.581	0.0000	571.107	0.0000	平稳
Δurb	– 35.7429	0.0000	– 17.0596	0.0000	290.554	0.0000	549.086	0.0000	平稳

（2）LA/AIDS 拓展模型实证结果。由于经过一阶差分和数理推导的拓展式（7-14）中不含有常数项，初步排除变截距的面板模型估计方法，进而本书分别采用混合回归和变系数 SUR 模型的估计方法进行估计。可见以上是由八个方程组成的线性回归系统，虽然各个方程的变量之间没有相互联系，但是其扰动项之间可能存在着相关性，因此对模型同时进行联合估计会提高估计的有效性。另外，考虑到可加性的限制，如果同时对八个方程进行估计，就会出现共线性的问题。因此，本书在估计的时候，先删去了最后一个方程，即先对其他方程进行参数估计，待得到回归结果后对重新进行一次拟合得到最后一个方程的参数估计。最后本书采用混合回归模型进一步对以上回归结果检验其稳健性。结果如表7-3和表7-4所示。

表7-3 SUR似不相关回归模型估计结果

消费种类	粮食	油脂	肉类	蛋类	水产品	蔬菜	干鲜瓜果	在外用餐
变量	w_1	w_2	w_3	w_4	w_5	w_6	w_7	w_8
$\ln p_1$	0.0103 * (1.84)	0.0110 *** (-3.00)	-0.0532 *** (-5.67)	-0.00818 *** (-3.90)	-0.0105 ** (-2.19)	0.00612 (1.20)	-0.0148 *** (-3.36)	-0.0628 ** (-2.52)
$\ln p_2$	-0.0106 *** (-2.60)	0.00275 (1.03)	-0.0198 *** (-2.90)	-0.00439 *** (-2.87)	0.00678 * (1.94)	0.00788 ** (2.12)	0.0186 *** (5.82)	0.00122 (-0.13)
$\ln p_3$	0.0157 *** (2.82)	0.0125 *** (3.43)	0.0456 *** (4.91)	0.0136 *** (6.53)	-0.000280 (-0.06)	-0.00804 (-1.59)	-0.00341 (-0.78)	-0.7567 *** (-4.97)
$\ln p_4$	-0.0118 *** (-2.90)	-0.0139 *** (-5.19)	-0.0114 * (-1.68)	-0.00145 (-0.95)	-0.00354 (-1.01)	-0.00338 (-0.91)	-0.00885 *** (-2.77)	-0.02507 (-1.26)
$\ln p_5$	0.0277 *** (4.38)	0.0204 *** (4.93)	0.0472 *** (4.48)	0.00396 * (1.68)	-0.00352 (-0.65)	0.0110 * (1.92)	-0.0153 *** (-3.09)	0.2017 *** (-3.36)
$\ln p_6$	-0.00760 ** (-2.46)	-0.00188 (-0.93)	-0.00721 (-1.40)	-0.00293 ** (-2.54)	0.00644 ** (-2.43)	0.00980 *** (3.50)	-0.0176 *** (-7.27)	0.03046 (-2.30)
$\ln p_7$	-0.00321 (-0.92)	-0.00243 (-1.06)	-0.0203 *** (-3.47)	-0.00192 (-1.47)	-0.00510 * (-1.70)	-0.00764 ** (-2.40)	-0.00123 (-0.45)	0.04183 (2.95)
$\ln p_8$	-0.0467 *** (-3.37)	-0.0120 (1.32)	0.0427 * (1.84)	-0.0269 *** (-5.19)	0.0575 *** (-4.83)	-0.0598 *** (-4.74)	-0.0808 *** (-7.43)	-0.0398 *** (-5.03)
β_1	-0.07742 *** (-5.57)	-0.02529 *** (-5.79)	-0.04552 *** (-4.81)	-0.00248 (-1.28)	0.04838 *** (7.83)	-0.01653 * (-2.16)	-0.00407 *** (-4.04)	0.0625 (2.14)
urb	0.0220 * (1.29)	-0.0222 *** (-3.42)	0.00200 (0.08)	-0.0112 ** (-3.02)	0.0285 *** (-3.36)	0.00157 (0.17)	0.00789 * (0.54)	0.0301 * (0.65)

N=496 Breusch – Pagan test of independence; chi^2 (21) =2262.337, Pr=0.0000

注: t statistics in parentheses; * 表示 p<0.1, ** 表示 p<0.05, *** 表示 p<0.01。

表7-4 混合回归模型估计结果

消费种类	粮食	油脂	肉类	蛋类	水产品	蔬菜	干鲜瓜果	在外用餐
变量	w_1	w_2	w_3	w_4	w_5	w_6	w_7	w_8
$\ln p_1$	0.01038 * (1.85)	0.01102 *** (-3.00)	-0.0532 *** (-5.68)	-0.00818 *** (-3.92)	-0.0106 ** (-2.22)	0.00612 (1.18)	-0.0150 *** (-3.33)	-0.0628 ** (-2.52)
$\ln p_2$	-0.01062 *** (-2.60)	0.00281 (1.05)	-0.0197 *** (-2.89)	-0.00437 *** (-2.87)	0.00678 * (1.94)	0.00787 ** (2.13)	0.0186 *** (5.82)	0.00276 (-0.13)

续表

消费种类	粮食	油脂	肉类	蛋类	水产品	蔬菜	干鲜瓜果	在外用餐
变量	w_1	w_2	w_3	w_4	w_5	w_6	w_7	w_8
$\ln p_3$	0.0156***	0.0124***	0.0456***	0.0135***	−0.00025	−0.00802	−0.00341	−0.7567***
	(2.81)	(3.42)	(4.92)	(6.54)	(−0.05)	(−1.59)	(−0.78)	(−4.97)
$\ln p_4$	−0.0118***	−0.0138***	−0.0114*	−0.00143	−0.00348	−0.00338	−0.00885***	−0.02507
	(−2.90)	(−5.19)	(−1.68)	(−0.94)	(−1.01)	(−0.91)	(−2.77)	(−1.26)
$\ln p_5$	0.0276***	0.0204***	0.0472***	0.00396*	−0.00343	0.0110*	−0.0153***	0.2017***
	(4.38)	(4.93)	(4.48)	(1.68)	(−0.63)	(1.93)	(−3.09)	(−3.36)
$\ln p_6$	−0.00759**	−0.0018	−0.00714	−0.00292**	0.00641**	0.00980***	−0.0176***	0.03046
	(−2.46)	(−0.92)	(−1.39)	(−2.53)	(−2.42)	(3.52)	(−7.27)	(−2.30)
$\ln p_7$	−0.00322	−0.00243	−0.0203***	−0.00192	−0.00511*	−0.00763**	−0.00123	0.04183
	(−0.92)	(−1.07)	(−3.48)	(−1.47)	(−1.70)	(−2.40)	(−0.45)	(2.95)
$\ln p_8$	−0.0467***	−0.0122	0.0436*	−0.0267***	0.0568***	−0.0594***	−0.0808***	−0.0398***
	(−3.36)	(1.35)	(1.88)	(−5.19)	(−4.78)	(−4.74)	(−7.39)	(−5.03)
β_1	−0.07753***	−0.02535***	−0.04552*	−0.00248	0.04838***	−0.01684*	−0.00407*	0.0907*
	(−5.59)	(−5.85)	(−4.81)	(−1.28)	(7.83)	(−2.21)	(−4.04)	(2.78)
urb	0.0221*	−0.0194**	0.002346	−0.00415*	0.0285***	0.00147	0.007544*	0.0279
	(1.30)	(−1.76)	(0.14)	(−0.73)	(−3.36)	(0.17)	(0.51)	(0.63)

Breusch – Pagan test of independence: $\mathrm{chi}^2 (21) = 2262.337$, $Pr = 0.0000$

注：t statistics in parentheses；*表示 $p < 0.1$，**表示 $p < 0.05$，***表示 $p < 0.01$。

通过观察分别采用混合回归模型和 SUR 模型估计方法的结果可以发现：两种方法得到的估计结果基本一致，这是因为当 SUR 模型中各方程扰动项满足 $Eu_i u'_i = \sigma^2 I$，$Eu_i u'_j = 0$（$i \neq j$）时，其估计结果同混合回归模型的结果是一致的（Hsiao，2003）。本书中混合回归模型采用的估计方法是 OLS 估计，而 SUR 模型采用的估计方法是 FGLS 估计法。同时，混合回归模型进一步检验了回归结果的稳健性。其中，SUR 模型的估计方法能够很好地解决变量间存在显著同期相关性的面板模型估计问题，这表明对 LA/AIDS 拓展模型一阶差分进行转化，不仅可以消除序列自相关的影响，而且可以消除同期相关性的影响。

表 7 - 4 的实证结果表明城镇化率对城镇居民食品消费结构变化有显著的影响（除蛋类没有通过 t 检验外），某类食品价格变动也会影响城镇居民对其他类食品的消费支出。另外，由于 $\dfrac{x}{p^*}$ 表示真实消费支出，故其回归系数估计 β_i 表示

某一类食品消费占支出比重 w_i 随食品消费支出增加而变动的份额，即边际消费倾向。从估计结果可以看出，随着真实消费支出的增加，城镇居民会提高水产品和在外用餐的支出比例，降低粮食、油脂、肉类、蛋类、蔬菜和干鲜瓜果的支出比例，即各类食品的边际消费倾向随着食品消费支出的增加而存在差异化。从各类食品的价格变动来看，某一食品的价格发生变化往往会引起城镇居民消费结构的变化。

最后，观察城镇化率对不同类型食品消费支出比例的变化，发现肉类、粮食、干鲜瓜果、鲜菜和在外用餐支出有显著的正向影响，城镇化率对蛋类和油脂的消费支出有显著的负向影响，但是对肉类和蔬菜的影响回归结果不显著。由于城镇化随着带来的居民收入水平的提高，由温饱型转向健康饮食型，城镇居民更多地转变为"肉类+蔬菜+水产品"的饮食结构。另外，伴随着需求供给侧结构性改革，自下而上的供给体系，外卖行业和快餐行业的崛起，使城镇居民的在外用餐支出大幅增加，为非农人口提供更多的就业机会，进一步加快城镇化水平。

5. 结果进一步分析

（1）从弹性视角分析我国城镇居民食品消费结构的变化。根据式（7-15）和式（7-16）测算出 2016 年中国城镇居民各类食品消费支出弹性和马歇尔价格弹性。可以发现：粮食和油脂的支出弹性均较大程度上小于 1，分别为 0.32 和 0.41，即在食品消费中表现为生活必需品。在其他因素不发生变化的情况下，随着食品消费支出增加，用于粮食和油脂的消费支出占很小的份额。另外水产品和在外消费的支出弹性分别为 1.64 和 1.36，也就是说当食品消费支出增加时，水产品和在外用餐在食品消费中的比重有所上升，是未来食品消费增长点。肉类、蛋类、蔬菜和干鲜瓜果的消费支出弹性分别为 0.82、0.92、0.87 和 0.96，从数值上看这四类食品在满足人们食用需求上有一定的相似性；比如肉蛋和果菜在一定程度上可以替代。由于人们对健康意识的加强，对动物类蛋白的需求明显增加。进而从畜牧业角度分析，加大对动物饲料的需求，反过来增加对粮食类食品的需求增加。

从各类食品价格弹性可以发现，蛋类自价格弹性的绝对值大于 1（水产品的自价格弹性接近 1），即富有弹性；而其他类食品的自价格弹性绝对值均小于 1，说明多数食品消费需求缺乏弹性，受自身价格影响相对较小。其中，肉类和在外用餐的自价格弹性相对较小。基于城镇居民对膳食结构的要求，其动物类蛋白的需求，随着生活水平的提高，肉类消费量持续增长并趋于稳定，其消费需求受价格影响已经相对较小。而随着交通、互联网的迅速发展，居民对于外卖、在外用餐等服务食品的消费逐渐成为常态，进而使价格对其消费支出影响的程度较为有限。从各类食品的交叉价格弹性来看，粮食与油脂为互补关系，与蔬菜、干鲜瓜果和在外用餐为替代关系，其中与肉类水产品、蛋类的相互影响较小。基于膳食营养目标，肉类与水产品具有互补性，肉类属于高脂肪、高蛋白类食品，而水产品是低热量、低脂肪类食品，不同能量需求在饮食中均衡发展。

表 7 - 5　2016 年中国城镇居民各类食品消费支出弹性和价格弹性

种类	支出弹性	粮食	油脂	肉类	蛋类	水产品	蔬菜	干鲜瓜果	在外用餐
粮食	0.32	- 0.79	- 0.12	0.14	0.09	0.13	0.36	0.29	0.47
油脂	0.41	- 0.32	- 0.89	0.57	- 0.21	- 0.60	0.05	0.08	0.62
肉类	0.82	- 0.09	0.04	- 0.56	0.15	- 0.36	0.07	0.15	- 0.31
蛋类	0.92	0.42	- 0.17	0.84	- 1.01	0.16	0.15	0.42	- 0.35
水产品	1.64	- 0.07	- 0.63	- 0.93	0.09	- 0.97	0.26	0.31	0.76
蔬菜	0.87	0.12	0.01	0.12	- 0.08	0.16	- 0.79	- 0.68	- 0.41
干鲜瓜果	0.96	0.09	- 0.02	0.21	0.01	0.24	- 0.75	- 0.91	1.614
在外用餐	1.36	0.06	0.12	- 0.58	- 0.21	0.52	- 0.32	- 0.33	- 0.53

对比分析不同层次地区的食品消费结构变化，从表 7 - 5 可以发现：蔬菜、干鲜瓜果和在外用餐不同城镇化水平下的弹性近似，没有太大的变化。粮食和油脂消费支出弹性在不同层次存在明显的差异，城镇化水平较低的区域其支出弹性较大，也就是说在食品消费支出增加时，城镇化水平较低的区域的居民在粮食和油脂消费支出份额更大；肉类和蛋类作为居民主要动物性食品摄入，其支出弹性接近于1，且在不同城镇化层次下的变化不大，即在食品消费支出增加时，肉类蛋类的消费支出份额较大。而水产品在不同城镇化层次下的支出弹性变化区别于以上两种，其支出弹性变化较大，可能与沿海等区域地理位置以及物流等因素相关。

（2）从弹性视角分析不同城镇化程度地区的食品消费结构变化。本书结合近年来不同地区的城镇化率水平，对中国各个省（市、区）进行一定程度的划分层次，如表 7 - 6 所示，得到四个不同层次的城镇化水平区域①。

---

①　这四个层次参照百度百科对"城市化"词条里面的解释。

表7-6 不同层次城镇化水平的各食品支出弹性

层次	划分标准	省、市、区
第一层次	80%~90%	上海、北京、天津
第二层次	60%~70%	广东、江苏、浙江、福建、江西、重庆、辽宁
第三层次	50%~60%	黑龙江、山东、湖北、吉林、宁夏、海南、山西、陕西、河北、湖南、安徽、青海、内蒙古
第四层次	<50%	四川、新疆、广西、河南、云南、甘肃、贵州、西藏

第二节 中国畜产品生产供给及需求状况

一、中国生猪生产供给情况

改革开放以来，中国的生猪生产在市场经济条件下，随着市场需求急剧增大，生猪生产也随之增大。中国的猪肉生产呈几何级数增长，成为世界上最大的猪肉生产国和消费国。表7-7数据显示，1978~2018年，中国生猪以年110%的速度增长，中国生猪出栏量占全球的比例在一定程度有着上升的趋势，占世界生猪出栏量的比率也从1980年的28.21%上升到2018年的64.66%。中国居民对猪肉有很强的消费偏好，随着经济飞速发展和人们收入水平的提高，猪肉刚性消费需求在一定时期内有相对程度的增加。中国居民对猪肉有着较强的消费依赖，随着经济的发展和人们收入水平的提高，猪肉刚性消费需求仍不断地增加。据统计，2016年中国猪肉消费达5277万吨，约占全部肉类消费的61.18%，高达肉类总产量的一半以上。

生猪年底存栏数反映生猪产业对未来的预期和来年的生猪生产，如图7-2所示从1980~2018年的生猪年末存栏数总体呈长期增长趋势，短期波动幅度比较平缓，平均增长率为0.8929%。其中，最低数量为1981年底的29370.2万头，最高数量为2012年底的48030.24万头。但整体来看分成两个阶段，一是1980~1995年，生猪年底的存栏数总量一直呈明显上升趋势，1995年数量最高为44169.19万头，1996~2018年的生猪生产增长平稳，说明中国市场猪肉的整体需求在缓慢增加，中国的猪肉消费需求接近饱和，年底时数量在 40000 万头到50000 万头之间波动。

表 7-7　1978~2018 年全球和中国生猪出栏量情况　　　　单位：万头

年份	全球生猪出栏量	中国生猪出栏量	占比（%）	年份	全球生猪出栏量	中国生猪出栏量	占比（%）
1980	70412	19860.7	28.21	2004	112925	57278.5	50.72
1985	74035.5	23903.4	32.29	2007	115269	56508.3	49.02
1990	84625.6	30991	36.62	2010	117978	66686.4	56.52
1995	97449	47559.1	48.8	2013	124329	71960.5	57.88
1998	101114	50215.1	49.66	2016	123217	68501.9	55.59
2000	103748	51862.3	49.66	2017	124668	70202.1	56.31
2001	106177	53281.1	50.18	2018	126926.8	69382	64.66

资料来源：根据《中国畜牧业年鉴》以及美国农业部数据整理所得。

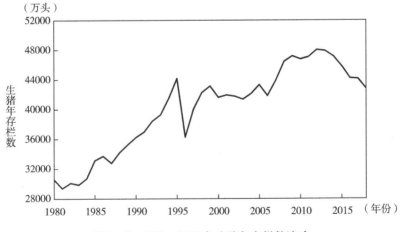

图 7-2　1980~2018 年生猪年存栏数波动

资料来源：经研数据分析平台。

从生猪的生产投入来看，主要的规模化养殖生产成本包括饲料（50%~60%，散养的比例会低一些，）、疫苗和仔猪等农业生产资料成本（10%~20%）、人工成本（10%）和土地成本及其他（10%）。近些年来，由于玉米、豆粕等基础性价格的上涨，土地等基础建设用地也大幅度上涨，成为推动畜产品价格上涨的主要供给因素。随着中国工业化水平城镇化进程的加速，用工成本也大幅度提升，劳动人口逐渐减少。同时，城镇化的推行，用地成本也呈不断上涨的趋势。

二、中国其他主要畜禽产品的供给情况

随着中国经济发展和人民生活水平的提升，中国其他主要的畜禽类产品产量和产值也逐渐提升，2018 年中国肉类总产量达 8624 万吨，其中猪肉占 62.65%，牛肉占 7.46%，羊肉占 5.52%，相对而言，牛和羊的养殖增长空间还比较大。其中，牛肉从 1996 年的 355.7 万吨，增长到 2018 年的 644.1 万吨，年增长率为 2.73%，羊肉从 1996 年的 181 万吨，增长到 2018 年的 475.1 万吨，年增长率为 4.48%，禽蛋从 1996 年的 1965.2 万吨，增长到 2018 年的 3128.3 万吨，其中 2016 年达到最高 3160 万吨，年增长率为 2.16%。图 7-3 是中国主要畜禽的生产产量增长图，基本保持了稳定的增长态势。

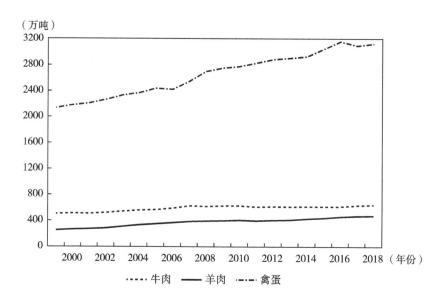

图 7-3 2006~2018 年各畜禽生产产量变化

资料来源：布瑞克农业数据库。

图 7-4 反映了单位畜禽的总产值，肉鸡（每百只）、羊（每头）、肉牛（每头）、猪（每头）的单位总产值增长情况，都经过了价格指数的调整，可以看出，畜禽的单位产值变化并不多，从增长率上看，鸡（百只）年增长速率为

4.92%，猪的增长速率为5.69%，牛的增长速率为12.4%，羊的增长速率为10.5%。可以看出，随着人民生活水平的提升，对畜禽的消费逐渐多元化，人民更偏向于牛、羊肉的消费，收益有稳定的增长。养牛和羊的单位收益增长的很快，但鸡和猪的收益保持比较稳，猪肉和鸡的产量比较大，获益空间也比较大。

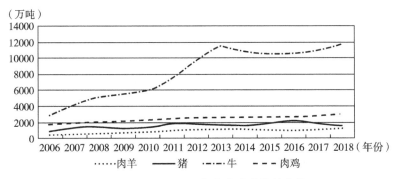

图7-4 2006~2018年各畜禽单位总产值

资料来源：布瑞克农业数据库。

图7-5反映了畜禽单位成本的变化趋势，2006~2018年肉鸡的单位成本（每百只）平均年增长率为4.7%，肉牛平均成本（每头牛）增长率12.3%，鸡的平均增长率为12.39%。

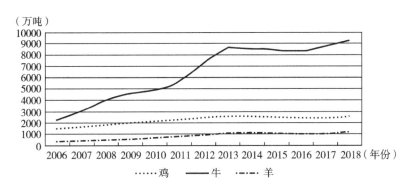

图7-5 2006~2018年各畜禽单位成本变化

资料来源：布瑞克农业数据库。

由上面的统计数据可以看出，我国主要畜禽的养殖，生猪和禽蛋的增长轨迹相似，经历了快速增长时期，生产达到了一定的规模，单位成本有上升趋势和单位收益相对较低，但市场的扩大和数量的扩张，会使整个市场变得很大，能容纳较多的养殖户和保证一定的收益。而肉羊和肉牛虽然增长的很快，但离我国人民的生活需求还差很远，随着人民生活水平的提升对肉类多样化的需求增多，羊肉和牛肉的养殖空间还很大。

第三节　中国畜产品价格波动状况

从理论上来看，就中国禽畜类产品市场而言，猪肉市场是居民日常消费的最主要市场，但是也存在着几类重要的替代性产品市场，如牛肉、鸡肉和羊肉的消费，从消费量和市场占比来看，虽然对这几类肉类市场的消费还不及猪肉消费市场，但也不容忽视，尤其近几年来的牛肉和羊肉消费的比例也在大幅度上升。因此，此类替代性产品市场的价格必然会对猪肉消费市场产生越来越重要的影响。由此本章亟待解决的几个问题是：哪种产品在价格体系中占中心地位？如何波动影响到其他替代品价格？产生波动的大小和纬度如何？

由图7-6所示，自2000年以来每个月全国去骨牛肉的价格呈现上升趋势，平均增长率为1.76%。2000年1月至2007年1月去骨牛肉的价格在10~20元/千克，2008年1月至2012年10月去骨牛肉价格迎来第二波上涨，价格在30~

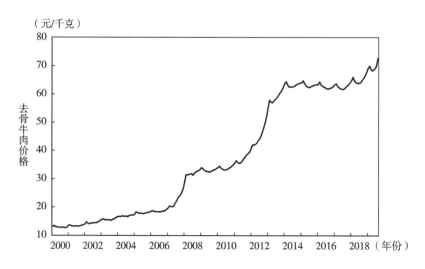

图7-6　2000年1月至2019年8月全国去骨牛肉月度价格波动

资料来源：中国国家统计局。

50 元/千克，直到 2013 年 11 月的价格开始从 60 元/千克逐月递增到 2019 年 8 月的 72.75 元/千克。20 年以来去骨牛肉期中最高价格为 2019 年 8 月的 72.75 元/千克，最低价格为 2000 年 10 月的 12.62 元/千克，两者之间数值相差 60.13，由此可见，牛肉一直深受居民的喜爱，居民收入也普遍提高。

2000 年 1 月至 2019 年 8 月，每月畜禽类的集贸市场价格都在上涨，但上涨的程度存在较大的差距，如表 7-8 所示。

表 7-8　2000~2019 年畜禽类月度价格分析　　　　单位：元/千克

	畜禽类			
	去皮带骨猪肉	带骨羊肉	去骨牛肉	白条鸡
均值	19.17	37.71	37.39	17.80
最大值	33.95	71.17	72.75	20.42
最小值	9.47	14.22	12.62	13.72
样本标准差	6.54	19.53	20.50	1.56
样本观测个数	236	236	236	112

资料来源：中国畜牧业信息网，国家农业农村部。

考虑到时间序列数据的通货膨胀因素以及趋势性问题，我们首先以 2010 年 1 月为基期考虑 CPI 对数据进行了去通胀处理，其次采用 Eviews 的 X-12 方法对数据进行了季节性调整，并且各类市场价格原数据和进行调整后的数据对比如图 7-7 和图 7-8 所示。

由图 7-7 和图 7-8 可知，从整体的价格趋势来看，无论是否经调整的鸡肉市场价格走势均较为平稳，并未有明显的波动，而从猪肉、牛肉和羊肉市场来看，当猪肉价格呈现波动性下降的时候，牛肉和羊肉市场的价格几乎都呈现相对明显的波动上升趋势。因此，从图 7-7 可以初步判断，牛肉和羊肉市场对猪肉市场的价格具有较为明显的替代效应，但由于鸡肉市场的价格幅度波动较小，故具体的情况还有待实证观察。

进一步分析，猪肉市场和其他市场的价格波动路径存在很大差异，利用周期技术分析方法，得到中国主要畜禽类价格的周期性特征、季节性和不规则波动图形，如图 7-8 所示。

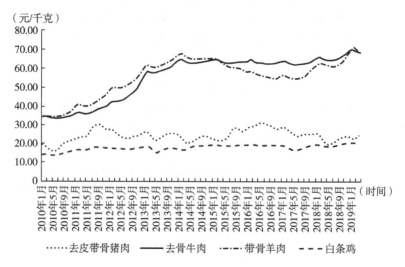

图7-7 2000～2019年畜禽类市场价格走势

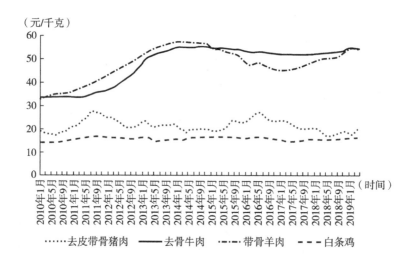

图7-8 x-12调整后畜禽类市场价格

由图7-9可见猪肉的价格一直呈上升趋势。在2005年之前去皮带骨猪肉每千克的价格大于仔猪大于待宰活猪的价格,2005年及以后仔猪的价格高于其他两类。整体看来仔猪的价格波动较为剧烈最高价格在2016年6月,为52.39元/千克,最低价在2006年6月为8.84元/千克,两者相差数值为43.55。而待宰活猪价格在近20年来波动相对平稳,最低价格为2000年4月的5.64元/千克,最高价格为2019年8月的21.8元/千克。同时去皮带骨猪肉的价格也在不断增加，最低价为 2000 年 6 月的 9.47 元/千克最高价为 2019 年 8 月的 33.95 元/千克。猪肉价格的波动上涨与居民收入水平以及猪肉的受欢迎程度密不可分。

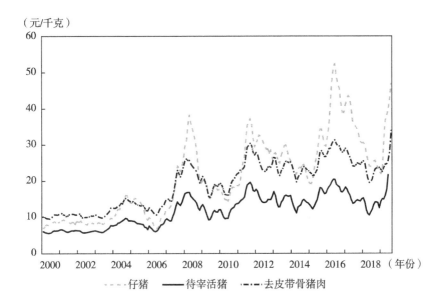

图 7 - 9 2000 年 1 月至 2019 年 8 月猪肉价格月度波动

资料来源：中国畜牧业信息网。

第四节 基于 VAR 模型的替代品 市场价格影响关系研究

一、四种关联畜禽类食品价格的确定

传统上，中国居民的肉类饮食以猪肉为主，但随着人民生活水平的提高和健康等消费观念的改变，对动物性食品的需求呈现出多元化的消费趋势，人民逐渐增加对其他肉类的消费，例如牛肉、羊肉、禽类以鸡肉为主的混合肉类消费。猪、牛、羊、鸡肉等主要肉类产品，具有较强的替代效应。研究这些替代品对猪肉价格的消费及猪肉价格的传导关系，将有利于整个猪肉市场价格波动的形成和传导机制的研究。

影响猪肉价格波动的因素有很多，它们对猪肉价格的影响存在差异，为了更好地研究畜产品价格波动的相互影响，我们先计算双相关系数，确定猪肉、牛肉、鸡肉、羊肉等几大肉类食品的关联性，然后进行实证分析，具体确定猪肉关联食品及影响程度，步骤如下：

第一步，先计算猪肉、牛肉、羊肉、鸡肉等变量间相关系数，进行相关性分析，确定变量间是否存在相互关系。

第二步，再建立多元线性回归模型，应用 VAR 方法，定量分析四种关联食品间是否显著相关。

第三步，应用检验方法，对价格之间的相互影响进行定量的检验，最后从理论、逻辑进行分析这些食品间的因果关系是否确实存在。

二、模型设定

1. 相关分析

在研究变量间关系时，相关系数分析是基础，用来反映变量间相关程度的强弱，其中一个变量与多个变量之间的相关性可以用复相关系数度量。皮尔逊积矩相关系数（Person Product – Moment Correlation Coefficient，PMCC）通常用 r 或者 p 表示，用来度量两个变量 X 和 Y 之间的相互关系（线性相关），取值范围在 [-1, 1] 之间。取得 ±1 表示变量 X 和 Y 之间具有线性相关关系，表明两个变量所有的点都落在一条直线上，但是变量 Y 随着 X 的增加而减少，相关系数为 0 则表示变量之间没有线性相关关系（见表 7-9）。

表 7-9   主要肉类之间的相关系数及显著性

	猪肉	牛肉	羊肉	鸡肉
猪肉	1.0000			
牛肉	0.8588	1.0000		
羊肉	0.8501	0.9892	1.0000	
鸡肉	0.9158	0.9651	0.9753	1.0000

从相关分析的结果中，容易看出，牛肉、羊肉、鸡肉与猪肉显著相关，其中，猪肉与鸡肉相关系数最大，为 0.9158，表示鸡肉对猪肉的影响强度最大；

而牛、羊肉对猪肉相关系数都在 0.8 左右，反映了影响较弱一点。这有可能是从价格上来讲，鸡肉和猪肉相差不大，替代性较强。而牛、羊肉价格相差比较大，替代性弱一些。

综上分析，可以确定牛肉、羊肉、鸡肉作为猪肉的重要替代品。然而，猪肉与牛肉、鸡肉、羊肉等的相关系数只能定性地说明两个变量间相关性的强弱。要说明这些价格对猪肉价格波动的影响因素强弱，只用相关分析得出显著性结论是不够的。需要建立多元线性回归模型，比较回归系数的大小，定量地说明牛肉、羊肉、鸡肉等价格对猪肉价格波动的影响力与可替代性。

为了研究上述几个重要的问题，本章采用中国猪肉、牛肉、羊肉和鸡肉消费市场 2010 年 1 月至 2019 年 4 月的价格数据，通过构建几个肉类价格的 VAR 模型，来研究何种肉类产品市场的价格体系占据了中心地位，以及各肉类消费市场的具体影响关系如何。基于 n 个变量和 q 阶滞后期的 VAR 模型构造如式（7 - 17）所示：

$$Y_t = \alpha + \sum_{i=1}^{q} \beta_i Y_{q-i} + \sum_{i=1}^{q} \lambda_i X_{q-i} + \varepsilon_t \qquad (7-17)$$

其中，Y_t 和 X_t 是 $n \times 1$ 维向量组成的平稳随机过程，分别代表第 t 期的 Y 变量的价格和 X 变量的价格，因变量和自变量的选择视具体研究的替代品市场影响关系而定，如研究猪肉市场对牛肉市场的影响，则 Y_t 代表牛肉价格，X_t 代表猪肉价格。Y_{t-i} 和 X_{t-i} 分别是 Y_t 和 X_t 的 i 阶滞后变量，ε_t 为随机扰动项。且模型(7 - 17)满足条件：$E(\varepsilon_t) = 0$，$E(\varepsilon_t Y_{t-i}) = E(\varepsilon_t X_{t-i}) = 0$，$i = 0$，1，…，q。

2. 数据来源与描述性统计

本书的肉类价格数据主要来源于中国畜牧业信息网和国家农业农村部网，数据时间跨度为 2010 年 1 月至 2019 年 4 月，通过 Stata 软件来实现模型的计量估计。为了消除伪回归现象，本书对各类价格都进行了对数化处理。各变量的描述性统计如表 7 - 10 所示。

表 7 - 10 各变量描述性统计结果

变量	观测值	均值	方差	最小值	最大值
lnpork	112	3.047	0.123	2.823	3.316
lnbeef	112	3.851	0.190	3.503	4.013
lnmutton	112	3.857	0.156	3.490	4.047
lnchicken	112	2.742	0.0450	2.635	2.807

三、实证检验

（一）平稳性检验

在进行实证分析之前，考虑到数据的平稳性问题，我们分别采用 ADF 和 DF - GLS 检验对各变量进行平稳性检验，结果如表 7 - 11 所示。

表 7 - 11   平稳性检验结果

变量	检验形式	ADF 统计量	5% 临界值	DF - GLS 统计量	5% 临界值	结论
lnpork	(C，NT，1)	- 1.529	- 2.889	- 2.393	- 3.017	非平稳
lnbeef	(C，NT，1)	- 2.074	- 2.889	- 1.377	- 3.017	非平稳
lnmutton	(C，NT，1)	- 2.003	- 2.889	- 0.948	- 3.017	非平稳
lnchicken	(C，NT，1)	- 2.446	- 2.889	- 2.270	- 3.017	非平稳
dlnpork	(C，NT，1)	- 5.480	- 2.889	- 4.899	- 3.017	平稳
dlnbeef	(C，NT，1)	- 3.005	- 2.889	- 3.438	- 3.017	平稳
dlnmutton	(C，NT，1)	- 3.584	- 2.889	- 3.082	- 3.017	平稳
dlnchicken	(C，NT，1)	- 6.701	- 2.889	- 7.176	- 3.017	平稳

由表 7 - 11 的平稳性检验结果可知，对于 VAR 模型中的各个核心变量而言，无论是 ADF 检验还是 DF - GLS 的检验结果均显示，它们的统计量绝对值均小于 5% 显著性水平下的临界值绝对值，即无法拒绝存在单位根的原假设，由此表明它们都是非平稳的。而在对其取差分后可以看到，两种检验的结果均显示其对应统计量的绝对值大于 5% 显著性水平下的临界值绝对值，由此可以判断，各核心变量的差分值均是平稳的。因此，在以下的分析中，均使用各变量的差分序列进行研究。

（二）Johansen 协整检验与 VECM 模型构建

Johansen 协整检验可以判断变量之间的长期关系，其基于此计算向量误差修正（VECM）模型。下文所做的检验都是基于这四类畜产品市场价格进行。此外，在构建 VECM 模型之前，需要先确定最佳滞后阶数。本书采用 LL、LR、FPE 以及 AIC 等多种定阶方法进行筛选。具体的操作原则则是对 VAR 模型进行 lag structure 处理，结果如表 7 - 12 所示。

表7-12 猪肉与替代品市场价格的VAR模型的LLC检验

	Lag	LL	FPE	AIC	HQIC	SBIC
dlnpork 与 dlnbeef	0	564.851	9.2e-08	-10.5206	-10.5003	-10.4706
	1	660.344	1.7e-08 *	-12.2307 *	-12.17 *	-12.0808 *
	2	662.703	1.7e-08	-12.2001	-12.0988	-11.9503
	3	666.073	1.7e-08	-12.1883	-12.0465	-11.8386
	4	671.58	1.7e-08	-12.2165	-12.0342	-11.7668
dlnpork 与 dlnmutton	0	549.204	1.2e-07	-10.2281	-10.2079	-10.1781
	1	624.128	3.3e-08 *	-11.5538 *	-11.493 *	-11.4039 *
	2	626.973	3.4e-08	-11.5322	-11.4309	-11.2824
	3	627.77	3.6e-08	-11.4723	-11.3306	-11.1226
	4	632.363	3.5e-08	-11.4834	-11.3011	-11.0338
dlnpork 与 dlnchicken	0	231.143	0.000047	-4.28305	-4.2628	-4.23309
	1	258.879	0.00003	-4.72672	-4.66596	-4.57684 *
	2	266.135	0.000029 *	-4.78757 *	-4.6863 *	-4.53777
	3	269.035	0.000029	-4.76702	-4.62525	-4.4173
	4	273.27	0.000029	-4.77141	-4.58913	-4.32177

注：*代表所选取的最优滞后阶数。

由表7-12的结果，我们可以清楚地看出，无论是对于猪肉价格与牛肉价格，还是猪肉价格和羊肉价格，AIC、SBIC和FPE等多数检验准则的结果均显示其VAR模型的最优滞后阶数为1阶；而就猪肉价格和鸡肉价格而言，LR、AIC等绝大多数检验准则的结果均表明VAR模型的最佳滞后阶数为2阶。在确定VAR模型的最优滞后阶数后，本书接下来对猪肉价格与牛肉、羊肉和鸡肉价格之间进行Johansen协整检验。具体结果如表7-13所示。

由表7-13的估计结果可知，无论是对哪两种肉类价格而言，迹统计量的检验结果均显示，对于不存在协整关系的原假设而言，两者的值均远大于5%显著水平下的临界值，故拒绝不存在协整关系的原假设；进一步地，对于至多存在一个协整向量的原假设，两个统计量的结果均表明小于5%水平下的临界值，故无法拒绝至多存在一个协整关系的原假设，综合两者的结果我们可以认为，两变量之间的协整秩都为1。

在表7-13检验结果的基础上，我们通过使用Johansen的MLE方法估计该系统向量的向量误差修正模型（VECM），对于猪肉价格与牛肉和羊肉价格而言，

表7-13 猪肉价格与牛肉价格的协整检验结果

	原假设	特征值	迹统计量	0.05 临界值	结论
猪肉价格	None	—	21.0996	15.41	拒绝
与牛肉价格	At most 1	0.25126	3.2694*	3.76	不拒绝
猪肉价格	None	—	23.7291	15.41	拒绝
与羊肉价格	At most 1	0.25322	3.3116*	3.76	不拒绝
猪肉价格	None	—	26.1128	15.41	拒绝
与鸡肉价格	At most 1	0.26624	3.3995*	3.76	不拒绝

注：*表示不能拒绝原假设。

所得的方程如下所示：

$$\hat{dlnbeef} = -0.007 - 1.507dlnpork \qquad (-5.87) \qquad (7-18)$$

$$\hat{dlnpork} = -0.005 - 0.664dlnbeef \qquad (-1.09) \qquad (7-19)$$

$$\hat{dlnmutton} = -0.007 - 1.44dlnpork \qquad (-5.93) \qquad (7-20)$$

$$\hat{dlnpork} = -0.005 - 0.694dlnmutton \qquad (-1.34) \qquad (7-21)$$

由式（7-18）~式（7-19）可以看到，猪肉和牛肉之间存在着显著的负向替代关系，且这种替代的传导关系是单向的，即猪肉价格可以显著影响牛肉和羊肉的价格，但反之则不然。

$$\hat{dlnchicken} = -0.001 - 0.143dlnpork \qquad (-2.77) \qquad (7-22)$$

$$\hat{dlnpork} = -0.010 - 6.992dlnchicken \qquad (-8.70) \qquad (7-23)$$

根据式（7-22）和式（7-23）可知，鸡肉和猪肉之间也存在着显著的负向替代关系，但与牛、羊肉所不同的是，这种替代关系是双向的。综上所述，我们可以发现，猪肉市场是价格体系的中心，且其可以显著影响其他替代品肉类市场的价格，但反之，只有鸡肉市场的价格可以显著影响到猪肉市场。

第五节　本章小结

消费结构是消费问题研究的核心之一，在城镇化进程加速发展中，带来了居民收入水平的提高，进而促进消费增长。城镇是我国消费的主要市场，本书以城镇居民为研究对象，将城镇化因素引入 LA/AIDS 模型进行一阶差分转换，然后利用变系数 SUR 模型和混合回归模型的估计方法对城镇居民 2000~2016 年的省级面板数据进行回归，结果表明：城镇化率对中国城镇居民食品消费结构变化有显著影响；其中肉类、粮食、干鲜瓜果、鲜菜和在外用餐支出有显著的正向影响，城镇化率对蛋类和油脂的消费支出有显著的负向影响。总的来说，当前中国食品消费结构已经实现由数量型向质量型、由生存型向享受型的转变。城乡居民食品消费需求将进一步朝着多样化、优质化、安全化的方向发展。食品消费结构变迁是农业产业转型的重要推动力，今后中国农业产业的转型和优化也需与食品消费结构协调发展，顺应食品消费结构的变化趋势。

第一，适应多样化的食品消费需求，调整农林牧渔产业结构。中国居民食品消费结构分析，人们对于食品消费的需求从温饱型转向营养型，在外消费趋势明显。中国现代化农业转型要顺应这种消费趋势的变化，一方面加大农产品初加工和深加工水平，延长农业产业链，提高农产品的附加值；另一方面还要大力培育农民专业合作社、农业加工龙头企业，推进农业的产业化经营，进而扩展中国农业产业发展的深度和广度，提升农业发展的空间。

第二，为满足人们追求优质膳食结构的消费需求，重点发展畜牧肉禽水产业。从上述实证结果可知，我国居民对肉类和水产品等优质高蛋白类动物性食品的消费需求、边际消费倾向和需求支出弹性等均相比其他类食品较高，而粮食、油脂、蛋类消费基本趋于稳定。因此，在保障粮食、果蔬等基本供应量的前提下，可以集中更多优势农业资源来重点发展畜牧、肉禽、水产这几类技术和劳动力密集型的高附加值产业。既可以满足消费者的消费需求，又可以增加农民收入，促进农业增产增效，为实现乡村振兴有一定的借鉴意义。

第三，适应各地发展的异质性，协调统一发展中国农业产业。近年来，中央及各地政府不断提出相关农业供给侧结构性改革具体政策，对不同地区针对性地采取各项措施来适应各地居民消费需求。中国农业部部长韩长赋曾指出中国应下力气推进种植业、畜牧业、渔业结构调整。重点是调整玉米种植面积，调整生猪、牛羊、渔业生产布局，巩固提升粮食产能，推动粮经饲统筹、农牧渔结合、种养加一体、一二三产业融合发展。

第八章　疫病舆情对猪肉价格
波动冲击的影响

　　疫病是畜禽养殖重要的风险之一，很多的疫病具有超强、超快的传播性，传染性疫病需要就地宰杀牲畜，给养殖户带来重要的损失，有时甚至是毁灭性的损失。更重要的是疫病会造成消费恐慌，引发消费者信任危机，减少肉类品消费，对畜禽产业是雪上加霜。

　　近几十年来，全球范围内的畜禽疫情频繁暴发，对各国畜牧经济乃至整个宏观经济产生重要的影响，成为影响畜牧产业和社会平稳的制约因素。例如1985年疯牛病在英国首次出现，然后蔓延到全球，不仅对相关的养牛产业产生重要影响，而且造成严重的社会恐慌和信任危机。世界粮农组织估计，英国疯牛病造成的生产、贸易、金融成本达到50亿英镑（Otte et al.，2004）。美国农业部报告虚拟一次输入性口蹄疫可能会带来27亿～40亿美元损失（Paarlberg et al.，2008）。21世纪以来，世界范围内暴发了重要的畜禽疫情，如2004年东亚的"H5N1流感"、2009年北美"猪流感"（甲型H1N1）、2018～2019年"非洲猪瘟"（ASF）等动物疫情，对畜禽产业安全、食品质量安全和公共卫生安全构成重大的威胁。对于生猪产业来讲，主要有口蹄疫、蓝耳病、非洲猪瘟等突发和重大的疫情不断频发，严重影响到生猪产业的正常发展。

　　大数据时代，信息会迅速传播，使疫病这种突发事件迅速在公众中传播，引起大家的关注，放大事情的影响力。舆情关注度会引发消费恐慌，引致畜禽产品市场价格的剧烈波动，大数据网络舆情下引发的突发性疫情畜禽产品价格风险及其溢出效应，也逐渐引起行业管理部门及经济学家的高度关注。本章以2018年非洲猪瘟在中国境内的全面暴发为例，以百度搜索词代表非洲猪瘟的舆情关注度，分析疫情舆情对生猪价格的影响研究。

第一节 21 世纪以来中国暴发的主要生猪疫情

疫病是生猪养殖中最大的风险，疫病具有突发性、传染性快、损失大等特点，对我国生猪养殖业造成很大的冲击和危险。我国的生猪养殖业也一直受疫病的困扰，其中新世纪以来最主要的疫病有以下几次：

一、2005 年猪链球菌病

2005 年 6 月，一种不知名的病毒在资阳、内江地区传播。截至 2005 年 7 月 25 日，资阳市雁江、简阳、乐至等县（市、区）和内江市资中县死亡生猪 469 头，山羊 1 只，疫情呈散状分布，均发生在生猪散养户。后经农业部专家组对病死猪病料检测，诊断为猪链球菌病。疫情产生后，资阳市采取"四禁绝一惩罚"手段，有效地控制疫情。疫情发生后，首批猪用猪链球菌 2 型灭活疫苗在 2005 年 7 月 31 日在广州正式出厂，比原计划提前了 3 天。2005 年 8 月 9 日，疫情获得了有效的掌握，最早发生疫情的资阳市连续十一天没有新发病病例，国家卫生部门也停止了逐日向社会通报人感染猪链球菌病疫情。随后，资阳市通过建立长效机制，做好猪链球菌的免疫工作，对辖区内的畜禽规模养殖场和畜禽散养户举办普查，普查疫情和免疫的查漏补缺，对新补栏和漏免的畜禽实时举行补免，复杂动物疫病的免疫密度随时保持在 100%。同时建立和健全动物疫病报告并轨制，做好畜禽及其产物运输东西消毒工作。

二、2001～2006 年猪蓝耳病

2001 年，蓝耳病在中国首次出现，经历了 5 年的扩散与传播，2006 年夏季高致病性猪蓝耳病疫情开始大规模暴发，2002 年蔓延至全国。由于疫病暴发导致生猪供应不足，猪肉价格持续上涨 22 个月，2008 年 3 月猪肉价格较 2006 年 7 月上涨高达 158%。2006 年夏秋季节，中国南方部分地区发生猪病疫情，并迅速在全国 22 个省份蔓延，给养猪业造成较大经济损失。为查清病因，提高防控成效，农业部迅速组织有关专家进行联合攻关，对猪"高热病"病因进行调查分析。通过对分离到的病毒采用全基因序列分析、回归本动物感染实验等技术手段，迅速锁定了新的变异猪蓝耳病病毒。2007 年 1 月，最终确定变异猪蓝耳病病毒

是猪"高热病"的主要病原，并定名为高致病性猪蓝耳病。截至 2007 年疫情县次 194 个，疫点 289 个，发病猪 45858 头，死亡 18597 头，扑杀 5778 头，为做好高致病性猪蓝耳病防控工作，农业部及时部署有关科研单位全力以赴加快高致病性猪蓝耳病灭活疫苗研制，仅用不到 3 个月时间就完成实验室研制工作各地加强产地检疫和屠宰检疫工作，强化生猪调运、交易和屠宰等环节的执法监督工作。严格对病死猪采取"四不一处理"的处置措施，即不准宰杀、不准食用、不准出售、不准转运，对死猪必须进行无害化处理。对疫区生猪限制移动，严禁运输、加工、经营病死猪及其产品。该病不感染人，不属于人畜共患疫病，主要的传播途径是猪与猪之间的相互传播，包括母仔垂直传播和同一批猪群之间的平行传播。蓝耳病后期虽没有大规模暴发，但还在经常局部暴发，成为威胁生猪养殖的主要病害之一。

三、2010～2014 年生猪口蹄疫及病毒性腹泻

2010～2014 年中国大部分地区流行生猪口蹄疫、蓝耳病和病毒性腹泻。

口蹄疫是由口蹄疫病毒（Foot–and–Mouth Disease Virus，FMDV）感染引起的偶蹄动物共患的急性、热性、接触性传染病，最易感染的动物是黄牛、水牛、猪、骆驼、羊、鹿等；黄羊、麝、野猪、野牛等野生动物也易感染此病。以患病动物口、蹄部出现水疱性病症为特征的传染性疾病。口蹄疫的特点是发病急、传播极为迅速。2010 年 3 月 1 日，农业部新闻办公室发布，广州市白云区发生一起猪 O 型口蹄疫疫情。随后内地多地发生口蹄疫疫情。病毒性腹泻由多种病毒引起的，例如猪丁型冠状病毒（PDcoD）、猪急性腹泻综合征、塞内加谷病毒等，而且表现为多重病混合感染，两种及两种以上的病原体，使猪病更加复杂，发病周期变短，例如口蹄疫以前暴发的周期为 5～10 年，现在周期缩短为 3～5 年。另外，猪场如果不按规定长期使用抗菌药物或抗菌添加剂，造成耐药性，发生疫病时就会使药物达不到治疗效果。

四、2018～2020 年非洲猪瘟

1921 年非洲猪瘟病毒首先在非洲大陆肯尼亚发现。由于病毒的顽固性（科学家至今没有研制出有效疫苗）、野猪的不断迁徙和人类防控的漏洞，非洲猪瘟一直没有被根除，并传播至欧亚大陆，在欧洲暴发后传入俄罗斯、格鲁吉亚和南北美地区。非洲猪瘟从 2007～2019 年已经在俄罗斯持续蔓延了 11 年之久，在中国严防死守多年后，2018 年 8 月 3 日，中国首例非洲猪瘟疫情在辽宁沈阳暴发，

仅一个月内，中国养猪大省河南、江苏、浙江、安徽等接连沦陷，非洲猪瘟半年多的时间就已传遍全国。这次猪瘟具有特殊性，病程很短但致死率却达到了惊人的近100%。各省份迅速对感染疫病生猪进行扑杀、无害化处理等措施，防止疫情扩散，但是仍无法阻挡疫情的蔓延。截至2020年1月底，据农业部数据，中国31个省、140个市（区、盟）共发生非洲猪瘟疫情163起，累计扑杀生猪119.3万头。直接扑杀的数量虽然不太多，只占生猪出栏量的0.21%，但疫情所引发的间接扑杀及恐慌抛售，造成中国生猪产业10年来最大的产能降幅。数据显示，2019年生猪出栏量54419万头，比2018年生猪出栏量69382万头下降了21.56%，2019年肉类产量4255万吨，产能同比下降21.3%。2019年10月生猪存栏量同期下降了41.4%。2019年，生猪存栏31041万头，比2018年底的42817万头下跌了27.5%。供给的急剧下滑，造成中国生猪价格的飞速增长。据农业农村部定点观测数据显示，猪肉价格从2019年初的23.34元/千克，上涨到2019年10月的50.49元/千克，创历史峰值。2019年底猪肉同比上涨97%，猪肉消费占到肉类消费的六成，猪肉价格的上涨必然引起其他产业及其整个经济的发展不稳定和受到冲击。

从政府的防控措施方面来看，为加强非洲猪瘟防控工作，全面提升动物疫病防控能力，中国政府积极建立突发事件预警和快速响应机制，各地采取多项措施稳定生猪生产保障市场供应。党中央国务院提出加强养殖场（户）防疫监管、加强餐厨废弃物管理、规范生猪产地检疫管理、加强生猪及生猪产品调运管理、加强生猪屠宰监管、加强生猪产品加工经营环节监管、加强区域化和进出境管理、加强动物防疫体系建设、加强动物防疫责任落实、稳定生猪生产发展十条意见。国务院先后制定了《关于加强非洲猪瘟防控工作的意见》等五项政策支持恢复生猪生产；国家商务部也采取了一系列相应措施如扩大猪肉进口、投放中央储备冻猪肉保肉类市场供应以应对该次疫情的暴发；此外，国务院副总理胡春华在会议上发表讲话，要求采取有力措施稳定恢复生猪生产，确保猪肉供应和市场价格基本稳定。

非洲猪瘟造成的生猪供给的显著下降，不仅是疫情本身的影响产生的结果，而且还是其他综合性因素共同作用的结果，例如2016年以来因环境规制引起的禁养、限养政策导致中国生猪养殖集中化、供需半径增大的特点，而且各级政府对生猪养殖越来越没有容忍度导致在扑杀过程中的扩大化，例如笔者在广东顺德调研时发现，本区在并没有发生非洲猪瘟疫情下，也采取大量扑杀及提前出栏等措施，仅保留了一家生猪养殖户。更重要的是非洲猪瘟对消费者造成一定的恐慌，减少对猪肉的消费，也更加恶化了生猪养殖户的前景预期，造成生猪养殖户的扑杀、提前出栏和减产转产。

种种疫情的防控手段对猪肉价格市场的影响存在着两面性。一方面，虽然疫情的防控措施在一定程度上缓解了非洲猪瘟疫情的严重性，使其得到了控制；但另一方面，随着非洲猪瘟疫情的蔓延，对感染疫病地区的生猪进行大量的扑杀、填埋和无害化处理，导致猪肉供给量迅速下降，全国大多省份出现猪肉紧缺，进而影响猪肉价格的波动，各省份猪肉价格纷纷呈上涨趋势。据农业农村部监测，2019年9月，全国猪肉批发价格 35.01 元/千克，较上年同期价格 19.95 元/千克上涨了 75.49%。2017 年 10 月到 2019 年 9 月，中国猪肉价格由 20.41 元/千克上涨至 35.25 元/千克，价格波动呈上涨趋势。图 8 - 1 则是猪肉价格月度数据的环比图，从中不难看出，在 2018 年 8 月往后的时间周期内，猪肉价格的趋势是呈现较为明显的波动上扬的态势。这也从现实层面为我们接下来的研究提供了一定的支撑。

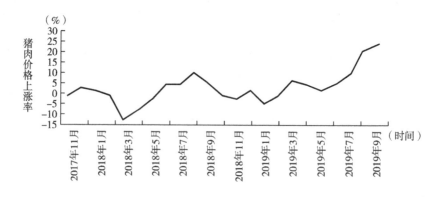

图 8 - 1 2017 年 11 月至 2019 年 9 月猪肉价格月度数据

资料来源：中国农业农村部。

网络舆情是指个人及社会团体通过网络对自身关心和自身相关的公共事务所表达情绪、意见及态度的总和；它是社会舆情在互联网空间的映射，也是社会舆情的直接反映，网络舆情极有可能引发社会消极情绪。近年来暴发的重大突发疫情在网络上都引起了很大的反响。因此，研究生猪疫病舆情对生猪价格的波动的影响具有重要的意义。

第二节 疫情对猪肉价格的影响文献综述

一、突发性因素对价格冲击的影响研究

除供给和需求的基本影响对价格产生影响外，来自突发性的因素对价格的冲击也逐渐地受到大家的重视。外部冲击是指经济系统外部随机或非随机导致经济系统发生不稳定的一种干扰变量。突发事件因其具有突发性和随机性等不可预测因素，故对农产品价格尤其是猪肉价格的冲击影响是不可忽视的。

经济学家对外部冲击、对产业链的冲击进行了研究。张利庠和张喜才（2011）研究发现外部冲击对产业链中农产品价格波动有重要的影响，短期内可使初级农产品价格波动增加 3 ~ 5 倍，但对产业链中不同环节的影响不同。大豆、生猪、肉鸡等产业链高度市场化，除生产外，国际贸易、汇率等外部冲击也有较大影响。张喜才等（2012）研究了外部冲击对生猪产业链价格体系传递的影响，结果表明，生猪价格是整个生猪产业链价格体系的核心，外部冲击对生猪价格的影响达到 5%，并在以 2% ~ 5% 的水平迅速传导给猪肉、仔猪、饲料等环节。罗千峰和张利庠（2018）研究了随机冲击对生猪价格和猪肉价格波动的影响，结果表明中国生猪价格和猪肉价格总体呈现确定性的增长趋势，生猪价格和猪肉价格波动具有高度一致性，外部冲击的影响在 14 个月左右达到峰值。苗珊珊（2018）研究发现生鲜农产品突发事件信息与猪肉零售价格波动之间具有明显的关联性，信息冲击对猪肉零售价格波动产生杠杆效应，导致猪肉价格波动呈现非对称性、记忆性、集簇性与持续性特征。许增巍和苗珊珊（2018）对生鲜农产品突发事件影响猪肉零售价格波动的随机冲击效应进行考察时，发现猪肉价格波动具有季节性和周期性特征，且这种随机冲击对猪肉价格波动的影响具有阈值效应。刘春鹏和肖海峰（2019）在研究外部冲击因素对中国主要肉类价格的影响时发现，除肉类价格影响外，汇率成为对各肉类价格的影响较大的重要因素，其余外部冲击因素对各肉类种类的影响也不同。

还有些学者研究了疫病等突发因素对畜产品及价格产生的影响。曹文彬和张微（2015）以禽流感这一突发事件对猪肉市场的影响为例，结合 CHOW 检验和虚拟变量法实证分析了该事件前后猪肉供求市场的模型结构变化，并从猪肉市场

自身特点以及消费者与生产者行为的视角解释了这些变化的原因。结果表明，生猪育熟期、消费者偏好和商户惜售心理等是该时期猪肉市场波动的重要原因。同时分析了同时期其他主要肉类消费市场的变化，发现稳定猪肉市场是稳定国内肉类市场的关键。

二、疫病等突发因素对猪肉价格冲击的影响研究

疫病是生猪养殖最重要的问题之一，较多学者通过多种方法研究了疫病发生对中国猪业方面的影响。如潘国言等（2011）根据湖南省 1978 ~ 2009 年时间序列数据，分析了生猪生产波动的影响，进一步证实了生猪疫病因素和畜牧业政策因素对生猪生产波动的影响较为显著。周海文等（2014）构建了生猪疫病影响指数来代理疫病变量，以此研究了外部冲击对肉类产品价格的影响，结果发现疫病自身变化呈"L"型，而其对四类肉产品价格的影响比例为倒"U"型，这意味着由疫病引起的价格波动需要区分对待，并努力减少疫病的影响程度及影响期。郑燕和马骥（2018）利用互联网大数据构建禽流感公众关注度指数作为禽流感疫情变化的代理变量，选取 2013 年 1 月至 2017 年 3 月畜禽产品周度价格数据，并运用时变参数向量自回归模型（TVP – VAR）对禽流感疫情变化与畜禽产品价格波动的动态影响进行了实证分析。结果表明，禽流感疫情的变化将引起畜禽产品价格波动，其中鸡肉价格受影响最显著，猪肉价格受影响次之，牛、羊肉价格受影响相对较小。吴佩蓉等（2018）调查了疫病对生猪价格波动的影响，构建基于生猪疫情宽度指数的 VAR 模型，探讨两者之间的关系。结果表明，疫病是导致生猪价格上涨的 Granger 原因，反之则不然。而肖琦和周杨（2019）从供需关系的角度研究了疫病对猪肉价格波动的影响。研究表明，疫病暴发对当期猪肉需求量有直接影响，但是会对当期猪肉供给量有间接影响。另外，疫病暴发对猪肉价格波动来源于供给方面，且这种影响具有滞后性。

而最新的文献则有不少基于最新暴发的非洲猪瘟疫情，考察了更为具体的非洲猪瘟暴发对中国猪业所造成的影响。如吴金红等（2018）定性分析研究发现，8 月之后，非洲猪瘟在中国多个省份呈现点状散发。疫情暴发后，全国猪肉平均价格止涨回跌，不同地区猪肉价格水平差异明显。与此同时，牛肉、羊肉和鸡肉等肉类价格逐步上涨，非洲猪瘟疫情若继续蔓延，全国及各地区猪肉价格水平将可能会下降，这将推动其他相关肉类的价格继续上涨。胡向东和郭世娟（2018）研究发现，非洲猪瘟疫情造成生猪及产品价格在短期内呈现区域性差异，长期内会出现价格上升的现象，这将会进一步影响饲料市场和其他相关产品的价格，迫使生猪产业生产布局调整及产业升级。聂赟彬和乔娟（2019）总结了非洲猪瘟疫情发生后的现状，阐述了非洲猪瘟发生以来我国采取的防控措施以及防控不足之处，分析了非洲猪瘟疫情对我国猪肉市场和疫区的生猪产业造成的影响。

三、价格预测模拟方法与百度指数构建的研究

农产品价格的频繁波动给生产经营者带来了很大困扰，在一定程度上打击了农户的生产积极性。国内经济学家基于此建立多种价格预测模型对农产品未来价格波动做出模拟预测，进而对影响农产品价格波动的风险做出调控策略。郝妙等（2014）运用灰色系统理论，建立了基于弱化缓冲算子的 GM（1，1）预测模型，通过生猪价格的历史数据对其未来生猪价格进行预测，对未来生产决策具有一定的指导意义。Liu B. 等（2015）在研究网络使用者对人类感染禽流感的认知时，利用甲型 H7N9 的百度搜索指数评估不同时期人们对疫病的关注。付莲莲（2016）等利用灰色关联和最小二乘支持向量机算法（LS – SVM）模型分析生猪价格波动的原因，并建立了生猪价格与其影响因子之间的关系模型，对生猪价格波动进行预警分析。

Liu K. 等（2016）通过百度搜索指数确定了预测登革热暴发的可能阈值索引（BSI）。利用基于 BSI 的时间序列分类和回归树模型，开发了一个基于 BSI 的时间序列分类和回归树模型广州、中山地区东风爆发的预测模型。研究表明，成本较低的基于互联网的监控系统可以是对中国传统测向监视的有益补充。Li Z. 等（2017）利用登革热的百度搜索指数建立预测模型，研究表明登革热的百度搜索指数与传统的疾病监测和气象相结合数据可以完善登革热预警系统。任青山等（2019）在对生猪价格波动的影响因子及生猪价格变化趋势和规律进行分析时，采用 Stepwise 回归和灰色关联度分析了生猪价格波动的主要影响因子，此外，他们还通过多元回归分析和反向传播（BP）神经网络构建 BP – 多元回归预测模型，以此预测生猪价格并分析了预测结果。研究显示，相比之下，BP – 多元回归预测模型比单一的多元回归以及 BP 神经网络预测模型预测精度提升了至少10%，其精度高达 93.3%，生猪价格预测的准确性和可靠性得到了大幅度提高。曾华盛等（2019）运用时变参数向量自回归（TVP – VAR）模型分析媒体负面报道对农产品价格波动的影响。研究发现，媒体经常带有负面情绪对农产品质量安全事件进行报道，这会对农产品价格波动起到影响作用，而且这种作用存在地区、产品和时期上的差异。

四、文献评述

总结上述文献，有以下几点需要讨论：

（1）上述文献早期是从猪的周期和供需等因素方面进行生猪及猪肉价格方面的相关研究，并且后来的学者也多从疫病等突发事件来着眼于畜禽类（包括生猪和猪肉）价格方面的实证研究。然而，由于时间问题，并未涉及最新暴发（尤其是实证层面）的非洲猪瘟的研究。因此针对这一研究还存在着较大的可议和改进之处。

（2）现有文献对于非洲猪瘟疫情的讨论多停留于定性研究层面，基于实证方面的研究还较为稀少，更别说采用较为科学、前沿的计量方法并基于最新维度的时间序列数据（本书则是采用了相对较为合理科学的 TVP－VAR 模型，以及灰色预测模型分析对猪肉价格波动进行影响研究和预测）对非洲猪瘟的暴发作用于猪肉价格波动的影响进行研究了。

第三节　基于灰色预测模型的猪肉价格波动预测研究

一、猪肉价格波动预测模型研究设计

灰色预测法由中国学者邓聚龙教授于 1982 年首次提出，它是一种对含有不确定因素的系统进行预测的方法，即通过鉴别系统因素之间发展趋势的相异程度，并对原始数据的生成处理来寻找系统变动的规律，从而建立预测模型来预测事物未来的发展趋势状况。更具体地说，它是对系统行为特征值的发展变化进行的预测，也就是对在一定范围内变化的、与时间序列有关的灰色链过程进行预测。尽管灰过程中所显示的现象是随机的，但却在有序的、有界的范畴内，因此得到的数据集合具备一定的潜在规律。灰色预测是利用这种规律建立灰色模型对灰色系统进行预测。灰色预测法的优势在于对样本数量依赖度小，无须考虑分布规律和变动趋势，运算相对简便且易于检验；缺陷是数据离散程度越大（即数据灰度越大）时其预测精度就越差。王舒鸿（2008）应用灰色预测模型对江苏海安地区的鸡蛋月度价格进行预测，结果表明，灰色预测模型能够取得较为满意的效果。Tzong Ru 等（2017）运用灰色理论，使用连续四个月的数据来预测下一个月的红豆价格。结果显示，预测价格接近实际价格，这意味着灰色理论可用于预测农产品价格。目前使用最广泛的灰色预测模型就是关于数列预测的一个变量、一阶微分的 GM（1，1）模型。它是基于随机的原始时间序列，按时间累加后所形成的新的时间序列呈现的规律可用一阶线性微分方程的解来逼近。在没有大的市场波动及政策性变化的前提下，GM（1，1）的预测值是较为可信的。

在该部分，本书的思想则是利用了 GM（1，1）的特点，若是未发生非洲猪瘟重大事件，那么预测的数据跟实际的价格数据差距在统计意义上应该很小，但现实中发生了非洲猪瘟事件，那么则是将 GM（1，1）的预测结果作为"反事实"的结果，通过该"反事实"的预测结果与现实数据做差异对比，来确认非洲猪瘟发生是否在较大程度上影响了猪肉价格的走势波动。

具体地，本书首先以非洲猪瘟事件发生的时间 2018 年 8 月为时间节点，选取了 2017 年 3 月第四周到 2019 年 12 月第三周作为样本跨度期，以非洲猪瘟首例事件发生前样本时间段的 69 周猪肉价格时间序列数据作为基准对象，通过灰色预测模型中较为经典的 GM（1，1）模型来预测非洲猪瘟事件发生后的猪肉价格，并将其与实际价格作对比，通过两者间的差异来看非洲猪瘟的发生是否对猪肉价格的走势造成了较大的实质性影响。但有一个需要注意的问题是，影响猪肉价格走势的因素有很多，我们需要确定非洲猪瘟是否起了主要影响作用。然而，从经济现实方面来看，2017 年之前，虽然影响猪肉价格走势的重大外部因素较多，但是，以 2018 年 8 月为时间节点来看，到我们数据的样本截止期为止，主要发生的重大外部事件还是非洲猪瘟，在此期间并未有其他重大的影响事件。因此在一定程度上可以排除其他因素的干扰。本文先构建关于猪肉价格波动预测的 GM（1，1）模型，模型的构建过程如下：

（1）设有变量 $X^{(0)} = \{X^{(0)}(i)，i = 1，2，\cdots，n\}$ 为某一预测对象的非负单调原始数据列，为建立灰色预测模型：首先对 $X^{(0)}$ 进行一次累加生成一次累加序列：$X^{(1)} = \{X^{(1)}(k)，k = 1，2，\cdots，n\}$。其中，

$$X^{(1)}(k) = \sum_k X^{(0)}(i) = X^{(1)}(k-1) + X^{(0)}(k) \qquad (8-1)$$

对 $X^{(1)}$ 可建立下述微分方程：

$$\frac{dX^{(1)}}{dt} + aX^{(1)} = u \qquad (8-2)$$

式（8-2）即为 GM（1，1）模型。其中，a 为发展灰数，u 为内生控制灰数。

（2）设 $\hat{a}$ 为待估参数向量，$\hat{a} = \left(\dfrac{a}{u}\right)$，可利用最小二乘法（Least Square Method）对其进行求解，可解得 $\hat{a} = (A^T A)^{-1} A^T Y_n$。其中：

$$A = \begin{bmatrix} -\dfrac{1}{2}(X^{(1)}(1) + X^{(1)}(2)) & 1 \\[1mm] -\dfrac{1}{2}(X^{(1)}(2) + X^{(1)}(3)) & 1 \\[1mm] \cdots & \\[1mm] -\dfrac{1}{2}(X^{(1)}(n-1) + X^{(1)}(n)) & 1 \end{bmatrix} \qquad (8-3)$$

$$Y_n = (X^{(0)}(2), X^{(0)}(3), \cdots, X^{(0)}(n))^T \qquad (8-4)$$

（3）对微分方程求解，可得预测模型：

$$\hat{X}(k+1) = \left[X^{(0)}(1) - \dfrac{u}{a}\right]e^{-ak} + \dfrac{u}{a}, \quad k = 0, 1, 2, \cdots, n \qquad (8-5)$$

（4）对该灰色模型进行检验，灰色预测检验一般有残差检验、关联度检验和后验差检验等，本书分别采用后验差检验结合小概率误差 P 检验对模型的预测结果进行检验，以判断其预测的精度和优良性。

二、灰色预测模型实验分析

灰色预测模型实验结果

本章采用 Matlab 软件对灰色预测模型进行分析，根据软件结果，求得发展灰数 $a = 0.02375$，内生控制灰数 $u = 15.4392$。

预测结果和原始数据的对比图如图 8-2 所示。

根据图 8-2 可知，由灰色预测模型所得的猪肉价格预测走势显示，猪肉价格自 2018 年 8 月开始显示是小幅度波动下降的，而现实的实际数据则不然，呈现大幅度的波动上升状态，且两者之间的缺口差距呈现越来越大的趋势而且持续时间较长，直至 2019 年 10 月左右缺口才有所减小。通过对样本期经济现实和政策事件的分析和推测，有合理的理由认为，这与非洲猪瘟长期持续的影响相吻合。因此，可以初步认为非洲猪瘟对猪肉价格波动的走势造成了较大的影响。然而，为了确认确实是非洲猪瘟显著影响了猪肉价格波动的走势，且这种影响冲击有多大，在下文中还将通过 TVP - VAR 模型来进行进一步的分析。

除此之外，本章还需对前文中模型预测的结果进行检验，以探讨模型的预测精度是否良好，只有通过了检验，才能证明上述模型的结果是可靠的。而本章所采用的后验差检验结合小概率误差 P 检验的判断方式如下：

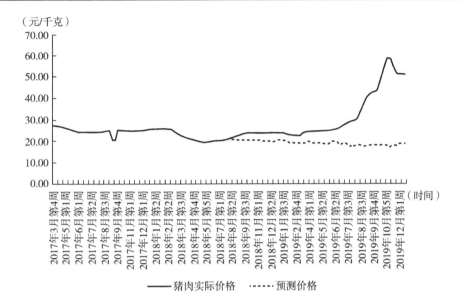

图 8 - 2   2017 年 3 月至 2019 年 12 月猪肉价格走势预测对比

若后验差比值 c < 0.35，小概率误差 p > 0.95，模型为优；若后验差比值 c < 0.45，小概率误差 p > 0.80，模型为良；若后验差比值 c < 0.50，小概率误差 p > 0.70，模型为中；若后验差比值 c < 0.65，小概率误差 p > 0.70，模型为差。而本书后验差检验的结果 c = 0.2905，p = 0.9642，可以看出 c < 0.35，p > 0.95，由此表明前文模型的预测等级精度为优。

第四节   基于 TVP - VAR 方法的非洲猪瘟对猪肉价格波动影响的研究

一、非洲猪瘟对猪肉价格波动影响的研究设计

1. 非洲猪瘟对猪肉价格波动的影响机理与模型构建

首先，从机理方面来看，猪瘟疫情对猪肉价格波动的影响机制主要可由以下几个渠道来解释：①信息不对称渠道的影响。信息不对称的存在会影响养殖户对风险做出不同的主观判断，产生猪瘟疫情发生下的过度预防与迟滞效应，从而导

致价格的剧烈波动（Goolier C., 2004；苗珊珊，2018）。②从消费者的公众角度来说，非洲猪瘟暴发通过消费者的预期、认知等影响其对猪肉的消费，引起了消费者恐慌，会进一步加剧猪肉市场的价格波动。③防控影响渠道。政府疫情的防控虽然有利于疫情的缓解，在疫情得到有效控制的情况下会降低猪肉市场的价格波动。

其次，基于上述理论，为了考察非洲猪瘟到底对猪肉的价格波动产生了何种程度的影响，尤其是重点探究其时变性和非线性特征，并进一步讨论其在特定时期对猪肉价格波动的冲击，本书采用时间序列数据构建 TVP – VAR 模型对非洲猪瘟对价格波动的影响进行分析。TVP – VAR 模型的具体构建步骤如下。

首先定义基本的结构向量自回归模型：

$$Ay_t = F_1 y_{t-1} + F_2 y_{t-2} + \cdots + F_s y_{t-s} + u_t, \qquad t = s+1, \cdots, n \qquad (8-6)$$

其中，t 表示时间，s 为滞后期数，y_t 是待考察变量组成的 k×1 阶向量，k 为待考察变量的个数，本书包括四类共 13 种农产品价格指数的收益率数据和经济政策不确定性指数；其中，A 和 F_1, $\cdots$, F_s 是 k×k 阶参数矩阵；u_t 衡量的是

结构冲击，且 $u_t \sim N(0, \sum \sum)$，其中：$\sum = \begin{pmatrix} \sigma_1 & 0 & \cdots & 0 \\ 0 & \sigma_2 & \cdots & 0 \\ \vdots & \vdots & \ddots & \vdots \\ 0 & 0 & \cdots & \sigma_k \end{pmatrix}$。假定结构冲击

服从递归识别，即 $A = \begin{pmatrix} 1 & 0 & \cdots & 0 \\ a_{21} & 1 & \cdots & 0 \\ \vdots & \vdots & \ddots & \vdots \\ a_{k1} & a_{k2} & \cdots & 1 \end{pmatrix}$ 具有下三角矩阵形式。

对式（8–6）转换可得如下形式的 VAR 模型：

$$y_t = B_1 y_{t-1} + B_2 y_{t-2} + \cdots + B_s y_{t-s} + A^{-1} \sum \varepsilon_t, \quad \varepsilon_t \sim N(0, I_k) \qquad (8-7)$$

其中，$B_i = A^{-1} F_i$, i = 1, 2, $\cdots$, s, 将 B_i 中每一行的元素进行处理转换为 β 形式，β 为（$k^2 s \times 1$）阶向量。将滞后项按行进行堆叠，定义 $X_t = I_k \otimes (y'_{t-1} \cdots y'_{t-s})$，$\otimes$ 表示克罗内克积，因此式（8–7）可以被简化成：

$$y_t = X_t \beta + A^{-1} \sum \varepsilon_t \qquad (8-8)$$

式（8–8）中所有的参数并不会随时间而变化，在此基础上考虑参数随时间而变化的 TVP – VAR 模型：

$$y_t = X_t\beta_t + A_t^{-1}\sum_t \varepsilon_t, \quad t = s + 1 + \cdots + n, \tag{8-9}$$

其中，β_t、A_t 和 $\sum_t$ 均为时变参数。根据 Primiceri（2005）研究，矩阵 A_t 的下三角元素可作以下替换，$a_t = (a_{21}, a_{31}, a_{32}, a_{41}, \cdots, a_{k,k-1})'$，$h_t = (h_{1t}, h_{2t}, \cdots, h_{kt})'$，$h_{jt} = Ln\sigma_{jt}^2$，$j = 1, 2, \cdots, k$，$t = s + 1, \cdots, n$。假设式（8-4）中的参数均服从一阶随机游走过程，目的是为了减少参数估计的个数。即

$\beta_{t+1} = \beta_t + u_{\beta t'}$，$a_{t+1} = a_t + u_{at}$ 和 $h_{t=1} = h_t + u_{ht'}$且有：

$$\begin{pmatrix} \varepsilon_t \\ \mu_{\beta t} \\ \mu_{at} \\ \mu_{ht} \end{pmatrix} \sim N \left(0, \begin{pmatrix} I & 0 & 0 & 0 \\ 0 & \sum_\beta & 0 & 0 \\ 0 & 0 & \sum_a & 0 \\ 0 & 0 & 0 & \sum_h \end{pmatrix} \right)$$

其中，$t = s + 1, \cdots, n$，假定 $\sum_a$ 和 $\sum_h$ 是对角阵，$\beta_{s+1} \sim N(\mu_{\beta 0}, \sum_{\beta 0})$，$a_{s+1} \sim N(\mu_{a0}, \sum_{a0})$ 和 $h_{s+1} \sim N(\mu_{h0}, \sum_{h0})$。

为了降低随机波动似然函数的处理难度，可借助蒙特卡洛（MCMC）方法进行模拟抽样。假定 $y = \{y_t\}_{t=1}^n$，$\omega = (\sum_\beta, \sum_a, \sum_h)$，首先对 ω 参数的方差协方差矩阵设定先验概率密度函数，$\pi(\beta, a, h, \omega \mid y)$，通过利用样本信息并使用 MCMC 获得后验分布。同时为了避免过度识别问题，对 β 参数的先验分布施加约束，而对其他参数可以采用先验分布。

2. 变量说明

（1）被解释变量：猪肉价格（lnpork）。本书参照谭莹等（2017）和郑燕等（2018）采用去皮带骨猪肉价格的对数值来度量。

（2）解释变量。非洲猪瘟（lnASFI）：关于某个时点发生的外来冲击（如疫情、政策等）一般的做法是采用时间虚拟变量来衡量。事件发生之前取0，发生后取1。但由于非洲猪瘟的发生时间在各地有所差异且持续时间不一，贸然用虚拟变量节点的方式可能无法准确地度量非洲猪瘟事件，从而造成估计结果的有偏性。因此本书借鉴吴佩蓉等（2018）采用基于"非洲猪瘟"关键词搜索的百度指数并对其取对数来作为非洲猪瘟事件的综合性代理变量。

（3）其他解释变量。牛肉价格（lnbeef）：本书将猪肉重要替代品市场的牛肉价格情况也纳入分析框架作为影响猪肉价格的重要系统控制变量，以便更好地考察非洲猪瘟对猪肉价格波动的影响。本书采用牛肉价格的对数值来衡量。鸡肉价格（lnchicken）：本书还选取了对猪肉市场同样具有重要替代作用的鸡肉价格

作为控制变量，本书使用白条鸡价格的对数来衡量。玉米价格（lncorn）：从成本方面来看，作为生猪主要饲料之一的玉米价格对猪肉价格波动也具有重要的影响。本书选取市场玉米价格的对数值来测度。豆粕（lnbean）：豆粕也是生猪饲料的主要成分，本书同样将其考虑其中，并以市场豆粕的交易价格的对数值来度量。

3. 数据来源与描述性统计

本书的肉类价格数据主要来源于中国农业农村信息部、中国畜牧业信息网，并通过 Wind 数据库进行了补充，CPI 的数据来源于国家统计局，而基于关键词搜索的"非洲猪瘟"相关百度搜索指数则来源于百度指数官网，数据时间跨度为 2017 年 1 月第 1 周至 2019 年 12 月第 3 周，通过 Stata 软件来实现模型的计量估计。各变量描述性统计的结果如表 8-1 所示。为了避免出现伪回归问题，本书在后文实证部分均对各变量采取对数处理。

表 8-1　各变量描述性统计

变量	观测值	均值	标准差	最小值	最大值
pork	69	30.60	11.25	21.18	58.71
ASFI	69	8.587	5.289	2.049	25.600
beef	69	71.12	5.537	64.14	82.41
chicken	69	21.47	2.268	18.71	26.92
corn	69	2.071	0.0398	2	2.140
bean	69	3.302	0.162	3.030	3.680

二、非洲猪瘟对猪肉价格波动影响的实证分析

1. 变量平稳性检验

尽管前文已经对各变量做了对数处理，但仍然无法保证变量都是平稳的，而不平稳的时间序列会导致伪回归问题，因而首先需要对数据进行平稳性检验。对各变量采用 ADF 检验和 DF-GLS 平稳性检验的结果如表 8-2 所示。

表 8-2　各变量平稳性检验

变量	检验形式	5% 临界值	DF-GLS 统计量	5% 临界值	结论
lnpork	(C, NT, 1)	-2.924	-1.474	-2.178	非平稳
lnASFI	(C, NT, 1)	-2.924	-1.879	-2.178	非平稳

续表

变量	检验形式	5%临界值	DF - GLS 统计量	5%临界值	结论
lnbeef	（C，NT，1）	-2.924	-1.419	-2.178	非平稳
lnchicken	（C，NT，1）	-2.924	-1.411	-2.178	非平稳
lncorn	（C，NT，1）	-2.924	-1.038	-2.178	非平稳
lnbeef	（C，NT，1）	-2.924	-1.205	-2.178	非平稳

　　由表 8 - 2 的平稳性检验结果可知，对于变量 lnpork 等各个变量而言，无论是 ADF 的检验结果还是 DF - GLS 的检验结果均显示，他们的统计量绝对值均小于 5% 显著性水平下的临界值绝对值，即无法拒绝各变量存在单位根的原假设，由此表明它们都是非平稳的。

　　故在此基础上，本书参照大多数研究对数据的处理方式，对相关价格序列数据进行差分处理，经济学含义分别为价格的变动率和搜索指数的变动率。基于各变量差分的平稳性检验如表 8 - 3 所示。

表 8 - 3　差分后各变量的平稳性检验

变量	检验形式	ADF 统计量	5%临界值	DF - GLS 统计量	5%临界值	结论
dlnpork	（C，NT，1）	-3.379	-2.924	-4.914	-2.181	平稳
dlnASFI	（C，NT，1）	-3.326	-2.924	-5.535	-2.181	平稳
dlnbeef	（C，NT，1）	-4.128	-2.924	-5.347	-2.181	平稳
dlnchicken	（C，NT，1）	-3.332	-2.924	-5.057	-2.181	平稳
dlncorn	（C，NT，1）	-3.791	-2.924	-4.928	-2.181	平稳
dlnbean	（C，NT，1）	-3.330	-2.924	-2.776	-2.181	平稳

　　而在对其取差分后，可以看到，两种检验的结果均显示其对应统计量的绝对值大于 5% 显著性水平下的临界值绝对值，由此可以判断，各变量均是平稳的，即原序列均为一阶单整 I（1）序列。因此，在以下的分析中，均使用这些变量的差分序列进行研究。

　　2. MCMC 模拟法下的估计结果

　　在进行估计之前，为了简化运算，本书参照 Nakajima（2011）的做法，给各参数赋予初始值。其中，$u_{\beta0} = u_{\alpha0} = u_{h0} = 0$，$(\sum \beta) \sim Gamma(40，0.02)$，$(\sum \alpha) \sim$

Gamma(4, 0.02), ($\sum h$) ~ Gamma(4, 0.02), $\sum \beta_0 = \sum \alpha_0 = \sum h_0 = 10 \times I$。本书还采取 MCMC 的算法抽取样本，累计抽取样本 10000 次，并舍弃初始的 1000 次抽样，从而保证样本集构建的有效性。待估参数的估计过程采用 MAT-LAB2016b 软件完成。

表 8-4 描述了整体效应模型参数估计的结果，主要包括待估参数的后验分布的均值、标准差、95% 的置信区间、Geweke 统计量以及无效因子。由表 8-4 可以清楚地看到，所有参数的后验均值都落在 95% 的置信区间内，Geweke 统计量也几乎都在 5% 的显著性水平范围内，说明后验分布无法拒绝零假设。从无效因子来看，绝大多数参数的无效因子都在可接受范围内，由此表明模型的回归结果是稳健的。

表 8-4 待估参数后验分布的描述性统计

参数	均值	标准差	95% 置信区间	95% 置信区间	Geweke	无效因子
sb1	0.0023	0.0002	0.0019	0.0028	0.025	1.12
sb2	0.0023	0.0003	0.0018	0.0028	0.571	3.6
sa1	0.0054	0.0015	0.0033	0.0091	0.000	8.52
sa2	0.0057	0.0016	0.0034	0.0097	0.916	19.71
sh1	0.0057	0.0019	0.0035	0.0105	0.015	18.35
sh2	2.0589	0.3687	1.4055	2.8383	0.071	4.10

3. TVP - VAR 的脉冲效应函数分析

（1）不同提前期下的非洲猪瘟时变脉冲效应函数分析。图 8-3（a）给出了提前期分别为 1 期、4 期和 8 期（分别定义为短期、中期和长期）条件下，非洲猪瘟和猪肉价格波动一单位外生冲击分别对猪肉价格波动影响的时变脉冲响应图。其中，上述三个不同提前期冲击的脉冲响应曲线图具有较大的差异，提前 1 期和提前 4 期的非洲猪瘟冲击对猪肉价格波动（$\varepsilon_{bd} \rightarrow pork$）的影响为正且相对较大，即从中短期来看，非洲猪瘟对猪肉价格波动的影响冲击是正向的，且短期的冲击强度要大于中期。而从提前 8 期的非洲猪瘟带来的长期冲击影响是最小的，几乎很微弱，且从方向上来看，非洲猪瘟对猪肉价格波动的长期影响是负向的。可能的解释是，在中短期内，非洲猪瘟疫情的暴发加剧了猪肉市场的价格波动，因为疫情蔓延引起了人们的消费恐慌心理，而一开始的防控措施如生猪扑杀等造成的损失会从多个方面传导到猪肉市场，从而导致猪肉价格波动加剧。但从长期来看，非洲猪瘟对猪肉价格波动具有一定的抑制作用，即在做好应对非洲猪瘟疫情的措施后，一方面随着居民对非洲猪瘟疫情的了解，恐慌心理逐渐消除，另一方面非洲猪瘟疫情有利于刺激更好地管控，从而降低猪肉市场的价格波动。

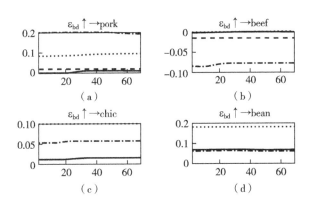

图 8 - 3

而从非洲猪瘟对其他肉类市场以及猪肉饲料成本市场的时变冲击来看，提前1期的非洲猪瘟对牛肉价格冲击为负，即非洲猪瘟短期内降低了牛肉市场的价格波动，而提前4期和提前8期的非洲猪瘟所造成的冲击都是正向的，即中长期来看，非洲猪瘟疫情加剧了牛肉市场的价格波动，但无论是短期、中期还是长期而言，非洲猪瘟疫情对鸡肉市场的冲击总是正向的。表明整体而言，非洲猪瘟疫情的暴发推高了牛肉市场和鸡肉市场的价格波动。即非洲猪瘟疫情的暴发使作为猪肉市场重要替代品的牛肉市场和鸡肉市场也受到了波及，使其价格变动率更为明显。而从周期长度来看，非洲猪瘟疫情对鸡肉市场的长期冲击最弱，短期次之，而中期的冲击影响最强。至于作为生猪主要饲料的豆粕，从图 8 - 3（d）来看，可以发现非洲猪瘟也加大了豆粕的价格波动，这是由于生猪扑杀等措施影响了对豆粕的需求，导致其价格变动率增加了。

（2）定点冲击下的非洲猪瘟时变脉冲响应函数分析。前部分本书基于不同提前期考察了非洲猪瘟对各肉类市场及猪饲料市场的冲击，此处本书选取了具有代表性的三个时点，即 2018 年 8 月第 2 周（非洲猪瘟开始阶段）、2018 年 12 月第 1 周（非洲猪瘟中间阶段），以及 2019 年 6 月第 4 周（非洲猪瘟解除封锁收尾阶段）以考察三种情况下非洲猪瘟对猪肉市场及其他市场的冲击如何。

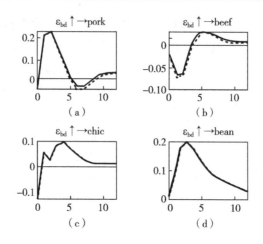

图 8 - 4

从图 8 - 4 来看，无论是选择哪个时点的冲击，非洲猪瘟分别对猪肉价格波动、牛肉价格波动以及鸡肉价格波动的冲击都是非常相近的。这意味着非洲猪瘟对各个肉类市场的冲击并不随着时点选取的改变而发生大幅度的变化，由此也表明非洲猪瘟在各个阶段对猪肉市场、牛肉市场和鸡肉市场的冲击都是很稳定的。而从非洲猪瘟对豆粕价格的冲击结果来看（见图 8 - 4（d）），非洲猪瘟开始发生阶段对豆粕价格的冲击几乎为 0，但中间阶段和解除封锁阶段的冲击都是显著正向的。

4. Johansen 协整检验和 VECM 模型构建

前述部分本书通过 TVP - VAR 模型考察了非洲猪瘟对猪肉价格冲击的时变效应，在此，本书将分析猪肉价格与非洲猪瘟包括其他重要价格变量之间的联动关系，具体而言，本书通过 Johansen 协整检验判断各变量之间是否存在长期稳定的均衡关系，并基于此构建并计算向量误差修正模型（VECM）以考察变量之间的短期波动影响。具体模型如式（8 - 10）所示：

$$\Delta Y_t = \alpha ECM_t + \sum_{i=1}^{q-1} \beta_i \Delta Y_{t-i} + \sum_{i=1}^{q-1} \lambda_i \Delta X_{t-i} + \varepsilon_t \tag{8-10}$$

其中，Y_t 表示猪肉价格，X_t 代表非洲猪瘟、牛肉价格、鸡肉价格、玉米和豆粕价格等一系列变量。ECM_t 代表误差修正项，反映变量之间的长期均衡关系；系数 α 则反映了变量之间偏离长期均衡状态时，将其拉回均衡状态的调整速度。

首先，本书通过 MLE 检验以及 trace 检验确定协整秩，其结果如表 8 - 5 所示。

表 8-5 协整秩检验结果

	原假设	特征值	迹统计量	最大似然统计量	0.05临界值	结论
lnpork 与 lnASFI	None*		13.2034		12.53	拒绝
	At most 1*	0.3456	2.0736*		3.84	不拒绝
	None*			12.1299	11.44	拒绝
	At most 1*	0.3456		2.0736*	3.84	不拒绝
lnpork 与 lnbeef	None*		14.5462		12.53	拒绝
	At most 1*	0.5608	2.3435*		3.84	不拒绝
	None*			14.2026	11.44	拒绝
	At most 1*	0.5608		2.3435*	3.84	不拒绝
Lnpork 与 lnchicken	None*		3.9892*		12.53	不拒绝
	At most 1*	0.0541	0.2607		3.84	不拒绝
	None*			3.7285*	11.44	不拒绝
	At most 1*	0.0541		0.2607	3.84	不拒绝
lnpork 与 lncorn	None*		4.1232*		12.53	不拒绝
	At most 1*	0.0565	0.2265		3.84	不拒绝
	None*			3.8967*	11.44	不拒绝
	At most 1*	0.0565		0.2265	3.84	不拒绝
lnpork 与 lnbean	None*		16.1457		12.53	拒绝
	At most 1*	0.6871	3.0395*		3.84	不拒绝
	None*			16.1061	11.44	拒绝
	At most 1*	0.6871		3.0395*	3.84	不拒绝

注：*表示在5%的显著水平上显著。

由表 8-5 的估计结果可知，对于猪肉价格与鸡肉价格和玉米价格之间的协整关系而言，无论是迹统计量还是最大特征值统计量的检验结果均显示，两者均无法拒绝不存在协整关系的原假设，即这两组变量之间不存在协整关系。而对于猪肉价格与非洲猪瘟、牛肉价格和豆粕价格，对于不存在协整关系的原假设而言，三组关系的值均远大于5%显著水平下的临界值，故拒绝不存在协整关系的原假设；进一步地，对于至多存在一个协整向量的原假设，两个统计量的结果均表明小于5%水平下的临界值，故无法拒绝至多存在一个协整关系的原假设，综合两者的结果可以认为，猪肉价格与非洲猪瘟、猪肉价格与牛肉价格以及猪肉价格与豆粕价格的协整秩都为1,即有且仅有一个协整关系。

其次,在构建 VECM 模型之前,需要先确定最佳滞后阶数,即检验该系统所对应的 VAR 表示法的滞后阶数。由于前文协整秩检验的结果表明猪肉价格与鸡肉价格和豆粕价格之间并不存在协整关系,因此后文只要考虑另外三组协整关系的最佳滞后阶数。本书采用 LL、LR、FPE 以及 AIC 等多种定阶方法进行筛选,结果如表8-6所示。

表8-6 三组协整关系对应 VAR 表示法的 LLC 检验

	Lag	LL	LR	FPE	AIC	HQIC	SBIC
lnpork 与 lnASFI	0	-8.52474		0.004739	0.323838	0.350236	0.390742
	1	99.9357	216.92*	0.00029	-2.79033	-2.61113	-2.38962
	2	101.246	2.6207	0.000207*	-2.80757*	-2.67558*	-2.47305*
	3	104.558	6.6232	0.00212	-2.78639	-2.6016	-2.31806
	4	106.87	4.6252	0.000223	-2.73447	-2.49689	-2.13233
lnpork 与 lnbeef	0	145.94		0.000041	-4.42893	-4.40253	-4.36203
	1	264.368	236.86	1.2e-06	-7.9498	-7.8706	-7.74908*
	2	271.052	13.366	1.1e-06	-8.03236	-7.90037*	-7.69784
	3	272.829	3.5553	1.2e-06	-7.96398	-7.77919	-7.49565
	4	280.84	16.022*	1.1e-06*	-8.08739*	-7.84981	-7.48526
lnpork 与 lnbean	0	93.3195		0.000206	-2.80983	-2.78343	-2.74293
	1	260.582	334.53	1.4e-06	-7.8333	-7.75411	-7.63259
	2	274.922	28.68*	9.9e-07*	-8.15146*	-8.01947*	-7.81694
	3	277.289	4.7337	1.0e-06	-8.10121	-7.91642	-7.63288
	4	277.857	1.135	1.2e-06	-7.99559	-7.75801	-7.39345

注:*表示在5%的显著水平上显著。

根据表8-6的检验结果,对于协整关系 lnpork 与 lnASFI 以及 lnpork 与 lnbean 而言,FPE、AIC 以及 HQIC 等多个准则最优的滞后阶数均为2,由此表明这两个系统对应 VAR 表示法的最优滞后阶数为2,即 VAR(2)模型。而对于协整关系 lnpork 与 lnbeef 而言,多数检验结果支持的最优滞后阶数为4,即表示该系统对应 VAR 表示法的最优滞后阶数为4,即 VAR(4)模型。

进一步地,在表8-5和表8-6检验结果的基础上,本书通过使用 Johansen 的 MLE 方法估计这三组系统向量的向量误差修正模型(VECM),协整检验的滞后阶数分别为 1 阶、1 阶和 3 阶[①]，所得的协整方程如式（8 – 11）～式（8 – 13）所示：

$$ECM_t = Lnpork_t + \underbrace{50.749LnASFI_t}_{(2.24)} + 492.46 \tag{8-11}$$

$$ECM_t = Lnpork_t + \underbrace{3.438Lnbeef_t}_{(10.55)} + 11.362 \tag{8-12}$$

$$ECM_t = Lnpork_t - \underbrace{14.068Lnbean_t}_{(-2.42)} + 12.949 \tag{8-13}$$

而式（8 – 11）、式（8 – 12）和式（8 – 13）可以改写为：

$$\hat{Lnpork}_t = -\underbrace{50.749LnASFI_t}_{(-2.24)} - 492.46 \tag{8-14}$$

$$\hat{Lnpork}_t = -\underbrace{3.438Lnbeef_t}_{(-10.55)} - 11.362 \tag{8-15}$$

$$\hat{Lnpork}_t = \underbrace{14.068Lnbean_t}_{(2.42)} - 12.949 \tag{8-16}$$

由式（8 – 14）～式（8 – 16）的估计结果可知，从长期来看，猪肉价格与非洲猪瘟和牛肉价格存在着显著负向的联动性，即有着长期稳定的负向均衡关系；然而，其与豆粕价格之间为长期稳定的正向均衡关系。这也较为符合现实，因为牛肉市场作为猪肉的重要替代品市场，长期来看两者具有相互替代的作用，因此具有负向联动性；而豆粕市场与猪肉市场具有一定的互补关系，作为猪饲料的主要成分之一，就长期而言对猪肉市场具有正向的联动关系。

表 8 – 7 则报告了 VECM 模型的估计结果。从短期看，滞后一期的误差修正项 ECM_{t-1} 对当期猪肉价格的变动率 $dlnpork_t$ 具有显著的正向影响。即当猪肉价格超过其与非洲猪瘟指数均衡关系所对应的水平，亦即 $ECM_{t-1} > 0$，$dlnpork_t > 0$，也就是说，猪肉价格的短期波动超过它与非洲猪瘟指数的长期均衡关系时，猪肉价格变动率 $dlnpork$ 将在下一期做出正向调整，以使三者之间恢复长期均衡关系。

而无论是哪一组协整关系，滞后一期的猪肉价格对数差分 $dlnpork_{t-1}$ 都对当期猪肉价格的变动率影响的系数显著为正，即上一期的猪肉价格变动率对下一期的猪肉价格变动率具有显著的正向影响，这意味着上一期的猪肉价格短期波动增加，下一期的猪肉价格短期波动也很可能是增加的。滞后一期的非洲猪瘟指数变动率 $dlnASFI_{t-1}$ 对当期猪肉价格对数差分 $dlnpork$ 的系数显著为正，这意味着从短期来看，上一期的非洲猪瘟强度对下一期的猪肉价格短期波动具有显著的正向影

[①]　因为协整检验是对无约束 VAR 模型一阶差分变量的滞后期进行的约束检验，故协整检验的滞后阶数分别为 1 阶、1 阶和 3 阶。

表 8 - 7　VECM 模型的估计结果

	lnpork 与 lnASFI		lnpork 与 lnbean		lnpork 与 lnbeef	
	dlnpork$_t$	dlnASFI$_t$	dlnpork$_t$	dlnbean$_t$	dlnpork$_t$	dlnbeef$_t$
ECM$_{t-1}$	0.0028* (0.0015) [1.86]	-0.0027** (0.0012) [-2.23]	-0.0200 (0.0206) [-0.97]	0.0040** (0.0016) [2.49]	0.0031 (0.1959) [0.02]	0.0428 (0.0523) [0.82]
dlnpork$_{t-1}$	0.0898*** (0.0249) [3.61]	0.0107 (0.1012) [0.11]	0.2024* (0.1047) [1.93]	0.0254** (0.0113) [2.24]	0.3283** (0.1488) [2.21]	0.0045 (0.1467) [0.03]
dlnpork$_{t-2}$					0.3021 (0.5840) [0.52]	0.0668 (0.1561) [0.43]
dlnpork$_{t-3}$					-0.2388 (0.5646) [-0.42]	-0.0889 (0.1509) [-0.59]
dlnASFI$_{t-1}$	0.1292*** (0.0155) [8.34]	0.1104 (0.1254) [0.88]				
dlnbean$_{t-1}$			1.9471 (1.5527) [1.25]	0.4710*** (0.1218) [3.87]		
dlnbeef$_{t-1}$					0.9797*** (0.0505) [-19.4]	0.0363*** (0.0054) [6.72]
dlnbeef$_{t-2}$					-0.8617 (2.1474) [-0.40]	-0.2314*** (0.0739) [-3.13]
dlnbeef$_{t-3}$					1.1587 (2.0703) [0.56]	0.2983 (0.5533) [0.54]
N	67	67	65	65	67	67
R^2	0.2681	0.7624	0.4037	0.2701	0.4953	0.2779

注: *、**和***分别表示在10%、5%和1%的水平上显著;括号里为标准差,中括号里为 t 值。

响。这也与前文 TVP – VAR 的结果相互印证了。而滞后一期的牛肉价格差分 dbeef$_{t-1}$ 的结果则显示上一期牛肉价格的短期波动对下一期猪肉价格短期波动影响为正。即上一期牛肉市场价格波动的增加导致居民消费更多地转向替代品猪肉市场，由此增加了下一期猪肉市场的价格波动。但上一期豆粕价格变动率的增加并不会明显导致猪肉价格变动率的上升，表明猪饲料市场价格的变动并非能够很直接很快地传导到猪肉市场，从而影响其短期价格波动。

第五节　本章小结

近些年来，突然性事件因素尤其是疫病的暴发对畜禽类产品价格及其波动的影响逐渐成为国内外农业方面研究的热点。而 2018 年 8 月在中国首次暴发的非洲猪瘟疫情，其规模之大，持续时间之长都是前所未有的，随着该疫病的持续暴发，必然会对中国猪肉市场造成重大的影响。本章采用多时段的周度样本时间序列数据，通过灰色预测模型法和 TVP – VAR 方法得到了如下基本结论：

（1）以 2018 年 8 月中国非洲猪瘟的首例发生时间作为节点，通过将灰色预测模型所得的猪肉"反事实"价格与实际猪肉价格对比发现，猪肉价格变动的走势很可能由于非洲猪瘟重大疫病的影响而极大地产生了偏离，从而使得预测价格与现实猪肉价格出现了较大的差距。

（2）为了进一步探究非洲猪瘟所带来的冲击，本书采用 TVP – VAR 分析了非洲猪瘟对猪肉价格波动影响的时变特征，结果发现非洲猪瘟对猪肉价格波动的短期和中长期冲击影响存在着差别，从中短期来看，非洲猪瘟对猪肉价格波动的影响主要是正向的，而从长期来看，非洲猪瘟对猪肉价格波动的冲击主要是负向的，且随着长期跨度的延长，这种冲击效应是逐渐减弱的。此外，本书发现从中短期来看，非洲猪瘟对猪肉的重要替代品牛肉市场和鸡肉市场的价格波动的冲击影响都具有很明显的正向影响，同时也加大了豆粕的价格波动，导致其价格变动率增加。而从时点的时变冲击结果来看，非洲猪瘟对各个肉类市场的冲击并不随着特定的时点选取的改变而发生大幅度变化。

（3）本书还通过 VECM 模型研究了猪肉价格、非洲猪瘟、牛肉价格、鸡肉价格、玉米价格和豆粕价格之间的协整关系，发现猪肉价格波动与非洲猪瘟和牛肉价格波动之间存在着长期稳定的均衡关系，就短期而言，VECM 模型的结果显示上一期的非洲猪瘟指数变动对下一期的猪肉价格波动具有正向影响，但从同期协整方程来看，非洲猪瘟与猪肉价格间存在着长期稳定的负向均衡关系。与豆粕价格存在长期正向联动关系，但猪肉价格与鸡肉价格和玉米价格之间并不存在长期协整关系。

基于上述结论，本章得到了以下几点政策建议：

第一，根据本章的研究结果，非洲猪瘟疫病的发生对猪肉价格波动无疑存在着显著影响，从 TVP – VAR 模型的估计结果来看，短期内非洲猪瘟的暴发不仅会增加中国猪肉价格的波动，而且对重要替代品市场牛肉和鸡肉的价格也会造成很大的影响，因此为了熨平这种价格波动防止其带来大幅度的价格涨跌，政府需要更有力地做好各地的防控措施，设置相应的疫情检测和应对机制，在发现猪瘟案例时能够第一时间做好防范和处理。此外，我们应该将防范非洲猪瘟疫情所带来的负面冲击作为长期的工作，合理做好预期，在一定程度上把控好非洲猪瘟对猪肉价格所造成的波动以及抑制猪肉价格的大幅上涨，并且重点关注猪肉市场的替代品肉类市场，以防止出现多个市场的价格同时上涨。

第二，由长期疫情对猪肉价格波动可能起到一定抑制作用的估计结果来看，防控措施不仅是简单的对疫情的控制，因为防控扑杀等措施增加了养殖户的成本和损失，并且减少了生猪产量，对猪肉饲料等也产生了较大的影响，因此政府可能对养殖户酌情进行适量的补贴，并且通过一些鼓励政策维持好猪肉出栏量等以避免养猪成本引起的猪肉价格持续上涨。此外，从 VECM 的估计结果来看，猪肉价格和牛肉价格之间存在显著的负向协整关系，即牛肉价格对猪肉价格的替代效应是明显的，在短期内猪肉价格大幅上涨的时候，居民对牛肉的消费增多，应当采取相应的合理措施适当抑制对牛肉需求增加可能导致的牛肉价格上涨，从而熨平主要肉类消费市场的整体价格波动，警惕由此可能引发的 CPI 上涨，防止引发通货膨胀现象。

第三，本章的研究由于现实因素及数据的可得性限制，还存在着一定的改进空间，这也是未来可能的研究方向所在。其一，价格预测模型在识别非洲猪瘟的影响时无法较为完善地排除其他可能因素的干扰，通过政策及现实情况的解读和分析来排除其他因素的影响难免存在些许疏漏。这也是本书有待解决的后续工作之一。其二，由于非洲猪瘟暴发的时间并非很长，因而对于价格预测模型而言非洲猪瘟的长期影响还缺乏更长的时间序列数据进行下进一步的实证研究，用以考察非洲猪瘟对价格预测模型的长期影响。其三，如何根据非洲猪瘟的影响来矫正价格预测模型也是未来需要考察的主要内容。

第九章 货币政策对农产品价格
非对称的冲击研究

货币政策作为最主要宏观调控手段显著地影响了中国经济的各个方面，特别是物价水平，包括农产品价格。研究分析中国近年以来的货币政策冲击与农产品价格波动之间的联系，考察中国的货币政策对农产品价格的冲击效应，具有较强的实践意义。

货币政策理论主要有两种，一种是货币中性假说认为货币政策对一般价格水平（包括农产品价格）没有实际影响，只是一种货币现象；另一种是与之相反的超调假说，该假说认为货币政策对农产品价格有实际影响。本章通过检验，看中国的数据更支持哪一种假说，以丰富相关研究。有效地平抑农产品价格波动是农产品市场得以健康发展的前提条件。识别出货币政策冲击对农产品价格波动是否有影响及其程度有多大，可以给相关部门优化政策措施提供决策依据。

第一节 货币政策及其度量方法的文献综述

一、货币政策及其度量方法

货币政策是一国宏观经济政策的重要组成部分，指的是中央银行或者货币当局为了实现既定的宏观经济目标而采取各种手段来调控相关经济变量进而影响宏观经济的方针和措施的总称。想要实现货币政策的初衷，则需要深刻理解其传导机制。

货币政策的传导机制一般可以抽象地表示为：政策工具→操作目标→中介目

标→最终目标。例如，中国人民银行在公开市场进行债券买卖（操作工具和操作目标），来直接影响货币供应量（中介目标），进而达到影响经济表现的目的（最终目标）。其中，中介目标是一国中央银行为了实现既定的货币政策最终目标而设置的可测、可控且与最终目标密切相关的经济指标。一般而言，中央银行在实施货币政策时，只能通过调控与最终目标紧密联系的中介目标来间接地达到影响最终目标的目的，而并不能实现对货币政策最终目标的直接调控。因此，在实证研究中，研究者在考察如何用一个或几个指标来反映货币政策现状时，一般就是考察货币政策中介目标的度量指标。

合适地判断中央银行或货币当局的政策取向，同时较为精确地度量货币政策状态，是对货币政策进行实证分析的必要前提。这要求研究者要选取较为合适的货币政策代理指标来进行相关分析。随着利率市场化程度的提高，国内外关于货币政策度量指标的研究都经历了货币政策代理指标从货币供应量向利率转移的演进过程。国外关于中央银行或货币当局的货币政策度量指标的研究成果较为丰富且成熟。

总体而言，该方面的研究成果可以分为两大类，第一类是用一个或几个经济指标来度量货币政策，可以称为"指标度量方法"；第二类则是用某些抽象的概念度量货币政策，被称为"叙述性方法"。

1. 以货币供应量为度量指标

就用指标度量方法的研究而言，主要用货币供应量或者利率作为货币政策的度量指标。Friedman 和 Schwartz（1963）是最早将货币供应量作为货币政策度量指标进行研究的，该研究利用 1867～1960 年的美国货币史数据，深入地分析了货币政策对实体经济的影响。其后，研究者沿用 Friedman 和 Schwartz（1963）的方法，也以货币供应量作为货币政策代理指标，考察了货币供应量、名义国内生产总值与工业生产总值之间的关系，认为货币是引起收入或者产出变动的因素，因此在考察经济周期波动时，货币具有重要地位（Sims，1972；Christiano and Ljungqvist，1988）。但是，用货币供应量作为货币政策的度量指标存在一个缺点，即在实际经济现象中，除政策性操作外，货币供应量还受限于诸多其他非政策性因素影响。

在以货币供应量度量货币政策的研究中，学者主要讨论 M1 和 M2。其中，M1 是流通中的现金与企业活期存款之和，而 M2 是 M1 与城乡居民储蓄存款、企业存款中具有定期性质的存款、外币存款以及信托类存款之和。部分学者从中介目标应满足可调性的角度提出，M1 是中国最合适的货币政策中介目标（蒋瑛琨等，2005；耿中元和惠晓峰，2009）。部分学者认为应该用 M2 来度量中国的货币政策（王建国，2006）。而其他学者则提出应该两者兼顾，王大用（1996）指出研究者们需要深入讨论以 M1 或 M2 作为中介目标这个细节问题；李正辉、蒋赞和李超（2012）则认为用两者进行加权后的指标作为中介目标更有效。

2. 以利率为度量指标

随着 Sims（1980a）将向量自回归（Vector Autoregressive Model，VAR）模型引入宏观经济学的研究中进而为研究多变量的经济系统提供了可能，有关货币政策度量指标、货币政策传导机制以及货币政策效应的研究取得了突破性进展。其后的研究大多数倾向于认为以利率作为货币政策度量指标更为合适。Sims（1980b）对比了包含短期利率与不包含短期利率的 VAR 模型，发现含有短期利率的 VAR 模型表现更为良好，而且短期利率可以包含货币供应量对实体经济所具有的预测能力。Litterman 和 Weiss（1985）也认为短期利率对实体经济的预测能力更强。McCallum（1983）在 Sims（1980b）的基础上，进一步研究认为相比较于货币供应量而言，利率更适合作为货币政策度量指标，特别是在货币当局运用利率工具作为货币政策工具时。Bernanke 和 Blinder（1992）也得出利率更适合作为货币政策度量指标的结论。

近几年，越来越多的研究强调货币政策中介目标应该向利率转移。刘明志（2006）认为在使用货币供应量作为中介目标的同时，要准备好在条件成熟时中介目标转向货币市场利率过渡的相关监管工作。而且，随着金融工具的发展和金融市场的完善，以及广义货币供应量可控性的逐渐降低和国内信贷调节有效性的降低，利率作为中国货币政策中介目标的条件在不断成熟，因此中国未来的货币政策中介目标应该向利率转移（吕光明，2012；蔡彤娟等，2014）。有部分研究则认为利率已经比货币供应量更能有效地度量中国货币政策（张屹山和张代强，2007）。

3. 综合考虑度量指标

在指标度量方法的研究成果中，除了用货币供应量或者利率作为货币政策的度量指标外，也有部分学者利用 VAR 模型进行分析后认为，其他经济指标如非借入性储备更合适作为货币政策度量指标（Thornton，1988；Strongin，1995）。

Bernanke 和 Mihov（1998）是指标度量方法研究成果中最为经典的文献，作者从寻找最佳货币政策度量指标的角度出发，不预先设定具体经济指标作为货币政策的度量指标，直接运用 VAR 模型分析美国 1965～1996 年的数据来考察货币政策的最佳度量指标。该研究的结果认为，就货币政策的度量指标而言，1979

年之前可用联邦基金利率，1979～1982 年可用非借入储备，1982 年之后可用联邦基金利率或者 Strongin（1995）给出的指标。

对中国货币政策中介目标的选择，综合考虑货币供应量、利率以及其他经济变量显得更为灵活。夏斌和廖强（2001）认为货币供应量中介目标客观上已经不合时宜，而且以利率、汇率或货币供应量等工具作为中介目标具有灵活性较差的共同缺陷，因此一个可行的选择是放弃采用任何中介目标，采取通货膨胀目标，直接盯住通货膨胀率，同时将货币供应量、利率、经济景气指数等其他重要经济变量作为监测指标，并且进一步指出该方法可测性和相关性都表现出色，能较好地提高货币政策的有效性。陈利平（2006）认为应该将中国的货币政策中介目标定为一个综合目标，重点看 M2 和贷款量，同时参考货币市场利率，从中得到额外的信息，从而提高货币政策有效性。

4. 叙述性方法

叙述性方法最早由 Friedman 和 Schwartz（1963）提出，主要是通过详细阅读货币当局的政策文件以及会议记录等文本来确定货币当局的货币政策取向，进而分析货币政策。Romer 和 Romer（1989）在前者的基础上通过阅读美联储公开市场委员会的会议记录，构建了一个能够说明美联储货币政策取向的时间序列来度量货币政策。Boschen 和 Mills（1991）则在 Romer 和 Romer（1989）的研究基础上提供了一个信息量更为丰富的叙述性方法来度量货币政策。后续的相关研究基本上沿用了前两者的做法（Kashyap and Stein，2000；Bernanke and Kuttner，2005）。叙述性方法虽然能够较多地反映政策决策者意图的信息，但是也存在着编制者的主观性问题会影响其度量效果以及难以区分货币政策中的内生和外生成分的缺点。

目前国内以叙述性方法度量货币政策的研究也已经出现，但为数不多。徐鹏和徐文舸（2015）借助 2001 年第一季度至 2014 年第四季度《中国货币政策执行报告》，运用叙述性方法构建了一个货币政策取向衡量框架，并进一步采用有序选择模型实证分析了中国货币政策的动态调整行为。

二、货币政策对农产品价格的冲击

研究表明，在分析农业经济问题时，宏观经济政策和农业部门特定政策是同等重要的（Schiff and Valdes，2002；Ardeni and Freebairn，2002；Abbott and Mc-Calla，2002；Diaz – Bonilla and Robinson，2010）。货币政策作为最常见的宏观经济政策，其对农业经济的影响更为值得关注（Schuh，1976）。研究货币政策对农产品价格的冲击效应，就是要研究货币政策传导机制在农产品市场上的具体表现。这一方面的理论模型构建工作主要由国外的学者完成；较早期的实证研究主要集中于识别货币供给冲击对农产品价格的影响，而近期相关实证研究也开始关注利率冲击。

1. 货币中性假说

货币中性假说认为货币政策冲击只会改变整个社会的一般价格水平，因而也不会对农产品价格产生实质性影响。Belongia 和 King（1983）考察了货币增长率对食品价格的影响，是较早从侧面注意到货币政策对农产品价格的影响具有中性的研究。该研究首先区分了名义变量和实际变量，进而将食品价格的变动可以分解为由于一般物价水平变动引起的名义变动部分和由于食品与非食品的相对价格变动引起的实际变动部分，然后通过模型证明了市场供给和需求冲击才会引起相对价格的变动进而导致实际变动，而货币增长率的变动（即货币供给冲击）只会引起食品名义价格的变动，因此货币是中性的。Lapp（1990）直接从不完全信息与理性预期的角度探讨了货币政策对农产品价格的影响。该研究假设买者和卖者进入产品市场时，已经有供给与需求条件的相关知识以及对一般物价的预期，因此，产品的预期名义价格是给定的，而实际名义价格会随着真实与货币冲击引起的预期价值的变化而变化。当前与预期未来之间的相对价格决定供给和需求时，也反映了跨期替代机会。

在农产品市场中，由于农产品的特性，跨期替代机会更为有限。进一步地，货币供应量的变动会影响总需求水平，进而影响农产品的需求。如果再假定市场参与者无法确定总物价水平，则相对价格也不确定。由于不完全信息导致真实经济冲击无法识别，市场参与者只能对货币冲击做出反应，进而形成价格预期。故而一般而言，单个产品市场的相对价格由当前的货币供给冲击决定。由于对未来的预期会影响当前的相对价格和产品数量，所以全部信息已经反映在当期相对价格中。因此，货币冲击对农产品价格的影响是中性的。

2. 超调假说

超调假说认为货币政策冲击会使农产品与其他部门产品之间的相对价格发生变化，导致农产品价格发生实质性变动。所谓超调指的是农产品价格对货币政策冲击的短期反应会超过其长期均衡值（于爱芝，2011）。Frankel（1986）提出了农产品价格超调模型。该模型假定农产品价格可以自由调整，而工业品价格则是刚性的。当发生未预期到的货币供应量的减少时，由于工业品价格是刚性的，所以名义货币供给就是真实货币供给，进而导致利率升高。又因为农产品市场的套利条件成立，人们会倾向于购买债券而减少农产品的存储行为，所以当期农产品价格就会下跌，并且在未来下跌更多，最终造成农产品价格的超调。反之亦然。Frankel（2008）从利率冲击的角度对超调模型做了补充，认为货币政策导致实际利率的升高，或者会增加当期出售农产品的激励，或者会减少企业增加库存的意愿，或者会促使投资者出售农产品现货而增持其他资产，进而导致农产品的需求减少或市场供给增加，最终造成农产品价格的超调。关于农产品价格超调假说的相关理论研究还有 Bordo（1980）和 Chambers（1984）。

基于中国的真实情况，Johnson 和 Song（1999）提出通货膨胀通过改变农户存粮行为影响真实粮价的观点。该研究认为农民对于未来通货膨胀预期会随着通货膨胀升高而升高，因而会产生对具有保值功能的真实资产的增持行为。由于农户的可选资产有限，故存粮是流动性较强且交易成本较低的真实资产，所以通货膨胀预期的上升会导致农户增加均衡意义上的存粮数量，因此造成粮食价格的实际上涨。通货膨胀与货币供应量息息相关，所以该研究也是在探讨货币政策对农产品价格的冲击效应。

3. 货币政策

关于货币政策对农产品价格的冲击效应的实证研究中，国内外学者利用不同国家的数据进行检验后的结果并没有给出确定的结论，不同国家或不同时期会表现出差异。在国外，早期相关实证研究对计量模型的选择比较多样化，近期则基本都选用向量自回归（Vector Autoregressive Model，VAR）或向量误差修正（Vector Error Correction，VEC）模型。在国内，由于相关的实证研究起步较晚，所以计量模型基本是 VAR 或 VEC。

（1）国外相关实证研究。比较早期的国外实证研究在模型选择方面比较多样化，基本都是根据研究需要来选择相应的实证模型。Belongia 和 King（1983）利用分布滞后模型（Distributed Lag Model，DLM）考察了货币增长率对食品价格的影响，发现食品价格的名义上涨直接与货币供给冲击相关。Lapp（1990）运用自回归分布滞后模型（Autoregressive Distributed Lag Model，ADL）得出的实证结果则发现即使在较短期内统计关系比较显著，但其经济意义不大，认为货币供给冲击不是引起农产品与其他产品之间的实际相对价格变化的决定因素。因此，这些研究认为货币中性假说成立。另外，有部分早期的实证结果则得出支持超调假说的结论。例如，Chambers 和 Just（1982）的普通最小二乘法（Ordinary Least Square，OLS）和似不相关模型（Seemingly Unrelated Model，SUR）的结果发现紧缩的货币政策降低了国内农产品价格。

21 世纪 90 年代开始，国外学者在研究货币政策对农产品价格的影响时，开始将实证模型锁定在 VAR 和 VEC 这两类模型上。Devados 和 Meyers（1987）的 VAR 模型的结果发现货币供给冲击对农产品价格的影响比对工业品价格的影响更大。Robertson 和 Orden（1990）运用新西兰的数据，建立了 VEC 模型，发现货币供给冲击在短期内改变了农产品的实际价格，但长期只会产生名义影响。Taylor 和 Spriggs（1989）选取加拿大的数据，运用 VAR 模型，也发现在短期内农产品价格对货币供给冲击的反应更为快速，但是在后期中工业品价格也会发生同样的变化。Saghaian 等（2002）构建了 8 变量的 VAR 模型进行研究，其结果表明对于货币供给冲击，短期内农产品价格的调整比工业品价格的调整更快，进而导致实际相对价格发生变化，而且严格的货币中性并不成立。

较为近期的国外文献运用其他的方法如因果图形法来判断模型系统里变量之间的关系进而确定变量在模型里的顺序，并将其与 VAR 或 VEC 结合在一起研究货币政策与农产品价格之间的关系。例如，Awokuse（2005）运用 1975～2000 年的美国数据建立了 VEC 模型，其结果发现货币供给冲击对农产品的实际影响微乎其微，而作为货币政策冲击之一的利率与汇率变化的影响较为明显。Kwon 和 Koo（2009）结合因果图形法和 VEC 模型，同时考虑货币供给、利率与汇率的冲击对农产品价格的影响，也发现利率冲击的超调作用更为明显而货币冲击则不明显。

（2）国内相关实证研究。国内的相关实证研究则起步较晚，但比较丰富多样。在计量模型的选择方面，国内的研究基本都是沿用国际上目前比较普遍的 VAR 和 VEC 模型。

大多数学者认为货币政策对农产品价格的冲击效应明显。国内部分学者支持货币中性假说。温涛和王小华（2014）运用 VAR 和 VEC 模型对 1952～2012 年中国农产品价格波动的影响因素进行了检验，发现货币政策是中国农产品价格产生强烈波动的主要因素，特别地，广义货币供应量增长是导致中国农产品价格上升的关键性因素，而且表现为名义影响，与货币中性假说相符。方鸿（2011a）基于中国的数据利用 VAR 模型得出的结论发现，货币政策冲击在长期并不会改变中国农产品与其他部门产品之间的相对价格比率，因此从长期来看货币是中性的。部分国内学者也得出货币政策对农产品价格具有超调作用的结论，认为货币政策冲击会对农业部门产生影响，从而使农产品与其他部门产品之间的相对价格发生变化，导致农产品价格发生实质性波动（胡冰川，2010；农业部农村经济研究中心分析小组，2011；杨军等，2011；周明华，2014）。方鸿（2011b）结合了因果图形法和 VEC 模型的结果也发现货币供给冲击在一段时间内会对农产品和其他部门产品之间的相对价格水平造成影响，因此说明了货币供给冲击下农产品价格超调假设成立。

也有部分研究认为货币政策对农产品价格的冲击效应并不明显。马龙和刘澜飚（2010）运用 VAR 模型的结果发现虽然货币供给冲击对中国农产品价格波动的影响在统计意义上是显著的，但只能解释极小比例的农产品价格波动，因此货币供给冲击不是直接影响中国农产品价格波动的主要原因。中国人民银行课题组（2011）构建了 VEC 模型，其结果也认为在决定中国农产品价格波动的因素中，货币冲击效应最小。杨继生和徐娟（2015）构建了面板结构式 VAR 模型，运用反映短期市场变化的同业拆借利率来衡量货币政策冲击，发现货币政策和预期主导的需求冲击对农产品价格有重要影响，而且从利率冲击的具体影响来看，西部省份的影响一般较大，而东部和中部省份倾向较小。

第二节　中国的货币政策演进过程

21 世纪以来的中国货币政策为了应对国内外的各种严峻挑战，主要调控通货膨胀，同时兼顾改革和转型发展的需要，不仅保持了物价水平乃至经济运行处于基本稳定状态，而且也在改革和转型方面取得较大进展（周小川，2013）。纵观 21 世纪以来中国货币政策的演进过程，中国人民银行主要以数量型与价格型两种政策工具为手段对宏观经济运行进行调控。数量型工具以货币供应量为主，价格型工具则以各种利率为主。在本书的研究中，参考第二章中的相关文献并沿用常规做法，以广义货币供应量（M2）作为货币供给的代理指标，而利率则以银行间 7 天债券回购加权利率作为代理指标。如果从货币供应量和利率的角度进行考察，那么中国货币政策的演进过程就可以通过两者的波动走势来刻画。

一、货币供应量

根据文献，以广义货币供应量（M2）表征货币供给。从图 9 - 1 中可以看出，中国的广义货币供应量（M2）自 2005 年以来的增长情况。需要注意的是，从 2005 年开始考察的原因是，下文中用来表征农产品价格的数据指标即农产品批发价格指数只能获得 2005 年以后的数据。图 9 - 1 中的实线表示的是货币供应量（M2）的同比增长率，水平的虚线表示的是货币供应量同比增长率的均值水平，倾斜的虚线则表示的是其货币供应量（M2）的存量。可以看到，货币供应量的存量基本上一直处于上升的阶段，从 2015 年 1 月的 25.9 万亿元增长到 2016 年 2 月的 142.5 万亿元，增长了近 5.5 倍。货币供应量的同比增长率基本上也一直处于 10% 以上的水平，后金融危机时代的 2009 年 11 月则更是高达 29.74%。货币供应量的同比增长率的均值则达到 16.70% 的水平。由此可见，就数量型政策工具而言，中国的货币政策还是处于比较宽松的状态。

图 9 - 1　货币供应量（M2）

资料来源：Wind 数据库。

周小川（2013）的分析指出，21 世纪以来，中国的货币供应量一直处于高速增长的阶段，主要有两个原因。结合图 9 - 1 与中国经济发展的实际情况可以看出，在 2008 年发生金融危机前，货币供应量的同比增长率基本处于均值水平附近波动的状态。金融危机后，世界各国都陆续出台了相关的量化宽松政策，中国也不例外，货币供应量的同比增长率有了高幅增长，远远高于均值水平。在金融危机的影响逐渐消失之后，中国人民银行逐渐收紧宽松的货币政策，可以从图中看到货币供应量的同比增长率从 2011 年之后就处于均值水平之下。总体而言，中国的货币供应量的同比增长率在金融危机前的波动不明显，危机发生后则迅速上升，危机的影响消失后又开始回落。货币供应量的存量几乎一直在增长。因此，货币供应量的变化对整个中国经济特别是物价水平造成了巨大影响。

二、利率

在本书的研究中，利率以银行间 7 天债券回购加权利率来表征。主要原因是：银行间债券回购市场利率是市场化程度最高的中国金融市场短期基准利率之一，可以对货币政策做出较为迅速的反应（戴国强和梁福涛，2006；彭红枫和鲁维洁，2010；王少林等，2015）。因此，该利率可以作为价格型货币政策工具的代理指标。值得注意的是，在关于美国的文献中，研究者一般选用联邦基金利率来表示利率，而在中国的相关研究中也可以使用上海银行间同业拆借利率（Shibor）来表示利率。然而上海银行间同业拆借利率是从 2007 年才开始使用的，因此时间维度少于本书研究中的维度。一般地，我们更倾向于使用维度较长的数据。

图 9-2 是中国的银行间 7 天债券回购加权利率 2005 年以来的走势图。图中的实线表示的是银行间 7 天债券回购加权利率，虚线则是其均值水平，约为 2.86%。2008 年前，银行间 7 天债券回购加权利率虽然有波动，但是基本上呈现出上升的态势，可以看出以此利率表征的价格型货币政策是趋向于紧缩的。然而 2008 年的金融危机席卷全球后，随着救市措施的实施，中国人民银行开始松动银根，向市场注入流动性，所以银行间 7 天债券回购加权利率开始下降，并在 2011 年之前这段时间内都保持均值之下的水平。2011 年开始，中国经济逐渐从

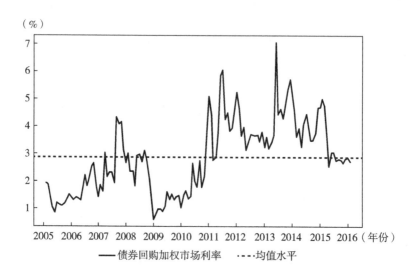

图 9-2 银行间 7 天债券回购加权利率

资料来源：Wind 数据库。

危机中复苏过来，不宜处在高流动性的状态中，中国人民银行又开始逐渐紧缩货币政策，因此银行间 7 天债券回购加权利率开始回升，基本处于均值水平之上。但是此段时间内的波动幅度比较大，于 2013 年 6 月达到 7.03% 的峰值。

中国的利率市场化实际上超过多数人的主观想象，已经形成了比较完善的市场化利率和传导机制（周小川，2013）。总体而言，利率的走势与货币供应量的同比增长率的变化一样，在金融危机之前比较适中；其后，为了应对国际金融危机，利率的走势趋向于宽松状态；而金融危机的影响逐渐消失之后，又开始趋向于紧缩状态。作为能够迅速对货币政策的变化做出反应因而可以表示利率的银行间 7 天债券回购加权利率，会快速地对金融市场产生影响，从而通过影响决策主体的行为来对经济体的其他各方面也产生影响。

第三节　中国的货币政策与农产品价格波动

一、中国农产品价格波动

在本书的研究中，农产品价格以农产品批发价格指数来表征。主要原因是，从数据库中获得的各类能表示农产品价格指数的变量的时间维度来看，该指数的维度比其他相关的农产品价格指数的维度高。本书的取法与已有文献也相符（方鸿，2011b）。图 9 - 3 表示的是本书所选择的农产品批发价格指数的同比增长率的变动情况。

图 9 - 3 中的实线是农产品批发价格指数的同比增长率的波动趋势，虚线则是其均值水平，约为 5.09%。有研究认为，21 世纪以来中国的农产品价格一直处于剧烈的波动过程中，农产品价格上涨的趋势较为明显，上涨速度逐渐加快，波动的周期缩小，季节性效应突出，从而呈现出剧烈波动状态（农业部农村经济研究中心课题组，2012）。从图 9 - 3 中也不难发现，2007 年 5 月，农产品批发价格指数的波动表现出向其均值水平回复的特征，即有"均值回复"现象。其后，农产品批发价格指数的同比增长率急速上升，并处于高位运行状态，于 2008 年 2 月达到约为 28.10% 的峰值水平，此段时期内的农产品批发价格指数同比增长率远远大于其均值水平。随后，农产品批发价格指数的同比增长率反而有急速下跌，于 2009 年 2 月达到 - 8.60% 的最低值。而在全球金融危机的后期内，随着政

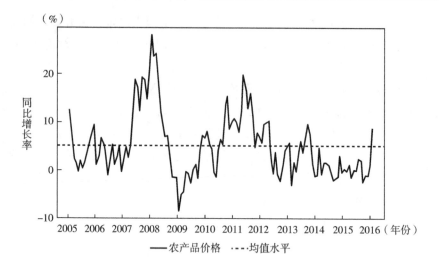

图9-3 农产品批发价格指数

资料来源：Wind 数据库。

府救市措施的开展，如量化宽松政策的实施，农产品价格批发指数的同比增长率开始呈现出较为强势的回升趋势。从 2011 年下半年到 2012 年下半年，则出现短暂的下跌趋势。其后，农产品价格批发指数的同比增长率处于波动幅度不大的状态中。我们可以看到，一方面，农产品批发价格指数的同比增长率在全球金融危机前后的急速上涨与下跌，反映了国内市场与国际市场的互动以及两个市场在金融危机中的剧烈波动与调整过程。因此，国际金融危机带来的外部冲击对中国农产品批发价格指数的同比增长率具有十分显著的影响。另一方面，金融危机后，农产品价格批发指数的同比增长率回升趋势十分明显，说明国内的货币政策冲击显然影响了农产品批发价格指数的同比增长率。

二、中国货币政策与农产品价格波动分析

作为转型中的发展中国家，中国货币政策一直都是多重目标制的，既要与发达国家一样维护低通货膨胀水平以保持币值稳定与促进经济增长，也要考虑实际国情保持较为合理的就业率，不能使失业率过低，以配合相关经济与体制改革的措施。纵观 21 世纪以来中国货币政策的实施情况，可以说基本都处于宽松状态。一方面，21 世纪特别是加入世界贸易组织以来，中国的对外开放程度越来越高，再加上国内劳动力成本较低等诸多因素，中国在很长一段时间内处于以出口导向型为主的发展模式中。出口的大幅度增长使得外汇流入过多，进而导致国内的流

动性趋于宽松状态。另一方面,国内各方面的经济建设也处于快速发展之中,各级地方政府和企业对信贷需求也相当高,因此通过银行信贷渠道也给市场注入了大量流动性。例如,2007~2008 年和 2010~2011 年这两个时期的国内通货膨胀,以及 2008 年世界性金融危机在客观上对中国宏观经济走势的影响尤为显著。出于救市之目的,美国、欧盟与日本等各主要世界经济体都实行了各式各样的货币量化宽松政策,中国自然也不例外。除了 2008 年的"四万亿"刺激性财政政策外,在后金融危机时代,中国的货币政策也以宽松为主(陈丹妮,2014)。以广义货币供应量(M2)为例,截至 2016 年 2 月,其存量就已经高达 142.5 万亿元。相对于 2005 年 1 月的 25.8 万亿元而言,M2 存量增加了 4.5 倍多。

货币政策与农产品价格息息相关。虽然基本宽松但适当稳健的货币政策促进了实体经济的发展,进而为结构调整等改革措施提供了适宜的环境,但是作为宏观调控的主要手段,宽松的货币政策也显著地影响了价格水平,包括农产品价格。21 世纪以来,农产品价格也出现了较为明显的频繁波动。在日常新闻中,"吃出来的通胀""猪拉动的通货膨胀"等将宏观经济与农产品价格联系在一起的字眼也屡见不鲜。可以说,这段时间内中国宏观经济政策特别是货币政策与农产品价格波动的互动关系显得十分紧密。如有学者指出,中国的农产品和食品价格显著受到近年来宽松货币政策的影响(Yu,2014)。

从图 9-4 可以明显看出,中国近几年的农产品价格处于剧烈波动之中,在 2007 年 5 月前,农产品批发价格指数的波动比较平缓,有"均值回复"现象。其后,农产品批发价格指数的同比增长率急速上升,并处于高位运行状态,于 2008 年 2 月达到约为 28.10% 的峰值水平,远远大于其均值水平。随后则急速下跌,于 2009 年 2 月达到 -8.60% 的最低值。在全球金融危机的后期开始呈现出较为强势的回升趋势。从 2011 年下半年开始,则先在波动中下跌,然后慢慢趋向于波动幅度不大的状态。

事实上,如果以工业增加值表示宏观经济基本面状态、以货币供应量(M2)表示货币政策取向以及以农产品批发价格总指数表示农产品价格波动情况,并考察三个指标的月度同比增长率趋势(见图 9-4),那么可以发现三者表现出比较一致的共时联动性。比如,2009 年初到 2010 年初,这段时间正是中国实施财政政策和货币政策等救市措施以应对金融危机的关键时期,工业增加值、货币供应量(M2)和农产品批发价格总指数的同比增长率都呈现出强势上升的趋势。其后,工业增加值、货币供应量(M2)领先逐渐回落,而农产品批发价格总指数则在波动中持续上升,到 2011 年 7 月之后才开始回落,并且呈现出剧烈的波动状态。

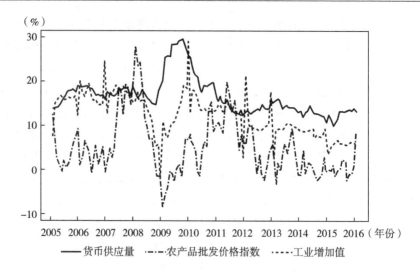

图 9 – 4　2005 ~ 2016 年货币供应量（M2）、农产品批发价格指数和
工业增加值的同比增长率

资料来源：Wind 数据库。

　　保持农产品价格相对稳定与促进农产品市场的持续健康发展已成为当前中国急需研究和解决的重大问题。需要强调的是，除了研究特定的农业政策对农产品价格的影响外，研究货币政策是否是农产品价格剧烈波动的实际原因，及其对农产品价格的冲击程度究竟有多大，能为相关政府部门提供平抑农产品价格剧烈波动的有效指导建议。

三、货币政策与农产品价格联动性分析

　　从世界各国的实践来看，中央银行的主要目标都普遍表现为保持稳定的物价水平与维护稳定的金融系统，而货币政策的实施则更加直接地考虑物价水平稳定这个主要目标（周小川，2013）。中国人民银行亦不例外。因此，货币政策所带来的冲击与农产品价格的波动不仅息息相关，也存在着必然联系。本节从描述统计的角度，运用货币供应量同比增长率、利率以及农产品批发价格指数同比增长率，通过比较趋势图来考察货币供应量和利率与农产品价格之间的联动性。

　　1. 货币供应量与农产品价格

　　图 9 – 5 展示了货币供应量（M2）同比增长率和农产品批发价格指数同比增长率的波动趋势。在图 9 – 5 中，实线表示的是货币供应量（M2）的同比增长率，左边的竖轴表示其大小；而虚线则表示的是农产品批发价格指数的同比增长

率，其大小由右边的竖轴表示。2007 年前，货币供应量和农产品批发价格指数的同比增长率都各自处于均值水平附近，同时呈现出"均值回复"的状态。其后，在国际金融危机发生时期，货币供应量的同比增长率继续呈现出"均值回复"的状态，直到 2009 年初才结束，而农产品价格却经历了快速上涨与下跌的过程。2009 年初开始，政府出台量化宽松货币政策等救市措施，伴随着货币供应量同比增长率的急速上升，农产品批发价格指数同比增长率也快速上升。其后，货币供应量同比增长率先于农产品批发价格指数同比增长率发生回落，两者分别先后下降并逐渐出现平稳波动的状态。从上述分析可以看出，货币供应量和农产品批发价格指数的同比增长率首先处于平稳波动的状态，其次在金融危机期间及其后都呈现出剧烈波动且上升的趋势，最后逐渐回落。因此，说明货币供应量和农产品批发价格指数具有一定程度的联动性，而且货币供应量的变化基本上先于农产品批发价格指数的变化。显然，货币供给冲击对农产品价格波动产生了显著的影响。

图 9 - 5　2005 ~ 2016 年货币供应量与农产品批发价格指数

资料来源：Wind 数据库。

通货膨胀就是一个货币现象。一般地，货币的超发最终都会表现为整个社会一般物价水平的持续上升。正如前文所述，中国人民银行或主动或被动地超发货币，给市场注入了大量的流动性，造成了整个社会都有较高的通货膨胀预期的局面。更为严重的是，由于预期的自我实现机制，当通货膨胀较高时，社会对未来的通货膨胀会形成更高的预期。在这种情况下，经济活动中的决策主体包括农民都会调整自己的行为。当农民有着货币供给快速增长下的高通货膨胀预期时，他们会倾向于增持具有保值性功能的农产品，如粮食；而对不具有保值功能的农产品则会进行减持。进一步地，这种行为会改变农产品市场的供求关系，从而使农产品价格产生波动。因此，货币供应量的改变会通过影响经济主体的通货膨胀预期来进一步地影响农产品价格。

2. 利率与农产品价格

图 9－6 展示了银行间 7 天债券回购加权利率与农产品批发价格指数同比增长率的波动趋势。在图 9－6 中，实线表示的是银行间 7 天债券回购加权利率的波动趋势，左边的竖轴表示其大小；而虚线则表示的是农产品批发价格指数的同比增长率，其大小由右边的竖轴表示。需要注意的是，左右两边的竖轴所代表的数值大小的差别比较大，因此两者的波动程度的大小也存在较大差别。总体而言，两者表现出比较一致的联动性。2007 年下半年前，银行间 7 天债券回购加权利率与农产品批发价格指数的同比增长率的波动都比较平缓，两者的波动趋势基本一致。其后，从国际金融危机发生开始，直到 2011 年下半年，银行间 7 天债券回购加权利率与农产品批发价格指数同比增长率都表现出比较剧烈的波动状态，

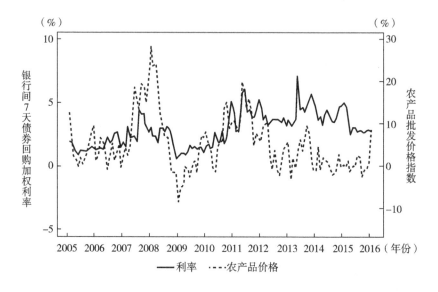

图 9－6　2005～2016 年银行间 7 天债券回购加权利率与农产品批发价格指数

资料来源：Wind 数据库。

而且农产品批发价格指数同比增长率的波动程度比银行间 7 天债券回购加权利率的波动程度更为剧烈，波幅也较大。但是，在这段时期内，两者的波动趋势也基本保持一致，都是先大幅上涨然后又大幅下跌，最后又回升。从 2012 年初到 2013 年末，银行间 7 天债券回购加权利率的波动较为平缓，其后有一个较大的上涨之后又慢慢在波动中回落。而从 2012 年起，农产品批发价格指数的同比增长率则基本表现出在波动中逐渐下跌的趋势。从上述分析可以看出，银行间 7 天债券回购加权利率与农产品批发价格指数同比增长率的波动趋势比较一致，总体而言两者表现出的联动性也比较明显。

一般地，货币政策中的利率冲击会影响市场利率，进而通过影响居民的购买力形成需求冲击，最终对农产品价格造成影响。实际上，利率作为重要的金融市场指标，会影响投资支出和居民的消费，因此价格型货币政策所带来的利率冲击会通过影响产出对价格产生作用。另外，利率也会通过影响信贷的方式来影响经济体的产出和价格水平。在信息不对称的情况下，银行在把存款转化为贷款的过程中起着决定性的作用，在经济繁荣期间，信贷成本下降，银行可能普遍地增加贷款，而在经济危机期间，信贷成本会上升，银行则可能减少贷款，因此，货币政策操作带来的利率的变化会影响银行的可贷资金，进而通过上述渠道影响实体经济的产出和价格水平。

第四节　实证模型及数据分析

一、FAVAR 模型

Sims（1980a）将 VAR 模型（Vector Autoregressive Model，VAR）引入宏观经济分析中，用来识别宏观变量之间的动态因果效应。但 VAR 模型还是存在一些缺陷。如 Bernanke 等（2005）认为由于 VAR 模型本身无法容纳大规模的变量进入系统的缺陷，在利用 VAR 模型进行分析时，会面临以下三个问题：第一，小规模 VAR 模型能容纳的变量较少，故可能遗漏重要信息。第二，它要求进入 VAR 模型的变量要与理论模型中的变量精确对应，必然会产生测量误差。第三，小规模 VAR 模型只能获得有限的脉冲响应函数，不便于进行详细的分析。

为了克服以上三点缺陷，Bernanke 等（2005）提出了将动态因子模型（Dynamic Factor Model，DFM）和 VAR 模型结合在一起的因子增广型向量自回归模型（Factor – augmented Vector Autoregressive Model，FAVAR）。FAVAR 的主要思想是，首先利用主成分分析等方法从高维数据集中抽取出能够捕捉整个经济系统动态过程的共同因子，然后将共同因子与关键变量放在一起进行标准的 VAR 模型分析。这个过程可以解决上面提到的三个问题。首先，从高维数据集中抽取出的共同因子含有大量的经济信息，在一定程度上控制了关键变量之外还会影响 VAR 模型系统的因素。其次，这些共同因子没有精确的定义且是不能被直接观测到的，但能够捕捉整个经济系统的信息，相较于直接利用可观测的经济变量进行建模而言，其测量误差较小。最后，利用动态因子模型的结构可以方便地计算出研究者所需要的脉冲响应函数。

值得一提的是，Fernald 等（2014）的研究指出，研究中的数据来自中国时，FAVAR 是较为合适的，主要有两个原因。首先，中国数据的真实性存疑，利用小规模的 VAR 系统来捕捉整个中国经济系统的信息，可能会导致较大的偏差。其次，中国经济高增长，伴随着制度变迁和结构变化。例如，自 2005 年 7 月 21 日起，我国的人民币汇率不再盯住单一美元，而是开始实行以市场供求为基础、参考一篮子货币进行调节、有管理的浮动汇率制度。因此，为了捕捉这些制度变迁和结构变化的信息，用 FAVAR 进行建模无疑是较为合适的选择。

二、模型设定与估计

本书的计量模型沿用 Bernanke 等（2005）的研究所用的符号传统。首先，以 M×1 维的向量 Y_t 表示经济体中的可观测变量，这些变量代表整个经济系统的驱动力量。一般地，Y_t 可以包括政策变量以及其他反映实际经济活动和价格信号的可观测变量。在本书中，所感兴趣的变量为货币政策工具变量和农产品价格变量，且是可观测的。也就是说，在本书中，$Y_t = (M_{2t}, IR_t, AP_t)'$，其中，$M_{2t}$ 代表货币供给，IR_t 代表利率，AP_t 代表农产品价格。Y_t 中的三个变量是基于主动货币假说（Active Money Hypothesis）排序的（Awokuse，2005；Orden and Fackler，1989），说明在 FAVAR 模型系统中农产品价格对货币政策没有同期影响。然而，Bernanke 等（2005）的分析指出，Y_t 并没有捕捉到经济系统中的全部信息，即在本书中 Y_t 并没有含有整个中国经济的信息。由此可能导致的结果是，由于模型中缺乏必要的信息而使得估计结果有偏差。因此，Bernanke 等（2005）提出，可以假设存在一个 K×1 维的不可观测共同因子向量 F_t，且 F_t 包含了经济系统中其他的必要信息。其中，向量 F_t 的维数 K 比较小。将上述可观测变量和不可观测因子结合在一起，就可以得到 FAVAR 的模型表达式，其设定如式（9－1）所示：

$$\begin{bmatrix} F_t \\ Y_t \end{bmatrix} = \Phi(L) \begin{bmatrix} F_{t-1} \\ Y_{t-1} \end{bmatrix} + v_t, \tag{9-1}$$

其中，$\Phi(L)$ 是有限阶滞后多项式；v_t 是扰动项，假设其均值为 0，协方差矩阵为 Ω，且是独立同分布的；显然，$t = 1, 2, 3, \cdots, T$。

在 FAVAR 模型中，F_t 是从高维的大数据集中抽取的经济信息（或称为因子），用以捕捉与控制未观测到的经济信息，或用以反映一些理论概念如价格压力与信贷条件等。显然，向量 F_t 所表示的因子不能仅通过一两个代理指标来说明，而是需要用大范围的经济变量来反映。由于，F_t 是不可观测的，所以不能将式（9－1）直接估计出来。因此，接下来的工作是如何得到 F_t。根据 Bernanke 等（2005）的思路，我们通过建立 $N \times 1$ 维的大数据集 X_t，来从中抽取所需的共同因子，进而得到 F_t。具体地，通过估计以下动态因子模型（Dynamic Factor Model）来得到 F_t：

$$X_t = \Lambda^f F_t + \Lambda^y Y_t + e_t \tag{9-2}$$

其中，Λ^f 和 Λ^y 是因子载荷矩阵，维数分别为 $N \times K$ 和 $N \times M$；e_t 是误差项，其均值为 0。X_t 为大数据集意味着 N 非常大，即远远大于可观测变量数与不可观测因子数之和（$N \gg K + M$）。文献中，N 往往大于 100。

Bernanke 等（2005）提出了两种方法来估计上述 FAVAR 模型：两步主成分估计方法与一步贝叶斯似然估计方法。由于两步主成分估计方法有便于计算和易于实施的优点，本书中采用此估计方法。具体步骤如下：

第一步：通过估计式（9－2）来从大数据集 X_t 中抽取共同因子。本书采用 Bai 和 Ng（2002）的方法来估计共同因子。在较高的截面维数（N）和时间维数（T）下，Bai 和 Ng（2002）的方法可以在不需对 N 和 T 施加约束的条件下一致地估计所需的共同因子。

第二步：用第一步中的共同因子替换式（9－1）中的 F_t 后，估计式（9－1）。此时，只需估计标准的简化式 VAR 模型即可。

在估计过程中，有两个问题需要特别予以关注。第一个问题是，由于大数据集 X_t 含有整个经济系统的信息，故也含有 $Y_t = (M_2, IR_t, AP_t)'$ 的信息，因此，直接估计式（9－2）得到的共同因子 $\bar{F}_t$ 会依赖于 Y_t。为了识别货币政策工具变量影响农产品价格的净效应，需要遵循 Bernanke 等（2005）的思路将 $\bar{F}_t$ 中直接依赖于 Y_t 的部分剔除，从而得到不直接含有 Y_t 的信息的共同因子向量 $\hat{F}_t$。另外一个问题是，如何确定共同因子的个数。一般地，可以根据文献中的不同准则（Ahn and Horenstein，2013；Alessi et al.，2010；Bai and Ng，2002；Bai，2004；Kneip et al.，2012；Onatski，2010）直接估计共同因子的个数。但是 Bernanke 等（2005）的分析指出，共同因子的个数应该根据估计结果的敏感性与稳健性来确定。因此，本书先根据文献中的准则估计共同因子的个数，然后再以此估计结果为参照，通过分析估计结果的敏感性与稳健性来确定最终进入 FAVAR 模型的共同因子个数。

综上所述，假设根据式（9 - 2）最后估计出 $\widehat{F}_t$ 是 n 维向量，即 $\widehat{F}_t = (\widehat{F}_{1t}, \widehat{F}_{2t}, \cdots, \widehat{F}_{nt})$；在接下来的一步中，只要对式（9 - 3）进行标准的 VAR 分析即可：

$$
\begin{bmatrix} \widehat{F}_{1t} \\ \widehat{F}_{2t} \\ \vdots \\ \widehat{F}_{nt} \\ IR_t \\ M2_t \\ AP_t \end{bmatrix} = \Phi(L) \begin{bmatrix} \widehat{F}_{1t-1} \\ \widehat{F}_{2t-1} \\ \vdots \\ \widehat{F}_{nt-1} \\ IR_{t-1} \\ M2_{t-1} \\ AP_{t-1} \end{bmatrix} + v_t \qquad (9-3)
$$

三、数据和变量

1. 数据说明

本书的数据来源为 Wind 资讯（http：//www. wind. com. cn/），所有变量都是从 2005 年 1 月到 2016 年 2 月的月度时间序列数据。另外，Fernald 等（2014）表明，由于中国处于急速的制度变迁和结构变化，集中关注近一段时间的数据会更能全面地捕捉经济系统的信息。根据 Bernanke 等（2005）与 He 等（2013）的做法，本书收集了含有 117 个宏观经济变量的数据集 X_t，并将其分为 12 类：工业产值类、价格指数类、投资类、房地产开工与销售类、政府收支类、零售类、国际贸易类、汇率类、利率类、信贷类、股票市场类，以及繁荣指数类。

一般而言，月度数据具有季节效应，例如中国的春节会对经济活动产生较为显著的月度季节效应。因此，本书采取最为简便的方法来消除季节效应的影响，即将所有的数据转为月度同比增长率形式。此外，本章采用 ADF 检验（Augmented Dickey - Fuller Test）来检验数据的平稳性。如果有不平稳的变量，则通过取一阶差分或者对数差分来使其达到平稳。

2. 变量选择

本章主要感兴趣和关注的变量有三个。其中，有两个是货币政策工具的代理指标。第一，依据通行的做法，本章使用广义的货币供应量（$M2_t$）来表示反映货币供给的数量型货币政策工具。第二，本章采用银行间7天债券回购加权市场利率（IR_t）来表示利率。相关研究表明，银行间债券回购市场利率是市场化程度最高的中国金融市场短期基准利率之一，可以对货币政策做出较为迅速的反应（戴国强和梁福涛，2006；彭红枫和鲁维洁，2010；王少林等，2015）。因此，该利率可以作为价格型货币政策工具的代理指标。值得注意的是，在关于美国的文献中，研究者一般选用联邦基金利率来表示利率，而在中国的相关研究中也可以使用上海银行间同业拆借利率（Shibor）来表示利率。然而上海银行间同业拆借利率是从2007年才开始使用的，因此时间维度少于本书研究中的维度。

另外一个变量是农产品批发价格指数（AP_t），用来表示农产品价格。由于从时间维度来看，该指数的维度比其他农产品价格的相关指数的维度高，因此选用之。本章的取法与已有文献也相符（方鸿，2011b）。还有一种做法是，直接采用具体农产品价格而非指数。但是，如果想要全面考察所有农产品价格，那么就需要在模型中加入多个表示农产品价格的变量。而这种做法会导致模型的自由度严重损失以及过度参数化，最终会造成无法估计模型的后果。除上述变量外，在后续的模型比较中，本章还关注工业增加值（IVA_t）和消费者价格指数（CPI_t）两个变量。

第四节　实证结果

首先，本章根据文献中不同的准则估计因子个数，估计结果如表9-1所示。如前文所述，本章不直接用估计出的因子个数，而是以1至11为区间，通过分析FAVAR模型的估计结果的敏感性和稳健性来确定最终进入模型的因子个数。依照分析结果和Bernanke等（2005）的做法，本章主要比较以下三个模型：带三变量三因子的FAVAR模型、带五变量一因子的FAVAR模型，以及不带因子的标准五变量VAR模型。第一个模型中，$Y_t = (M2_t, IR_t, AP_t)'$；后两个模型中，$Y_t = (IVA_t, CPI_t, M2_t, IR_t, AP_t)'$。在模型估计过程中，本书以SIC信息准则（Schwarz Information Criterion）来选择滞后阶数。AIC信息准则（Akaike Information Criterion）与 HQ 信息准则（Hannan - Quinn Information Criterion）也提供了与其一样的结果。

表 9 - 1　不同准则下因子个数的估计结果

准则	Kneip 等 (2012)	Bai 和 Ng (2002)				Ahn 和 Horenstein (2013)					Bai (2004)			Onatski (2010)	Alessi 等 (2010)	
	KSS. C	PC1	PC2	PC3	BIC3	IC1	IC2	IC3	ER	GR	IPC1	IPC2	IPC3	ED	ABC. IC1	ABC. IC2
个数	5	11	11	11	10	11	11	11	10	9	1	1	1	1	6	6

注：KSS. C 代表 Kneip 等（2012）提出的准则。PC 代表面板准则，BIC 代表贝叶斯信息准则，这些准则由 Bai 和 Ng（2002）提出，准则后的数字代表不同的惩罚项。IC 代表信息准则，ER 代表特征值率准则，GR 代表增长率准则，三种准则由 Ahn 和 Horenstein（2013）提出。IPC 代表单整面板准则，由 Bai（2004）提出，准则后的数字代表不同的惩罚项。ED 代表 Onatski（2010）提出的特征值差准则。ABC. IC 代表 Alessi 等（2010）提出的信息准则，准则后的数字代表不同的惩罚项。

一、脉冲响应函数

脉冲响应函数指的是在 VAR 系统中，一个变量产生一单位的冲击时，另一个变量如何对其进行反应。脉冲响应函数主要是用来考察 VAR 系统中变量间的动态关系。下面主要比较以下三个模型（带三变量三因子的 FAVAR 模型、带五变量一因子的 FAVAR 模型，以及不带因子的标准五变量 VAR 模型）的脉冲响应函数，来考察农产品价格如何对货币供给和利率的冲击做出反应。

图 9 - 7 是农产品价格对货币供给冲击的脉冲响应函数，总体而言，来自货币供给的未预期到的正向冲击会使农产品价格在开始的时候上升，然后下降。从带三变量三因子的 FAVAR 模型来看，货币供给的冲击对农产品价格的影响效应在 47 期后趋于消失。在三个模型中，该模型的脉冲响应处于最低。带五变量一因子的 FAVAR 模型的脉冲响应低于不带因子的标准五变量 VAR 模型的脉冲响应，且在 38 期达到零值，然后变成负数。从不带因子的标准五变量 VAR 模型来看，该模型的脉冲响应在起始时段中处于最高，40 期时达到零值，然后变成负数。后两个模型的脉冲响应函数具有较长的持续效应，在经济学意义上并没有满足长期货币中性的观点。

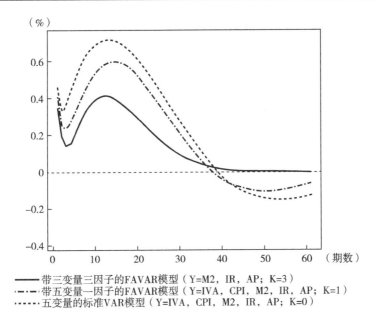

图9-7　农产品价格对货币供给冲击的脉冲响应函数

　　图9-8是农产品价格对利率冲击的脉冲响应函数。三个模型都产生了"价格之谜"，即紧缩性的货币政策会使价格水平上升（Sim，1992）。在起始时段，三个模型中农产品价格均对利率的负向冲击做出正向反应。可以看出，增加因子个数并没有缓解"价格之谜"，这与Bernanke等（2005）的结果是一致的。在后期中，紧缩性的货币政策（利率的正向冲击）与农产品价格呈现出负相关。值得注意的是，只有带三变量三因子的FAVAR模型的脉冲响应收敛到零值，而其余两个模型则没有。

　　Bernanke等（2005）指出，增加因子个数不会改变FAVAR模型估计结果的无偏性，但是在所增加的因子与可观测变量不相关的情况下，会降低估计结果的有效性，进而使估计结果不准确。因此，不同模型的脉冲响应函数之间的差异不该太大。在本书中，上述脉冲响应函数之间的差异不大，因此可以基于相关经济理论，如货币中性假说，来比较不同模型的表现，进而选择较好的模型。带三变量三因子的FAVAR模型的脉冲响应函数结果与货币中性假说相吻合，即在长期货币供给和利率的冲击时农产品价格没有实际影响。因此，本书认为该模型能较为合适地捕捉整个中国经济体的信息，并较好地刻画了货币供给、利率与农产品之间的动态关系。总体而言，带三变量三因子的FAVAR模型的脉冲响应函数结

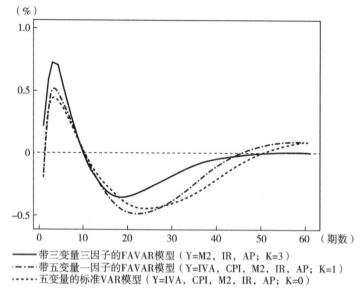

图 9 - 8   农产品价格对利率冲击的脉冲响应函数

果不仅符合长期货币中性的观点，也支持超调假说，即短期内货币政策对农产品价格有实质性影响。这与现存文献的结论相吻合（Kwon and Koo，2009；Saghaian et al.，2002）

二、预测误差方差分解

脉冲响应函数的结果表明，货币供给与利率的冲击对农产品价格波动的影响在短期内是十分明显的。下文将会通过预测误差方差分解来说明，究竟哪一个货币政策工具的冲击在对农产品价格波动的影响中占主导地位。从预测误差方差分解可以看出，每一个冲击源（如货币供给冲击或者利率冲击）对某一特定变量（如农产品价格）的预测误差方差的贡献，进而从冲击源对方差贡献的相对大小看出哪一个变量的冲击在对某特定变量的影响中占据主导地位。表 9 - 2 是预测误差方差分解结果。

表 9 - 2   预测误差方差分解结果

带三变量三因子的 FAVAR 模型（Y = M2，IR，AP；K = 3）						
时期	f1	f2	f3	M2	IR	AP
1	2. 18	0. 14	0. 48	1. 00	0. 37	95. 83
10	25. 52	1. 14	0. 77	1. 90	5. 45	65. 22

续表

时期	f1	f2	f3	M2	IR	AP
20	25. 27	1. 68	0. 76	4. 85	6. 82	60. 62
30	24. 98	1. 64	0. 85	5. 42	8. 17	58. 95
40	25. 03	1. 65	0. 87	5. 43	8. 36	58. 67
50	25. 03	1. 65	0. 87	5. 42	8. 36	58. 65
60	25. 03	1. 65	0. 87	5. 42	8. 36	58. 65

带五变量一因子的 FAVAR 模型（Y = IVA，CPI，M2，IR，AP；K = 1）

时期	f1	IVA	CPI	M2	IR	AP
1	4. 40	2. 80	52. 03	1. 50	0. 27	38. 99
10	32. 08	1. 46	40. 19	4. 60	3. 29	18. 38
20	32. 27	1. 27	33. 64	11. 60	5. 38	15. 84
30	29. 98	1. 51	31. 08	13. 44	9. 37	14. 62
40	30. 46	1. 62	30. 54	13. 07	10. 27	14. 05
50	30. 77	1. 61	30. 38	13. 10	10. 21	13. 93
60	30. 69	1. 61	30. 27	13. 22	10. 30	13. 90

五变量的标准 VAR 模型（Y = IVA，CPI，M2，IR，AP；K = 0）

时期		IVA	CPI	M2	IR	AP
1		0. 09	58. 50	1. 87	0. 29	39. 26
10		10. 10	57. 82	8. 86	2. 81	20. 40
20		9. 78	50. 48	18. 72	4. 21	16. 81
30		8. 95	46. 11	21. 38	8. 11	15. 45
40		8. 76	45. 70	20. 86	9. 86	14. 83
50		8. 82	45. 92	20. 76	9. 93	14. 58
60		8. 82	45. 73	21. 05	9. 92	14. 48

注：f1、f2 和 f3 是因子。M2 是货币供给，IR 是利率，AP 是农产品价格，CPI 是消费者价格指数，以及 IVA 是工业增加值。K 表示因子个数。

　　本章主要关注第 60 期的预测误差方差的估计值。表 9 - 2 中带三变量三因子的 FAVAR 模型的估计结果显示，利率的冲击在长期中可以解释 8.36% 的农产品价格波动，而货币供给的冲击则相对较小，只有 5.42% 的农产品价格波动来自货币供给冲击。表 9 - 2 中带五变量一因子的 FAVAR 模型的估计结果显示，13.22% 的农产品价格波动是由货币供给的冲击解释的，利率的冲击则解释了 10.30% 的农产品价格波动。表 9 - 2 中带五变量的标准 VAR 模型的估计结果显示，由于货币供给和利率的冲击引起的农产品价格波动的差异更大。21.05%的农产品价格波动来自货币供给的冲击，而只有9.92%的农产品价格波动是由利率决定的。前两个模型的估计结果说明，在农产品价格波动的驱动因素中，货币供给的冲击比利率的冲击占据更为主要的地位。此结论与现存文献中的相关研究是一致的（Kwon and Koo，2009；Saghaian et al.，2002）。

为了更为直观地展示上述三个模型结果之间的差异，本书将用货币供给冲击所贡献的预测误差方差减去利率冲击所贡献的预测误差方差来进行比较（M2 - IR）。结果如图9-9所示。带三变量三因子的FAVAR模型的结果除第一期外都处于负值状态，说明了来自利率的冲击是影响农产品价格波动的主要驱动力量。带五变量一因子的FAVAR模型和带五变量的标准VAR模型的结果基本上都显示其处于正值状态，说明货币供给的冲击是影响农产品价格波动的主要力量。带五变量一因子的FAVAR模型的结果低于带五变量的标准VAR模型的结果，由此可以看出在模型中添加的因子更多，则利率的冲击效应就更为强烈。

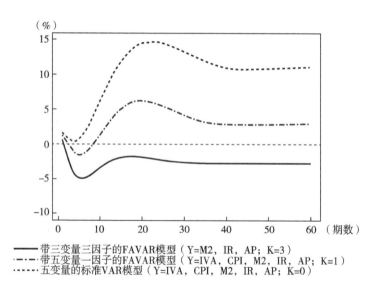

图9-9　预测误差方差分解结果的比较

Kwon和Koo（2009）与Saghaian等（2002）的研究表明，在引起农产品价格波动的冲击因素中，来自利率的冲击是主要的因素。在本书的研究中，带三变量三因子的FAVAR模型的结果支持上述结论。就五变量的标准VAR模型而言，本书仅用可观测变量对整个中国经济系统进行建模，可能会遗漏较为重要但又不可观测的因素，因此模型的估计结果可能没有精确地反映货币政策对农产品价格的动态影响。在往模型中逐渐添加因子从而控制相关的中国经济系统的重要信息之后，模型的表现会趋于完善，进而模型的结果更为合适。在本书中，带三变量三因子的 FAVAR 模型的结果与现有文献的结论相吻合。也就是说，在控制和解决相关的问题后，中国的数据也会支持已经在国际上被证明的超调假说，即在短期内中国利率的冲击会对中国农产品价格产生实际影响。

三、稳健性检验

为了检验稳健性，本书在做如下两个工作：可能会使本书的前文结果不稳健的一个问题是，上文中的脉冲响应函数可能对 Y_t 中可观测变量的排序较为敏感，因此本书也估计了有不同排序的模型，结果如图 9 – 10 所示。由于 Y_t 中的变量排序只影响变量间的同期动态关系，图 9 – 10 中的脉冲响应函数轨迹与之前的差别主要在于第一期的反应，之后的轨迹则与此十分相似。因此，本书研究的前文结果对 Y_t 中可观测变量的排序是比较稳健的。

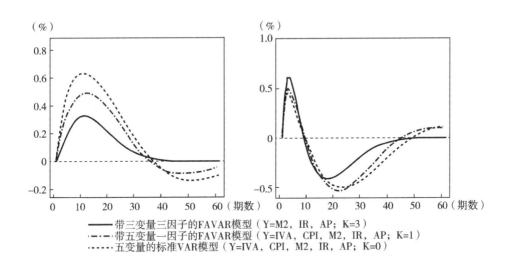

　　带三变量三因子的FAVAR模型（Y=M2, IR, AP; K=3）
　　带五变量一因子的FAVAR模型（Y=IVA, CPI, M2, IR, AP; K=1）
　　五变量的标准VAR模型（Y=IVA, CPI, M2, IR, AP; K=0）

图 9 – 10　农产品价格的脉冲响应函数（改变排序后）

另外一个问题是，在上文中添加的因子个数最多为三个，有可能会没有捕捉到中国经济系统的足够信息，因此我们有必要增加因子个数进而分析上文的结果是否稳健。

图 9 – 11 显示了带三变量五因子的 FAVAR 模型的脉冲响应函数结果，其轨

迹与上文的结果相差不大，但在末尾处不趋向于零值。可能的原因是，由于因子个数增多，模型可能含有多余的信息，从而使估计结果不精确而无法收敛到零值。总体而言，增加因子个数并没有明显地改善本书前文结果，即前文的结果是比较稳健的。由于改变 Y_t 中的变量排序和增加共同因子个数都没有使得模型的脉冲响应函数的变现变得更好，因此，本书不再对上述模型进行预测误差方差分解分析。总结来看，带三变量三因子的 FAVAR 模型已经能够较全面地反映整个中国经济系统的信息，并稳健地刻画了货币政策与农产品价格之间的动态关系。

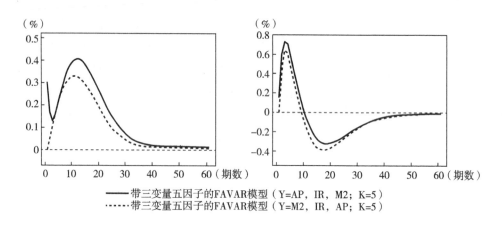

——带三变量五因子的FAVAR模型（Y=AP，IR，M2；K=5）
------带三变量五因子的FAVAR模型（Y=M2，IR，AP；K=5）

图 9 - 11　农产品价格的脉冲响应函数（增加因子后）

第五节　本章小结

本章利用 FAVAR 模型，分析对中国的货币政策对农产品价格波动的影响主要的结论如下：

第一，从描述统计的角度考察货币供应量（M2）的同比增长率、银行间 7 天债券回购加权利率，以及农产品批发价格指数的同比增长率的波动趋势，存在一定程度上的联动性。

第二，通过建立 FAVAR 模型考察了中国的货币政策对农产品价格的影响，其结果表明，在短期内货币政策冲击对农产品价格波动有较为显著的影响，符合现存文献中的超调假说。但是，在长期中货币政策对农产品价格没有实际影响，符合货币中性假说。

第三，计量模型的结果还表明，驱动农产品价格波动的主要影响因素来自利率的冲击，而不是货币供给的冲击。

有效地调控农产品市场以平抑农产品价格波动的程度，不仅是农产品市场得以健康发展的前提条件，同时也是促进国民经济健康持续发展的必要措施。基于本章的描述统计与计量模型的分析，给出以下三点政策建议：

第一，要进一步完善农产品市场信息的发布平台。需要完善农产品市场信息的发布平台与建立健全的价格预警体系，以期达到及时公开农产品市场相关信息与合理引导农民预期的目的，从而平抑农产品价格的波动。

第二，要进一步完善农产品期货市场。价格发现是期货市场的基本功能之一。完善农产品期货市场的发展，不仅需要增加农产品期货品种并引导农民积极参加期货市场，而且需要优化投资者结构和监管体制。不断完善农产品期货市场的发展，使其积极发挥价格发现的功能，对减少农产品价格的剧烈波动具有很积极的作用。

第三，要进一步完善农产品目标价格制度等农业支持政策。建立并完善农产品目标价格制度，不仅能够提高农民的生产积极性进而促进农民增收，而且对农产品价格形成机制有着十分积极的作用。显然，积极稳妥地推进并完善农产品目标价格制度等农业支持政策，对减缓农产品市场的价格波动起到至关重要的作用。

第十章　经济政策不确定性对
农产品价格冲击研究

近年来，农产品价格轮番上涨，波动的幅度和频率明显上升，供应安全不断受到冲击和挑战，农产品的波动呈现总体供求结构失衡、"卖难和买贵"同时并存等复杂的新情况。新一轮农产品价格波动有以下几方面特点：其一，表现为肉类、蔬菜等鲜活农产品价格的上涨或下跌带动粮、棉、油等其他农产品价格的全面波动。2009年以来鲜活农产品蔬菜价格率先上涨，其他农产品价格则沿着绿豆、大蒜、生姜等蔬菜的路径进行击鼓传花式的蔓延，"蒜你狠""豆你玩""姜你军"等已成为常态。农产品价格暴涨暴跌带来的后果是种植面积或养殖规模大起大落，许多农产品出现"有利可图一哄而上，无利可图一哄而散"的情况，使农业生产陷入恶性循环。其二，农产品价格暴涨伴随着农产品需求旺盛与农户销售难的问题同时出现，产销价格相差数倍甚至10倍以上，产销价格的差别过大严重损害了生产者和消费者的利益，并在群众中造成一定的恐慌和不满情绪，影响社会的稳定发展。

本章从农产品供需研究出发，在产业链分析的基础上，探究经济政策不确定性对农产品价格的影响及波动的因素，以期为政府制定农业政策提出更多的政策建议。

第一节　经济政策不对称性对价格波动冲击影响

针对农产品价格的波动因素，国外学术界已进行了大量的研究和探讨，形成了相对成熟的理论。首先，由于农产品的生命周期特性和天气等自然因素，学术界认为农产品价格的周期性波动是其主要特征（张利痒，2010；徐涛涛，2014）。

其次，基于供求均衡的蛛网模型，学者认为供求因素的变动是农产品价格波动的主要原因。Tong（2012）认为农产品供求关系紧张、生产成本和流通成本的提升是农产品价格上涨的主要原因。国内学者也进行了相似的研究，认为随着中国居民收入水平和生活质量提升，农产品需求结构已发生较大变化，需求推动是农产品价格上涨的长期原因（王超，2011；杜两省，2012）。同时更多的学者从供给的角度分析了生产资料成本、劳动力成本等在近年来的急剧上涨推高农产品价格，进一步挤压了农户的获利空间（方松海，2009；肖皓，2014）。最后，学者还通过物流成本、流通渠道的组织化等流通环节来解释农产品价格的波动（韩喜艳，2012；徐健，2015）。

在实际中，农产品价格的波动除了受供求因素影响外，还受到短期随机性因素如突发经济事件、金融危机、政策变革、禽流感等带来的经济政策不确定性的影响。这些不确定性将影响整个产业链的生产、流通和消费决策，甚至引起市场的恐慌或投机情绪，从而加剧农产品价格的波动。在以往的研究中可以看出，这些因素难以计量和捕捉，通常作为随机因素给忽略掉，而在现实中，经济政策不确定性对农产品价格波动的影响确实存在而且越来越重要。Ojogho（2015）发现难以应对的经济不确定性导致的价格波动会对农产品生产者和消费者带来极大的利益损害。除此之外，学术界也已进行了众多的研究。Frankel（2008）认为货币政策冲击即"超调假说"会导致农产品价格发生波动。Lagerkvist（2005）分析了农业政策不确定性对农田投资激励产生波动。McConnell（2010）在研究糖的全球价格波动时发现，亚洲国家的政策导致的生产波动是其全球市场价格波动的主要原因。Gilbert（2010）认为农产品期货市场是导致农产品价格高涨的主要影响渠道。Tadasse（2016）认为农产品、能源和金融市场之间的联系日益紧密，能够解释许多观察到的农产品价格上涨和波动。Peri（2012）发现信息流动和玉米期货价格有较为密切的联系。

国内对于影响农产品价格的随机性因素也有了一定的研究，张明（2014）认为政策变动是中国转型期农产品结构性价格上涨重要影响因素；翟雪玲（2013）认为中国农产品有金融化的趋势，王艺明（2009）和张秀利（2016）认为在农产品金融化趋势下，外部金融冲击是农产品价格上涨的重要因素；周力（2016）在研究肉鸡产业价格问题时也发现了禽流感带来的不确定性冲击影响了消费者和生产者投入，从而造成了价格的波动。石自忠（2016a，2016b）发现中国畜产品的贸易和价格也会受到经济政策不确定性的冲击。

总体而言，主流观点认为供求因素是农产品价格长期变化的主要原因，随机性的经济政策是农产品价格短期波动的重要因素。目前来看，此类的研究仍存在一些不足：①从产业链"市场势力"的视角即供需双方议价能力来分析价格波动因素对农产品冲击的研究还不多见。②对于经济政策不确定性的衡量缺乏综合的探讨，局限于某些具体方面。③较少考虑脉冲响应时变的特征，忽略了当期宏观背景的影响，不能反映冲击的动态变化情况。本章采用时变参数因子增广向量自回归模型（TVP - FAVAR），实证检验和探究不同宏观经济时期的经济政策不确定性对于农产品在农资企业、农户、农产品经销商到最终消费者之间各环节的价格冲击，以期梳理经济政策不确定性对于产业链上各个环节的具体影响特征。本章的研究对于中国农产品价格调控机制的评价与政策选择有重要的借鉴意义。

第二节　基于产业链的经济政策对农产品价格冲击的影响

一、基于蛛网模型的不确定因素模型分析

经济政策不确定性并非真正的危机和风险，但会影响整个市场的观望、恐慌情绪和预期的生产决策变动，导致现期的价格波动和潜在的产出波动，对农产品产业链的各个环节和终端消费产生不同的影响，农产品的生产周期较长，产出决策和实际产出间存在滞后效应，从而导致价格波动的持续性。

为了量化研究经济政策不确定性对农产品价格冲击的影响，本章在蛛网模型的基础上加入不确定性因素，用以模拟生产周期较长的农产品价格跨期波动的规律。假设商品的供给和需求均为线性函数，并且在当期市场能够出清，模型基本设定如式（10 - 1）所示：

$$
\begin{cases}
Q_d = ap_d + b \\
Q_s = cp_s + d
\end{cases}
\tag{10 - 1}
$$

在农产品供给消费过程中，由于禀赋效应和信息不对称的存在，我们认为供需双方面对经济政策不确定性冲击做出的决策是不同的。由于经济政策不确定性冲击往往是持续存在的，只是强弱差别，前期的经济政策不确定性会对后期产生逐渐衰减的影响，因此我们采用 $\beta \in (0, 1)$ 为衰减系数，以求和形式来模拟总共 T 期的经济政策不确定性对 T 期农产品价格的影响，在模型中分别设定为

$\sum\limits_{t=1}^{T}\beta^{T-t}\delta(s_t)$ 和 $\sum\limits_{t=1}^{T}\beta^{T-t}\varphi(s_t)$。此外为了控制其他宏观因素如：货币政策、成本因素等对农产品价格的影响，我们将可能影响农产品价格的因素纳入模型考虑，以 u_t（f_1，f_2，f_3，$\cdots$）和 ε_t（f_1，f_2，f_3，$\cdots$）表示。因此模型修订如下：

$$\begin{cases} Q_{dt} = aP_{dt} + \sum\limits_{t=1}^{n}\beta^{T-t}\delta(s_t) + u_t(f_1,f_2,f_3) \\ Q_{st} = cP_{st} + \sum\limits_{t=1}^{n}\beta^{T-t}\delta(s_t) + \varepsilon_t(f_1,f_2,f_3) \end{cases} \tag{10-2}$$

在每一期市场出清的假定条件下，我们可以得到如下一般均衡等式如式（10-3）所示：

$$p_t = \left[\frac{\sum\limits_{t=1}^{n}\beta^{T-t}\varphi(s_t) - \sum\limits_{t=1}^{n}\beta^{T-t}\delta(s_t)}{a-c}\right] + \frac{u_t(f_1,f_2,f_3) - \varepsilon_t(f_1,f_2,f_3)}{a-c} + \frac{d-b}{a-c}$$

$$\tag{10-3}$$

为了分析不同环节的供需双方在经济政策不确定性冲击下的交易特性，考虑到产品交易环节特性的差异，我们将农产品产业链简化为三类四个具有代表性且相互隔离的交易环节：①需求方主导的为"农户—批发商"；②供给方主导的为"农资厂商—农户"和"批发商—消费者"；③势均力敌的为"批发商—批发商"。由此，我们可以在得出的一般均衡等式下，分别对这四个场景的交易者在不确定性冲击下的"议价能力"强弱进行分析，以下我们以"需方主导"的交易场景为例。

根据本章的研究目的和变量选择，考虑到农产品这类生产周期较长商品产出决策的滞后效应，假定当期的需求取决于当期的市场情况，而 T 期的供给由前 k 期的市场情况决定，基本模型可修订如下：

$$\begin{cases} Q_{dt} = aP_{dt} + \sum\limits_{t=1}^{n}\beta^{T-t}\delta(s_t) + u_t(f_1,f_2,f_3,\cdots) + b \\ Q_{st} = cP_{st-k} + \sum\limits_{t=1}^{n}\beta^{T-t}\delta(s_t) + \varepsilon_{t-k}(f_1,f_2,f_3,\cdots) + d \end{cases} \tag{10-4}$$

在市场出清条件下，"农户—批发商"的均衡等式可以写为式（10-5）：

$$p_t = \frac{c}{a}P_{t-k} + \left[\frac{\sum\limits_{t=1}^{T-K}\beta^{T-t}\varphi(s_t) - \sum\limits_{t=1}^{T}\beta^{T-t}\delta(s_t)}{a}\right] + \frac{u_t(f_1,f_2,f_3,\cdots) - \varepsilon_{t-k}(f_1,f_2,f_3,\cdots)}{a} +$$

$$\frac{d-b}{a} \tag{10-5}$$

可以看到 T 期价格 p_t 经由前期农产品价格 p_{t-k} 的调整而得到，包含农产品价格的短期波动因素和长期趋势性调整，短期波动因素主要取决于宏观经济因素影响 $\dfrac{u_k(f_1, f_2, f_3, \cdots) - \varepsilon_{t-k}(f_1, f_2, f_3, \cdots)}{a}$，经济政策不确定性的影响 $\left[\dfrac{\sum\limits_{t=1}^{T-K} \beta^{T-t}\varphi(s_t) - \sum\limits_{t=1}^{T} \beta^{T-t}\delta(s_t)}{a}\right]$，由于农产品生产周期的限制，面对经济政策不确定性时 $\left|\displaystyle\int_1^T \beta^{T-t}\delta(s_t)\,dt\right| \gg \left|\displaystyle\int_1^{T-k} \beta^{T-t}\varphi(s_t)\,dt\right|$，价格的波动主要取决于批发商对经济形势判断的影响，因为批发商相较于农户有更强的议价能力。

我们使用相同的框架分析"供给者主导"的交易场景包含"农资厂商—农户""批发商—消费者"[①]，这两种交易场景时滞性较短及产品需求弹性较小，不易受到经济形势的影响。因此我们在短期经济因素对需求方的影响上添加一个与信息流通程度相关的惩罚因子 π。不难得出在此交易场景中，价格的波动由供给者批发商主导。综上所述，农户由于在农资厂商和批发商的"双向挤压"下，其议价能力受到进一步的削弱，在整个农产品产业链中处于最弱势的地位。因此我们可以得出当农产品产业链受到经济政策不确定性冲击时的"市场势力"（议价能力）：农产品批发商 > 农资厂商 > 消费者 > 农户。具体的经济政策不确定性对产业链价格冲击如图 10-1 所示。

二、实证模型及变量选取

实证模型设定

TVP-FAVAR 模型在传统的向量自回归（VAR）模型基础上，通过从所有可能的因素中提取出共同因子，将高维数据压缩为低维数据克服"维数诅咒"、VAR 模型中过度参数化和信息损失之间的矛盾等问题。本文使用基础的 FAVAR 模型，对农产品成本和价格产生影响的宏观经济因素 $u_t(f_1, f_2, f_3, \cdots)$ 和 $\varepsilon_t(f_1, f_2, f_3, \cdots)$ 进行分析，使模型更加科学完备，设定如式（10-6）所示：

$$\begin{bmatrix} F_t \\ Y_t \end{bmatrix} = \phi(L)\begin{bmatrix} F_{t-1} \\ Y_{t-1} \end{bmatrix} + \mu_t \tag{10-6}$$

其中，F_t 为难以观测的宏观经济因素提取出来的共同因子构成的 $N \times 1$ 维向量，Y_t 为基于本书的研究目的而选择的核心变量，Y_t 为经济政策不确定性指数、

---

① 同理可以分析"批发商—批发商"为势均力敌的交易场景，此处不再赘述。

农产品生产价格指数等构成的 M×1 维向量，φ（L）为滞后多项式矩阵，L 为滞后算子，μ_t 是均值为零、协方差矩阵为 Σ 的随机扰动项。

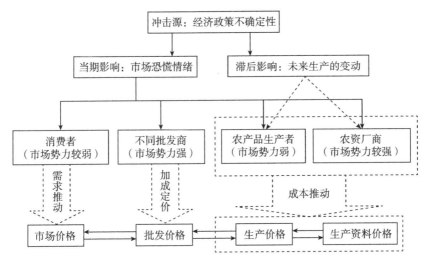

图 10－1　经济政策不确定性对产业链价格冲击

对于研究问题中 N×1 维的潜在共同因子 F_t，我们可以采用 Bernanke（2005）提出的两种方法得到，具体方程如式（10－7）所示：

$$X_t = \Lambda^f F_t + \Lambda^y Y_t + e_t \qquad (10-7)$$

其中，X_t 为经济系统的 K×1 维大数据集，且 M＋N≤K，一般情况下 K 值为 M＋N 的几十倍；Λ^f 和 Λ^y 分别是 F_t、Y_t 的 K×N 和 K×M 维因子载荷矩阵。因此我们可以根据式（10－7）采用两步主成分法与和贝叶斯似然估计方法提取出共同因子 F_t。同时我们借鉴 Nakajima（2011）的研究，假定模型中系数和冲击的协方差矩阵均为时变的，待估参数服从随机游走过程，解决传统模型参数固定的缺点，模型可扩展为 TVP－FAVAR 模型式（10－8）：

$$\begin{bmatrix} F_t \\ Y_t \end{bmatrix} = A_{1,t} \begin{vmatrix} F_{t-1} \\ Y_{t-1} \end{vmatrix} + \cdots + A_{s,t} \begin{bmatrix} F_{t-s} \\ Y_{t-s} \end{bmatrix} + \mu_t \qquad (10-8)$$

其中，μ_t 为 L×1 维向量（L＝M＋N）。同时参考 Primiceri（2005）的研究，将协方差矩阵 $\sum_t$ 进行分解：$A_t \sum_t A'_t = \Omega_t \Omega'_t$，即，$\sum_t = A_t^{-1} \Omega_t \Omega'_t A'^{-1}_t$。其

中，$A_t = \begin{bmatrix} 1 & 0 & \cdots & 1 \\ a_{21} & 1 & \cdots & 0 \\ \vdots & \vdots & \ddots & \vdots \\ a_{L1} & \cdots & \cdots & 1 \end{bmatrix}$ 通过该矩阵，可以进行脉冲响应分析，将式（10－7）

和式（10 - 8）化简为：

$$B_t = \Lambda Z_t + C\mu_t^B \qquad\qquad (10-9)$$

$$Z_t = \phi(L)_t Z_t + A_t^{-1}\Omega_t \mu_t^z \qquad\qquad (10-10)$$

其中，$\Lambda = \begin{bmatrix} \Lambda^f & \Lambda^y \\ 0_{M \times N} & I_M \end{bmatrix}$，$\phi(L)_t = \phi_{1,t}L + \phi_{2,t}L^2 + \cdots + \phi_{s,t}L_s$，$\mu_t^B$、$\mu_t^z$ 均是服从正态分布的扰动项。将式（10 - 8）代入式（10 - 7），可以得到 TVP - FAVAR 模型的移动平均表达式如式（10 - 11）所示：

$$B_t = \Lambda(I - \phi(L)_t z_t)^{-1} A_t^{-1}\Omega_t \mu_t^z + C\mu_t^B \qquad\qquad (10-11)$$

根据方程式（10 - 11）并借助蒙特卡洛（MCMC）方法进行模拟抽样，我们可以对模型进行估计并进行脉冲响应分析。

三、变量选取和指标说明

本章选取 2005 年 1 月至 2016 年 12 月共 144 期的经济政策不确定性衡量指标、农产品生产资料价格指数、农产品生产价格指数、农产品批发价格指数、农产品市场价格（食品类 CPI 来表示），及衡量宏观经济因素的各类 122 个经济指标数据，数据来源于农业部、Wind 资讯和中国人民银行。所有数据均通过 CensusX12 方法进行季节调整。

1. 经济政策不确定性指标

经济政策不确定性难以直接衡量，其度量问题受到学术界的广泛关注，Baker（2016）提出使用 EPU 指数来衡量各国的经济政策不确定性，该指标包含新闻指数、税法失效指数、经济预测差值指数三类通过加权计算来构成，数据获取源为香港发行量最大、受众最广的《南华早报》，并通过筛选关于中国经济政策不确定性的关键词来获得数据信息。其指标如图 10 - 2 所示。我们可以看到该指标成功地捕捉了"金融危机""党的十八大召开"和 2015 年"股市危机"。EPU 指数逐渐被研究学者所接受，田磊（2016）和 V. Colombo（2013）等国内外学者均认为该指标能较准确地度量经济政策不确定性。因此本章采用 EPU 指数来衡量中国的经济政策不确定性。

2. 农产品在产业链中的价格波动

为研究经济政策不确定性冲击在农产品产业链中的传导，我们选取了四个有关的价格指数数据①来表示理论分析中的交易场景：①"农资企业—农户"采用

---

① 农产品价格指数均采用同比增长，因同比数据能较好地反映生产价格涨幅的变动，并消去数据的趋势性。

农产品生产资料价格指数（MAPI）来表示，该指数反映的是生产农产品所需生产资料的成本，为整个纵向传导链的源头；②"农户—批发商"采用农产品生产价格指数（API）来衡量农产品直接（第一手）销售的价格，该指标能够衡量农民销售农产品的直接收入；③"批发商—批发商"采用农产品在批发商之间的流通价格指数（WAI）来衡量，用以研究批发商在农产品流通中的加成定价行为；④"批发商—消费者"对于农产品最终出现在市场上的销售价格，我们采用食品类居民消费价格指数（FCPI）作为衡量农产品市场价格的指标。农产品在整个产业链中价格指标的时序走势如图 10 - 3 所示。

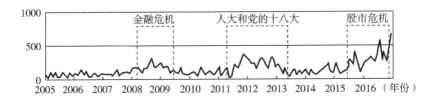

图 10 - 2　中国经济政策不确定性指数时序

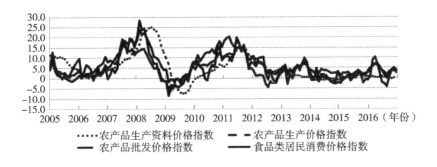

图 10 - 3　农产品产业链环节价格指数波动时序

从图 10 - 2 和图 10 - 3 可以看到我国农产品成本和价格的剧烈波动时期往往伴随着经济政策不确定性的剧烈波动，呈现较强的联动性。以 2008 年的金融危机和 2012 年党的十八大召开为例，经济政策不确定性在这两个时期呈现猛烈上升的态势，同时期农产品在整个产业链中的价格也同样出现了剧烈波动迅速的上升，出现较明显的回复过程。这种波动的联动性可能就在于经济危机和政策变革带来的经济政策的不确定性导致了农资产品供应商、农民、农产品批发商，以及消费者对于不确定经济形势的预测和判断。可能产生一定的停滞投资或是投机行为，进一步推动农产品流通价格的剧烈波动。

3. 宏观经济运行状况指标

农产品在产业链中的价格传导，同时会受到宏观经济情况中诸多因素的冲击和影响，为了衡量中国经济的整体运行情况，控制此类因素对农产品价格的影响并结合数据的可得性。我们选取了 122 个经济指标涵盖 12 个经济大类：工业产出、价格指数、固定资产投资、房地产、政府收支、零售价格、国际贸易、货币汇率、市场利率、货币与信贷、期货与股市、景气指数。通过提取共同因子，将高维数据降为低维数据。并通过逐步添加共同因子个数后的模型估计结果优劣选择共同因子的个数。通过估计三因子模型能较好地模拟整个宏观经济形式，由于篇幅限制，具体筛选结果不再赘述。

四、实证检验及结果分析

1. 变量平稳性检验

本章采用 ADF 检验方法的进行数据平稳性检验，如表 10 - 1 所示，为 EPU、MAPI、API、WPI、FCPI 变量的单位根检验结果。宏观经济变量由于指标过多限于篇幅在此不再赘述，具体对于平稳序列不做调整；对于非平稳的价格指数类数据采用差分方法使之平稳，对于原始数据为绝对量数据采用对数取差分方法使之平稳。

表 10 - 1　农产品各类价格指数及经济政策不确定性指数平稳性检验

变量	检验形式（C，T，K）	ADF 检验统计量	P 值	检验结果
EPU	(c, 0, 0)	-7.081***	0.0000	平稳
MAPI	(c, 0, 1)	-3.104**	0.0011	平稳
API	(c, 0, 0)	-3.211***	0.0009	平稳
WPI	(c, 0, 0)	-3.494***	0.0003	平稳
FCPI	(c, 0, 0)	-4.234***	0.0002	平稳

注：C、T 和 K 分别表示截距项、趋势项和滞后期数；***、**和*分别表示在 1%、5% 和 10% 水平下显著。

通过单位根检验我们可以看到变量均在 1% 的置信水平下平稳，根据信息准则我们可以确定 TVP - FAVAR 模型的阶数为 4 阶。由于 TVP - FAVAR 模型需要现指定各变量的顺序，本章将根据各变量的外生性按照 EPU、API、WPI、FCPI 的顺序进行分析。参照 Primiceri（2005）计算选取学习样本，通过固定系数 VAR

模型的估计得到参数的先验值，然后采用 MCMC 方法迭代 10000 次，逐步对参数的条件后验概率进行抽样，形成条件后验分布。

2. MCMC 算法下的模型估计结果

表 10 - 2 是待估参数后验分布的均值、标准差、置信区间以及收敛统计量，从表 10 - 2 可以看出 Geweke 诊断概率在 5% 的显著性水平下均无法拒绝检验原假设，且无效因子均比较小（均小于 60），由于本章的研究进行了 10000 次模拟抽样，可以获得至少 10000/60 ≈ 166.67 个不相关的样本。因此本章通过 MCMC 算法进行模型参数的估计是有效的。

表 10 - 2   MCMC 算法估计结果

参数	均值	标准差	95% 上界	95% 下界	Geweke	无效因子
$(\sum_{\beta})_1$	0.0023	0.0003	0.0019	0.0029	0.447	4.00
$(\sum_{\beta})_2$	0.0023	0.0003	0.0018	0.0029	0.940	4.20
$(\sum_{\alpha})_1$	0.0053	0.0014	0.0033	0.0087	0.840	36.62
$(\sum_{\alpha})_2$	0.0056	0.0016	0.0033	0.0096	0.004	57.50
$(\sum_{h})_1$	0.1059	0.0342	0.0545	0.1889	0.001	54.93
$(\sum_{h})_2$	0.0059	0.0018	0.0035	0.0105	0.491	48.87

注：表中只列出模型中矩阵 $\sum_{\beta}$，$\sum_{\alpha}$，$\sum_{h}$ 的前两个对角元素的估计结果；Gewekez 检验在 5% 显著性水平的临界值为 1.96，1% 显著性水平的临界值为 2.56。

3. 时变脉冲响应分析

与常系数 VAR 模型下二维脉冲响应不同，TVP - FAVAR 模型可以运用变参数计算所有时点上各变量在不同滞后期的脉冲响应图。考虑到不同时期脉冲响应的可比性，设定冲击项的大小等于样本期随机波动的均值。图 10 - 4 分别是滞后 6 个月、12 个月和 24 个月的动态脉冲响应图。

从农产品产业链各环节价格脉冲响应来看，基本验证了本章理论分析得出的结论，各环节均表现出时变的脉冲响应特征，不同的产业链环节对相同时期的经济政策不确定性时出现了不同的反应特征。从四个交易场景来看，同时期产业链中以农产品生产价格指数为代表的"农户—批发商"价格响应最弱且大部分时点为负向响应，而其他三个环节表现较相似，对经济政策不确定性表现出较强的响应。即产业链中农户的"市场势力"最小、议价和抗风险能力较弱，存在着产业链风险承担和利益分配错配的问题。在 2017 ~ 2018 年，经济政策不确定性激增的情况下，农产品产业链流通价格波动非常频繁，但并未出现较大的波动。原因可能在于信息化建设日益成熟，信息不对称等对农产品市场造成的影响正逐步减弱，政府也通过"农超对接""菜篮子工程"等项目调控抑制农产品的极端波动情况。且本次经济政策不确定冲击主要来源于股市危机，对农产品产业链影响较为微弱。因此此次经济政策不确定性冲击下农产品价格波动较为频繁，但波动幅度较小。下面将具体探究各环节对经济政策不确定性的脉冲响应特征。

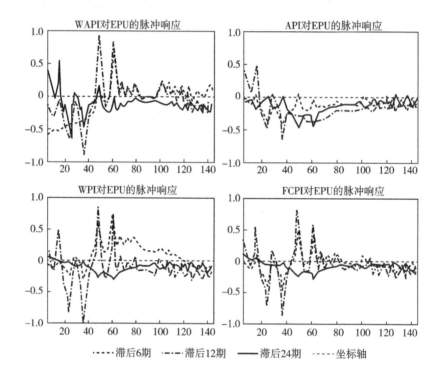

图 10-4　滞后 6 期、12 期、24 期的动态脉冲响应

（1）WAPI 对 EPU 的脉冲响应。WAPI 对经济政策不确定性的随机扰动在较短的滞后 6 期内响应并不强烈，但在滞后 12 期的脉冲响应较为强烈。说明经济政策不确定性对农资产品的生产影响时间滞后较长，农资产品由于是大规模化工业生产，市场竞争比较激烈，价格的调整还要受到其他农资厂商生产决策的影响，表现形式往往是行业整体的价格调整，对于经济形势的判断反映在价格上需要一定时间的观望和协商，因此农资产品价格短期内不会立即响应。在滞后 24 期后脉冲响应的趋近于稳定。并且在不同的经济政策不确定性下脉冲响应存在差

异，说明不同的经济政策对农产品价格冲击是不同的。

（2）API 对 EPU 的脉冲响应。从图 10-4 中，我们可以明显地看出 API 对 EPU 的脉冲响应相对其他三个流通环节的脉冲响应较小，这与我们的理论分析一致，说明农户对于经济政策不确定性冲击反应较弱；同时可以看出经济政策不确定性对生产价格指数的冲击往往是负向冲击，正向冲击较少。在第 50 期和第 60 期，其他三个环节的价格指数均表现正向的脉冲响应。而农产品生产价格指数却并未出现明显的正向波动，这可能由于农民与体量较大、定价一致的批发商进行交易时，没有议价能力，从而造成了风险承担和利益分配错位的问题。

（3）WPI 对 EPU 的脉冲响应。WPI 对经济政策不确定性的随机扰动在短期 4 个月呈负响应，并且其状态在样本区间内较为持续。我们同样可以看到批发价格指数在经历 2008 年金融危机的冲击后，对经济政策不确定性的冲击响应非常迅速，但其响应在 12 期内也较快地平复。可能的原因就在于农产品的批发市场更近似于一种投机市场，批发商均会采取不同程度的囤货或抛售行为，在经历较大的经济冲击后，批发商往往如同"惊弓之鸟"对市场形势表现敏感，轻微的经济政策不确定性波动就能对批发市场产生较大的冲击，从而在一定程度上导致了农产品在短期内出现"暴涨暴跌"现象，加剧了农产品价格的高频波动。

（4）FCPI 对 EPU 的脉冲响应。FCPI 对经济政策不确定性的随机扰动表现出较强的中短期波动特征，长期受影响程度较小，这与现实状况较为一致，经济政策不确定性是一种预测信息，因此在长期内经济事实确定的情况下，市场紧张情绪或投机欲望会归于平稳。但我们同样可以观察到在 2008 年后出现较强的冲击影响。可能的原因是 2008 年后，由于金融危机等一系列事件的影响，中国经济政策不确定性出现显著上升趋势。因此当经济政策不确定性较高时对于市场上农产品价格的影响可以在较短期内显现，而随着时间的推后，经济政策不确定性对农产品市场价格的影响在逐渐下降。

五、经济政策不确定性不同时期的脉冲响应对比分析

下面进一步分析经济政策不确定性发展阶段与各变量之间的关系，根据样本期内经济政策不确定性冲击的特点和属性，我们可以将不确定性冲击进一步区分为经济不确定性和政策不确定性，分别探讨其冲击的前中后期对农产品产业链价格的影响。本章选择 2007 年 12 月（前）、2008 年 12 月（中）和 2009 年 12 月（后）三个时点以及 2011 年 3 月（前）、2012 年 3 月（中）和 2013 年 3 月（后）三个时点为代表，对比分析在以"金融危机"为代表的经济不确定性和以"政策变革"为代表的政策不确定性激增的前中后期对农产品产业链价格的脉冲响应（见图 10-5 和图 10-6）。

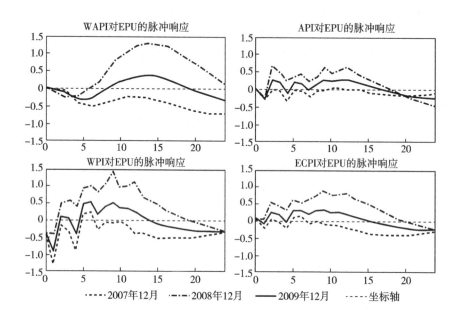

图 10-5　经济不确定性前中后期脉冲响应对比

通过对比发现，经济政策不确定性与 WAPI、API、WPI 和 FCPI 之间的关系在不同的宏观经济时期背景下存在显著差异。经济不确定性对农产品产业链各环节的价格冲击明显大于政策不确定性冲击，但两者的反应形式较为一致。并且若给定一个相同的经济政策不确定性冲击，农产品生产价格指数和消费者物价指数的响应程度为产业链中较弱的两个，而农产品批发商流通环节的价格变动较为明显，各级批发商可能存在投机和抛售行为导致了其波动的剧烈性，这与上文的分析相一致。

农产品产业链在受到经济政策不确定性冲击时的脉冲响应与 Bloom（2009）论证的"Wait and See"反应模式较为相似。在冲击前期，价格响应变动较为频繁，但生产资料价格指数反应较为稳定平滑，农资产品交易环节表现平稳，这可能与农资厂商一般为大规模工业生产有关，由于"菜单成本"的存在，农资产品价格不会频繁变更。

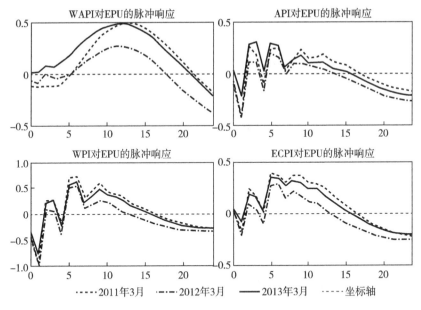

图10-6 政策不确定性前中后期脉冲响应对比

我们还发现，在经济不确定性前中后期发生的不确定性冲击对农产品产业链冲击不同，而政策不确定性对农产品产业链前中后期冲击较为一致。在经济不确定性的前期，农产品产业链对经济不确定性冲击的响应较弱且往往是负向冲击，反映了产业链往往持观望和降低投资的态度，但并不会影响其正常的生产销售行为；经济政策不确定性的当期，农产品整个产业链的价格在受到相同单位的冲击后，表现正向响应且迅速而强烈，市场存在恐慌和投机情绪，对经济不确定性的冲击反应敏感，造成了农产品价格的激增；而在经济不确定性的后期，市场紧张情绪仍然存在，表现也为正向响应，但程度弱于危机当期时的响应。

第三节 经济政策不确定性对农产品
价格冲击的影响

一、主要农产品价格波动描述性研究

本章选取两大类农产品中的六种农产品作为研究对象，主要基于两点考虑。

第一，根据农产品的属性分类，本章选取粮食类和畜禽类农产品作比较研究，可以对比分析粮食类农产品和畜禽类农产品在受经济政策不确定性影响时的不同反应特征，研究不同商品属性和市场价格确定模式下经济不确定性的影响。第二，大米、玉米、大豆、猪肉、鸡肉、牛肉六种农产品的生产量、消费量、贸易量和运输量相对较大，在商品农业经济中占有较大权重，与老百姓的日常生活有着密切的联系。2015 年，粮食总产量为 62143.5 万吨，稻谷产量为 20824.5 万吨，在粮食类作物中总产量排名第二，玉米产量为 22458 万吨，总产量排名第一，其中豆类产量不高，但进口量大，2015 年进口大豆为 8350 万吨，是粮食类农产品中进口量最大的产品。中国肉类总产量为 8625 万吨、猪肉产量为 5478 万吨、肉鸡为 1407 万吨，牛肉产量为 600 万吨，猪肉、肉鸡、牛肉在肉类产量中占领前三甲。

本章将粮食类农产品和畜禽类农产品分开研究，粮食类农产品是农产品中的必需品，价格主要受制于国家的收储和价格维持制度，价格波动相对较小，而畜禽类农产品可以看作是农产品中的 "相对" 奢侈商品，并且价格主要由市场决定，波动较为频繁。

价格是反映市场波动的重要指标，这 6 个价格序列均来自布瑞克数据库，样本区间为 2005 年 1 月到 2016 年 12 月。2005 年以来，牛肉价格走势如图 10 - 7 所示；猪肉和鸡肉价格如图 10 - 8 所示；大豆价格如图 10 - 9 所示，玉米、大米价格走势如图 10 - 10 所示；经济政策不确定指数如图 10 - 11 所示。

图 10 - 7 牛肉价格走势

1. 主要粮食类农产品价格走势

2005 年 1 月至 2016 年底，中国大米价格累计上涨 58.2% ，价格波动较大。

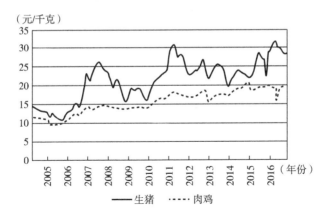

图 10-8　生猪、肉鸡价格走势

图 10-9　大豆价格走势

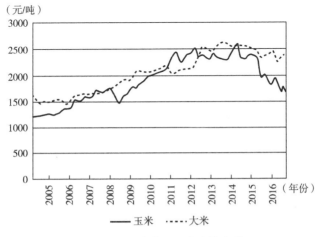

图 10-10　大米、玉米价格走势

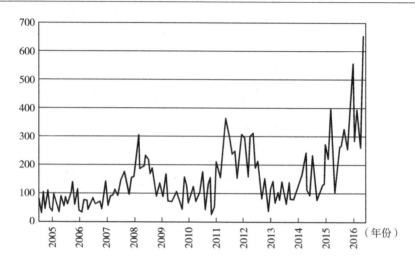

图 10-11 中国经济政策不确定性指数走势

2008 年的金融危机对中国大米市场冲击很大，大米价格在小幅下降后开始迅速上涨，2012 年之前，中国大米市场价价格上涨明显，2012 年至今，大米价格保持高位震荡；2005~2016 年，中国玉米价格整体呈现上涨趋势，涨幅速度较快，玉米价格呈现一年或连续两年小幅度降低后连续两年大幅升高，再进入小幅度下降的特征；2005~2016 年，大豆价格波动周期大致经历了五个阶段：2005~2007 年大豆价格位于波谷；2008~2009 年大豆价格位于波峰，2009 年又掉入波谷；2009~2012 年初，大豆价格一直在波谷震荡波动；2012 年大豆价格较大幅度上涨，但之后又继续下调；2013 年末至 2016 年初价格大幅度下降，2016 年以后价格开始上涨。

2. 主要畜禽类农产品价格走势

2007 年之前，中国主要畜禽产品价格波动较小，石自忠（2016）研究发现，中国主要畜产品（生猪、肉鸡、牛肉）价格走势分为两个阶段：2007 年之前是中国主要畜禽产品价格的平缓波动期。但是从图 10-8 可以发现，生猪价格和肉鸡价格出现低谷，回顾中国主要经济政策不确定性事件可知，2003~2006 年中国生猪、肉鸡行业如"非典、禽流感、猪高温病"等一系列畜禽疫病不确定性事件发生，导致生猪和肉鸡价格在 2006 年出现低谷；2007 年到 2016 年为第二个阶段，这个阶段主要畜禽产品（生猪、鸡肉、牛肉）价格波动剧烈，这个阶段畜禽产品价格迅速上涨，猪肉和鸡肉价格剧烈波动，牛肉价格上涨幅度巨大。2006 年，猪肉、鸡肉、牛肉价格分别是 12.11 元/千克、10.27 元/千克、18.54

元/千克，到 2007 年猪肉、鸡肉、牛肉价格分别上涨至 18.8 元/千克、12.92 元/千克、22.23 元/千克，而 2016 年，猪肉、鸡肉、肉牛价格更是上涨至 28.9 元/千克、19.1 元/千克、63.4 元/千克，相比 2006 年上涨幅度分别是 139%、86%、242%，其中牛肉上涨幅度最大，猪肉和鸡肉次之。

二、经济政策不确定性指数的变动特征

1. 经济政策不确定性指数变动特征

由图 10-11 经济政策不确定性指数走序图来看，其波动较为剧烈，说明国内经济（包括农产品市场）受到诸多经济政策不确定性的冲击。2005 年以来，总体来看，中国经济政策不确定指数历经了三个剧烈的波动期：①在 2008 年 9 月前后出现了第一个剧烈波动期，出现在美国的"次贷危机"成为该波峰的标志性事件，进而引发了全球范围的金融危机。②在 2011 年 11 月前后出现了第二个剧烈波动期，欧债危机成为该波峰的标志性事件。③在 2015 年 9 月前后出现了第三个剧烈波动期，国内的"股灾"成为该波峰的标志性事件，影响着国内的经济社会发展。

2. 经济不确定性对农产品价格的脉冲响应分析

脉冲响应函数指的是在 VAR 系统中，一个变量产生一单位的冲击时，另一个变量如何对其进行反应。脉冲响应函数主要是用来考察 VAR 系统中变量间的动态关系。下面主要比较以下 8 个农产品的脉冲响应函数，来考察农产品价格如何对经济政策不确定性指数的冲击做出反应。

三、经济不确定性对粮食类农产品价格脉冲响应

1. 大豆对 EPU 的脉冲响应

通过考察经济政策不确定性对大豆价格的冲击效应（见图 10-12），我们发现经济政策不确定性提高一个基点时，大豆价格发生了较为剧烈的波动，在滞后 2 期后，其价格上涨了约 0.25 个基点。但随后发生显著的跌幅，并进行波浪式衰减。并且经济政策不确定性对大豆价格冲击的滞后效应比较大，在滞后约 10 期后逐渐衰减为 0。这与以往其他常规因素造成的大豆价格波动有着较为显著的差异性，经济政策不确定性造成的大豆价格波动往往取决于市场形势，由于市场对于经济政策不确定性存在恐慌或者投机情绪，从而造成了大豆产品价格的反复性波动。从而形成这种较为独特的波浪式衰减。

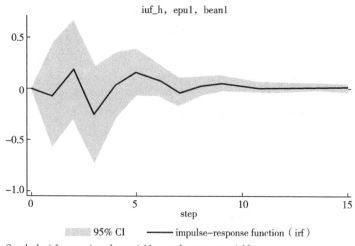

Graphs by irfname, impulse variable, and response variable

图 10 - 12   大豆脉冲响应

2. 玉米对 EPU 的脉冲响应

根据图 10 - 13 可以看出，玉米的价格受经济政策不确定性冲击在波动上有明显的反应，中国玉米价格受经济政策不确定性变化的短期冲击明显，在第一期到第七期对冲击反应强烈，经济政策不确定性提高一个基点时，第一期大豆价格下降约 0.2 个基点，第七期以后影响逐渐衰减，在滞后约 10 期后逐渐衰减为 0。玉米受经济政策影响主要以负向为主，有明显的负向反应，与实际情况玉米价格从 2005 年总体震荡上涨不符合，也就是说，由于玉米最低收购价政策的存在，玉米市场价格受到"政策价"影响较大，导致价格传导滞后，但总体上看，经济政策不确定对玉米价格的影响较大，持续时间较长。

3. 大米对 EPU 的脉冲响应

根据图 10 - 14 可以看出，大米对经济政策不确定的冲击反应特征也是短期明显，当经济政策不确定性提高一个基点，大米价格先是下降 0.08 个基点，第二期又剧烈反弹，第四期以后逐渐降低，随着时间的推移，到第六期以后，影响逐渐衰减为 0。大米价格没有明显正向或负向反应，和大米价格的实际情况总体比较稳定相符合，但是大米受到国家最低收购价的存在，也表现出受到"政策价"的影响，大米价格总体走势表现为缓慢上升。

对比大豆、玉米、大米对 EPU 的脉冲响应函数可以得出两个结论：第一，大豆、玉米和大米对经济政策不确定性反应表现出明显的差异，玉米和大米对

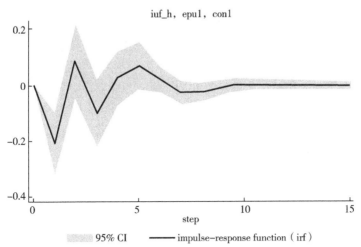

图 10 - 13　玉米脉冲响应

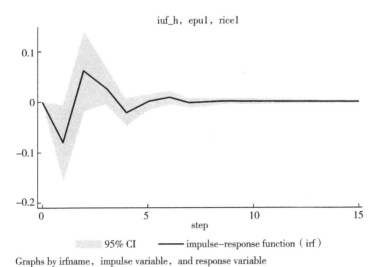

图 10 - 14　大米脉冲响应

EPU 脉冲响应表现相似，相对于大豆而言，玉米和大米受经济政策不确定性影响更小，波动幅度较小；第二，大豆受经济政策不确定性影响不仅程度更大，而且影响的时间更长，大豆在第七期以后影响才趋于消失，大米和玉米分别在第四期、第五期以后影响便逐渐消失。分析原因如下：中国大豆自给率低，进口量大，受到国内外两个市场的双重影响大，受外部影响程度自然也更高，所以对经济政策不确定性指数变动表现更为敏感；大米和大豆主要依靠国内提供，进口量少，受外部国际因素影响较小，对经济政策不确定指数变动表现也不如大豆剧烈；另外，大米、玉米是中国大部分人的主食，可替代程度低，是中国社会稳定的前提，所以国家对大米、玉米的管控力度更强，如图 10 - 15 所示，大米、玉米价格受经济政策不确定影响相对较小，出现突发事件，政府也会及时采取措施稳定大米和玉米价格，所以经济政策不确定性对大米、玉米的影响期数更短。

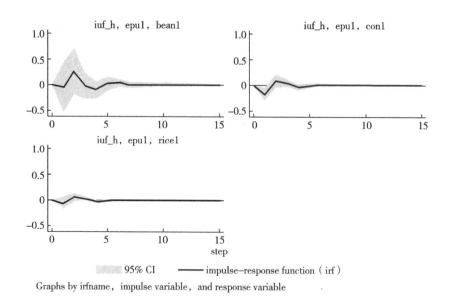

图 10 - 15   大豆、玉米、大米脉冲响应

四、经济政策不确定性对肉类价格冲击研究

1. 猪肉价格对 EPU 脉冲响应

图 10 - 16 反映了经济政策不确定性对猪肉价格的冲击，经济政策不确定性对猪肉价格冲击在第一、第二期较平稳，经济政策提高一个基点，在滞后 2 期后，价格下降 0.07 左右，第三期到第五期较剧烈，影响持续时间长，滞后效应大，第十期以后影响才趋于消失。就冲击方向来看，负向冲击较为剧烈，正向冲击较为平稳；猪肉价格受畜禽疫病、政策调整影响，所以表现的波动较频繁。

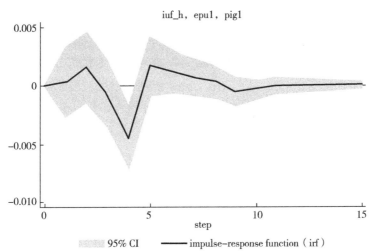

图 10 – 16　猪肉脉冲响应

2. 鸡肉价格对 EPU 脉冲响应

图 10 - 17 反映了经济政策不确定性对鸡肉价格的冲击，表现出先正向冲击再负向冲击，再正向冲击然后负向冲击的循环特征，经济政策不确定性提高一个基点，在滞后 2 期后，鸡肉价格下降 0.002 个基点。总体来看，鸡肉价格前期受经济政策不确定冲击的影响较大，但影响时间持续不长，第七期以后影响消失。

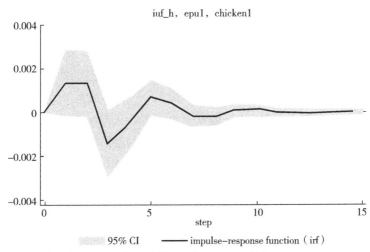

图 10 – 17　鸡肉脉冲响应

3. 牛肉价格对 EPU 脉冲响应

图 10 – 18 反映了经济政策不确定性对牛肉价格的冲击，当经济政策不确定性指数提高一个基点时，牛肉价格在滞后 2 期后，价格上涨 0.001 个基点，滞后 3 期后，价格下降 0.0015 个基点左右，到第五期以后反应逐渐降低，随着时间推移，影响逐渐衰减为 0。牛肉价格总体呈现上升趋势，只有出现小幅下降，所以脉冲响应以正向为主，波动较少。

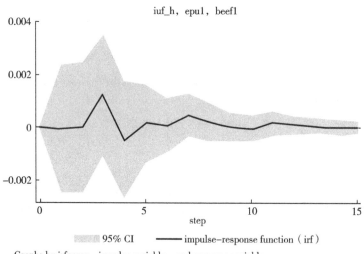

iuf_h, epu1, beef1

Graphs by irfname, impulse variable, and response variable

图 10 – 18　牛肉价格冲击

总体来看，经济政策不确定性对猪肉、鸡肉、牛肉价格冲击呈现如下特征：①经济不确定性对猪肉价格的冲击最大，其次是鸡肉价格，牛肉价格受到的冲击较小。②各畜产品价格在不同时期受到的冲击不一样，但鸡肉价格和猪肉价格较为相似，畜产品价格受到的冲击在前期主要表现为正向冲击，在后期主要表现为负向冲击。③猪肉、牛肉、鸡肉的价格波动周期和经济政策不确定性对猪肉、牛肉、鸡肉价格的冲击影响的波动态势相似，表明经济政策不确定性对三个主要畜产品的价格周期形成具有较大的推动作用。④经济政策不确定对三个主要畜产品价格冲击影响在不同的滞后期数表现也不一样，随着滞后期数的扩大，冲击的影响逐渐衰弱，这表明随着时间的推行，三个主要畜产品市场能进行有效的调节，减少冲击影响，使价格平稳运行。⑤经济政策不确定对三个畜产品形成负向冲击后，紧接着必然会出现价格反弹现象（见图 10 – 9）。

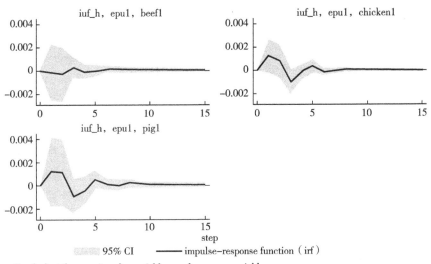

95% CI ——— impulse-response function（irf）

Graphs by irfname，impulse variable，and response variable

图 10 - 19　猪肉、鸡肉、牛肉价格脉冲响应

五、变量平稳性检验

本章采用 ADF 检验方法进行数据平稳性检验，如表 10 - 3 所示为 EPU、RI-PI、COPI、BNPI、PIPI、CHPI、BEPI 变量的单位根检验结果。宏观经济变量由于指标过多限于篇幅这里不再赘述，具体对于平稳序列不做调整；对于非平稳的价格数据采用差分方法使之平稳，对于原始数据为绝对量数据采用对数取差分方法使之平稳。

表 10 - 3　农产品价格及经济政策不确定性指数平稳性检验

变量	检验形式（C，T，K）	ADF 检验统计量	P 值	检验结果
EPU	(c, 0, 0)	- 7. 081 ***	0. 0000	平稳
RIPI	(c, 0, 1)	- 3. 104 **	0. 0011	平稳
COPI	(c, 0, 0)	- 3. 211 ***	0. 0009	平稳
BNPI	(c, 0, 0)	- 3. 494 ***	0. 0003	平稳
PIPI	(c, 0, 0)	- 4. 323 ***	0. 0025	平稳
CHPI	(c, 0, 0)	- 3. 528 ***	0. 0014	平稳
BEPI	(c, 0, 0)	- 4. 234 ***	0. 0002	平稳

注：C、T 和 K 分别表示截距项、趋势项和滞后期数；*** 、** 和 * 分别表示在 1% 、5% 和 10% 水平下显著。

通过单位根检验，我们可以看到变量均在1%的置信水平下平稳，因此本章中对各变量的排序是比较稳健的。

六、经济不确定性对粮食类和畜禽类影响的对比分析

对比粮食类农产品和畜禽类农产品可以发现，粮食类农产品受经济不确定冲击影响表现和畜禽类农产品有较大差异，从脉冲响应图可以发现，主要表现在经济政策不确定性对粮食类农产品冲击比对畜禽类农产品冲击更大，粮食类农产品脉冲响应图波动更为剧烈。但这和主要粮食类农产品和主要畜牧类农产品价格走势图表现出相反的现象，下面将探究经济政策不确定性对主要农产品的影响机理和出现差异的原因。

（1）经济政策不确定性对农产品价格波动的影响机理。经济政策不确定性指数越高，说明包括农产品市场在内的大市场环境越不稳定，经济发展前景越不乐观，经济政策不确定性指数越低，则表明市场环境越稳定，经济发展前景越乐观。2005年以来，中国农产品市场经历了三个经济政策不确定的剧烈波动期，波动的主要标志性事件分别是2008年全球经济危机、2011年欧洲发生的债务危机，2015年国内股市"大熊市"。国内经济环境的变化，经济发展受到影响，经济政策不确定性加大。这些因素都会改变农产品市场参与者的预期判断和行为决策，也会引起政策制定者对农产品市场的调控，影响农产品的供需关系变化，最终造成农产品市场波动。

（2）主要粮食类农产品和主要畜禽类农产品价格走势图表现出相应现象的原因分析：

第一，经济政策不确定性自身的复杂性。农产品价格受到的冲击影响是多种经济政策不确定性事件交织的结果，如粮食农产品更多受自然和社会的双重影响，中国畜牧产业规模化、现代化养殖越来越普遍，受自然风险较少。因此，对粮食类农产品价格具有显著影响的并非一定是对畜牧类农产品价格影响最大的不确定性事件。例如干旱、洪涝灾害对畜禽类农产品价格冲击较小。

第二，粮食类农产品和畜禽类农产品市场化程度完全不一样，畜禽类农产品市场化程度远大于粮食类农产品，例如中国畜禽类农产品市场基本对外开放，但是主要粮食类农产品市场，大豆的对外开放程度高，其他如大米、玉米等农产品对外开放程度还较低。在粮食类农产品价格决定上，政府往往起了很大的影响作用，如大米、玉米的最低收购价格。畜禽类农产品可以看作是农产品中的"相对"奢侈商品，并且价格主要由市场决定，波动较为频繁；而粮食类农产品是农

产品中的必需品，价格主要受国家的收储和价格维持制度影响，价格波动相对较小。

第四节　本章小结

本章基于 2005 年 1 月至 2016 年 12 月度数据，借助理论分析和 TVP – FA-VAR 模型，研究了经济政策不确定性对农产品价格冲击的纵向传导机制，具体结论如下：

（1）经济政策不确定性对产业链不同环节的冲击存在差异性。在农产品产业链中农户由于受到农资厂商和农产品批发商的"双向挤压"，其"市场势力"最弱，受到的经济政策不确定性冲击反应较小。农产品产业链批发商"市场势力"最强，受到经济政策不确定性的影响容易造成价格的大幅波动，这也是农产品价格波动剧烈的原因之一。

（2）经济政策不确定性对农产品价格的冲击存在时变特征。产业链上不同供需主体面对不同类型的不确定性冲击时表现不同。经济不确定性对农产品价格的冲击影响要强于政策不确定性。某些如以"股市危机"为代表的经济政策不确定性由于与农产品领域关联性较弱，并未导致明显的冲击效应，极端波动情况减少，但波动频率明显上升。

（3）经济政策不确定性的发生时期对农产品产业链的冲击效应不同。在不确定性激增的前期，农产品整个产业链的价格均会受到较小的负向冲击；但在经济政策不确定性的当期，农产品整个产业链的价格在受到相同单位的冲击后，表现为正向响应迅速且强烈；而在经济政策不确定性的后期，产品整个产业链的价格在受到冲击后，表现虽为正向响应，但程度弱于当期时的冲击。

（4）经济政策对农产品价格冲击有着重要的影响。经济政策不确定性对粮食类农产品价格冲击较大，对粮食类农产品和畜牧类农产品冲击在短期内都很剧烈，短期内以负向为主，且紧接着又会出现剧烈的反弹。经济政策不确定性对两类主要农产品价格冲击影响在不同的滞后期数表现也不一样，随着滞后期数的扩大，冲击的影响逐渐衰弱，这表明随着时间的推行，两类主要农产品市场能进行有效的调节，减少冲击影响，使价格平稳运行。

（5）粮食类和畜禽类农产品对经济政策不确定性冲击反应也表现很不一样，

粮食类农产品中，经济政策不确定性对大豆价格冲击最为剧烈，玉米、大米价格次之，其中玉米和大米价格对经济政策不确定性冲击反应相似。畜禽类农产品中，经济政策不确定性对猪肉价格冲击最为剧烈，鸡肉和牛肉价格次之，猪肉和鸡肉价格受经济政策不确定性冲击反应相似。

基于上述研究，我们提出以下政策建议：第一，提高市场信息服务能力，保障市场信息的有效传递，采取合理宣传和引导，预防和疏导经济政策不确定性对市场存在的投机行为和恐慌情绪。同时相关调控政策的出台要遵循适时适度原则，针对不同的经济政策不确定性制定相适宜的调控措施，对于经济不确定性冲击要尤为重视，确保政策实施的及时性和有效性，也需注意防止市场受到过度的干预。第二，加强对农产品批发市场的管控，谨防农产品批发领域演变为投机市场和冲击的"放大器"，推动农产品批发市场向流通和产业链桥梁的方向发展。能够有效地控制经济政策不确定性对农产品价格的冲击。第三，加强建设农业合作社和农业流通组织，推动"农超对接"和"菜篮子工程"的稳步进行。增加农户在市场中的"市场势力"和议价能力，使农产品产业链的利益分配和风险承担归于正常。在中国农产品市场经济改革的过程中，一方面，中国应该扩大农产品的对外开放程度；另一方面，也应该防范放开农产品市场后，在应对经济政策不确定事件的时候，及时出台调控措施。对比畜牧类农产品和粮食类农产品在经历经济政策不确定性事件冲击时的反应和畜牧类农产品和粮食类价格走势图可以发现，我国对粮食类农产品价格的宏观调控对于稳定粮食类农产品价格稳定起到了很大的作用。所以政府应该厘清市场和政府的边界，有的可为，有的不可为。

参考文献

［1］ Tobler W. R. Lattice Tuning, Geographical Analysis, 1979, 11 (1): 36 – 44.

［2］ Aten. Bettina: Evidence of Spatial Autocorrelation in International Prices, Review of Income and Wealth, 1996 (42): 49 – 63.

［3］ Anselin L. Spatial Econometrics: Methods and Models, Boston, MA: Kluwer Academic Publishers, 1988.

［4］ Tweeten L. G. and C. L. Quance. Positivistic Measures of Aggregate Supply Elasticities: Some New Approahces, American Journal of Agricultual Economics, 1969, 51 (6): 342 – 352.

［5］ Wolffram R. Positivistic Measures of Aggregate Supply Elasticities: Some New Approaches—Some Critical Notes, American Journal of Agricultural Economics, 1971, 53 (2): 356 – 359.

［6］ Houck J. P. An Approach to Specifying and Estimating Nonreversible Functions, American Journal of Agricultural Economics, 1977, 59 (3): 570 – 572.

［7］ Bacon R. W. Rockets and Feathers: The Asymmetric Speed of Adjustment of UK Retail Gasoline Prices to Cost Changes, Energy Economics, 1991, 13 (3): 211 – 218.

［8］ Cramon – Taubadel S. Estimating Asymmetric Price Transmission with the Error Correction Representation: An Application to the German Pork Market, European Review of Agricultural Economics, 1998, 25 (2): 1 – 18.

［9］ Peltzman. Sam: Price Rise Faster than They Fall, Journal of Political Economy, 2000, 10 (3): 466 – 502.

［10］ Goodwin B. K. and D. C. Harper: PriceTransmission, Threshold Behavior, and Asymmetric Ad – justment in the U. S. Pork Sector, Journal of Agricul – tural & Applied Economics, 2000, 32 (3): 543 – 553.

[11] Miller D. J. and Hayenga M. L. Price Cycles and Asymmetric Transmission in the U. S. Pork Market, American Journal of Agricultural Economics, 2001, 83 (3): 551 – 562.

[12] Abdulai A. Using Threshold Cointegration to Estimate Asymmetric Price Transmission in the Swiss Pork Market, Applled Economics, 2002, 34 (6): 679 – 687.

[13] Luoma A. , luoto J. and Taipale M. Threshold Cointegration and Asymmetric Price Transmission in Finnish Beef and Pork Markets Pellervo Economic Research Institute Working Papers, 2004.

[14] Lajos Zoltán Bakucs and Imre Fert. Marketing Margins and Price Transmission on the Hungarian Pork Meat Market, Agribusiness, 2005, 21 (2): 273 – 286.

[15] Teresa Serra, José M. Gil, Barry K. Good – win. Local Polynomial Fitting and Spatial Price Relation – ships: Price Transmission in EU Pork Markets, European Review of Agricultural Economics, 2006, 33 (3): 415 – 436.

[16] Kenji Adachi and Donald J. , Liu. Estimating Long – Run Price Relationship with Structural Change of Unknown Timing: An Application to the Japanese Pork Market, American Journal of Agricultural Economics, 2009, 91 (5): 1440 – 1447.

[17] Karantininis K. , Katrakylidis K. and Persson M. Price Transmission in the Swedish Pork Chain: Asymmetric Nonlinear ARDL, Paper Presented at the International al Congress European Association of Agricultural Economists, Zurich, Switzerland, 2011, August 30 – September 2.

[18] Kuiper, W. E. and Pennings J. M. E. A: New Econometric Test for Asymmetric Price Adjustment by Cointegration Vector Restrictions with an Application to the U. S. and Dutch Pork Chains, Paper Presented at the International Congress, European Association of Agricultural Economists, Zurich, Switzerland, 2011, August 30 – September 2.

[19] Griffith G. R. , N. E. Piggot. Asymmetry in Beef, Lamb and Pork Farm – Retail Price Transmission in Australia, Agriculture Economics, 1994 (10): 307 – 316.

[20] Goodwin B. K. , M. T. Holt. Asymmetric Adjustment and Price Transmission in the U. S. Beef Sector, American Journal of Agricultural Economics, 1999, 81

(8): 630 – 637.

[21] Ben – Kaabia M. and Gil J. M. Asymmetric Price Transmission in the Spanish Lamb Sector, European Review of Agricultural Economics, 2007, 34 (1): 53 – 80.

[22] Levy D., Bergen M. Dutta S., Venable R. The Magnitude of Menu Costs: Direct Evidence from Large U. S. Supermarket Chains, Quarterly Journal of Economics, 1997, 112 (3): 791 – 825.

[23] Dutta S., Bergen M., Levy D. and Venable R. Menu Costs, Posted Prices and Multiproduct Retailers, Journal of Money, Credit and Banking, 1999, 31 (4): 683 – 703.

[24] Miller D. J., Hayenga M. L. Price Cycles and Asymmetric Transmission in the U. S. Pork Market, American Journal of Agricultural Economics, 2001, 83 (3): 551 – 562.

[25] Meyer J. and Cramon – Taubadel S. V. Asymmetric Price Transmission: A Survey, Journal of Agricultural Economics, 2004, 55 (3): 581 – 611.

[26] LeSage J. The Theory and Practice of Spatial Econometrics. 1999.

[27] Elhorst P. Spatial Econometrics: From Cross – sectional Data to Spatial Panels. Springer: New York, 2014.

[28] Nkendah R. and Nzouessin C. B. Economic Analysis of the Spatial Integration of Plantain Markets in Cameroon, African Journal of Economic Policy, 2007, 14 (1): 57 – 82.

[29] Mensah – Bonsu A., Afrane A. A. and Kuwornu J. K. M. Efficiency of the Plantain Marketing System in Ghana: A Cointegration Analysis, Journal of Development and Agricultural Economics, 2011, 3 (12): 593 – 601.

[30] Bhardwaj S. P. Kumar A. and Singh K. N. Econometric Study of Asymmetry in Price Transmission from Wholesale to Retail Trade of Sugar, Economic Affairs, 2012, 57 (2): 137 – 146.

[31] Rezitis A. N. and Reziti L. Threshold Cointegration in the Greek Milk Market, Journal of International Food, Agribusiness Marketing, 2011, 23 (3): 231 – 246.

[32] Acquah H. G. Threshold Effects and Asymmetric Price Adjustments in the Ghanaian Plantain Market, Journal of Economics and Behavioral Studies, 2012, 4 (10): 548 – 554.

[33] Shabbar Jaffry. Asymmetric Price Transmis – sion: A Case Study of the

French Hake Value Chain Marine Resource Economics, 2005, 19 (4): 511 – 523.

[34] Monia Ben Kaabia and José M. Gil. Asymmet – ric Price Transmission in the Spanish Lamb, European Review of Agricultural Economics, 2007, 34 (1): 53 – 80.

[35] Alemu Z. G. and Ogundeji A. A. Price trans – mission in the South African Food Market, Agricultural Economics Research, Policy and Practice in Southern Af – rica, 2010, 49 (4): 433 – 445.

[36] Michel Simioni, Frédéric Gonzales, Patrice Guillotreau and Laurent Le Grel. Detecting Asymmetric Price Transmission with Consistent Threshold along the Fish Supply Chain, Canadian Journal of Agricultural Economics, 2013, 61 (1): 37 – 60.

[37] Goldstein M. Downward Price Inflexibility Ratchet Effects and the Inflationary Impact of Import Price Changes: Some Empirical Evidence, IMF Staff Papers, 1977, 24 (3): 569 – 612.

[38] Labys W. C. , A. Maizels. Commodity Price Fluctuations and Macroeconomic Adjustments in the Developed Economics, Journal of Policy Modeling, 1993, 15 (3): 335 – 352.

[39] Bachmeier I. J. and J. M. Criffin. New Evidence on Asymmetric Gasooline Price Responses, Review of Economics and Statistics, 2003, 85 (3): 772 – 776.

[40] Garcfa J. P. Symmetric or Asymmetric Gasoline Prices? A Meta – analysis Approach, Research Institute of Applied Economics Working Paper, 2010 (13) .

[41] LeSage J. and Pace K. Introduction to Spatial Econometrics, London: CRC Press/Taylor & Francis Group, 2009.

[42] Ezekiel M. The Cobweb Theorem, Quarterly Journal Economics, 1938, 52 (2): 248 – 255.

[43] Futrell G. A. , Mueller A. G. & Grimes G. Understanding Hog Production and Price Cycles, Purdue University Cooperative Extension Service, West Lafayette, Indiana, 1989.

[44] Labakhua T. Sh, Janashia T. K, Genevanishvili G. I. Modulation of Synaptic Reactions of the "Nociceptive" Neurons in the Cat Cortex upon Stimulation of the Periaqueductal Gray and Application of Some Pharmacological Agents, Neurophysiology, 2017, 49 (2): 113 – 121.

[45] Li Z. Liu T. , Zhu G. , et al. Dengue Baidu Search Index Data can Improve the Prediction of Local Dengue Epidemic: A Case Study in Guangzhou, China, Plos

Neglected Tropical Diseases, 2017, 11 (3).

[46] Liu B., Wang Z., Qi X., et al. Assessing Cyber – user Awareness of an E-merging Infectious Disease: Evidence From Human Infections with Avian Influenza A H7N9 in Zhejiang, China. International Journal of Infectious Diseases, 2015 (40): 34 – 36.

[47] Liu K., Wang T., Yang Z., et al. Using Baidu Search Index to Predict Dengue Outbreak in China, Scientific Reports, 2016 (6).

[48] Talpaz, H. Multi – frequency Cobweb Model: Decomposition of the Hog Cycle, American Journal of Agricultural Economics, 1974, 57 (1): 38 – 49.

[49] Wahl T. I., Hayes D. J., Williams G. W. Japanese Beef Policy and GATT Negotiations: An Analysis of Reducing Assistance to Beef Producers, Working Papers, 1987.

[50] Lloyd, T. A., McCorriston S, Morgan C. W., Rayner AJ. Food scares, market power and price transmission: the uk BSE crisis. European Review of Agricultural Economics, 2006, 33 (2): 119 – 147.

[51] Sanjuán AI, Gil J M. Price Transmission Analysis: A Flexible Methodological Approach Applied to European Pork and Lamb Markets. Applied Economics 2001, 33 (1): 123 – 131.

[52] 辛贤, 谭向勇. 农产品价格的放大效应研究 [J]. 中国农村观察, 2000 (1): 52 – 58.

[53] 王芳. 陈俊安. 中国养猪业价格波动的传导机制分析 [J]. 中国农村经济, 2009 (7): 31 – 41.

[54] 李胜军, 李素芳, 孔祥智. 农业产业链条价格传导机制的实证分析 [J]. 技术经济, 2010 (1): 108 – 113.

[55] 谭莹. 我国猪肉供给的驱动因素和补贴政策分析 [J]. 农业经济问题, 2011 (9): 52 – 56.

[56] 杨朝英, 徐学英. 中国生猪与猪肉价格的非对称传递研究 [J]. 农业技术经济, 2011 (9): 58 – 64.

[57] 于爱芝, 郑少华. 我国猪肉产业链价格的非对称传递研究 [J]. 农业技术经济, 2013 (9): 35 – 41.

[58] 潘方卉, 李翠霞. 生猪产销价格传导机制: 门限效应与市场势力 [J]. 中国农村经济, 2015 (5): 19 – 35.

［59］董晓霞．中国生猪价格与猪肉价格非对称传导效应及其原因分析——基于近 20 年的时间序列数据［J］．中国农村观察，2015（4）：26 – 38.

［60］高群，宋长鸣．国内畜禽价格溢出效应的对比分析——全产业链视角［J］．中国农村经济，2016（4）：31 – 43.

［61］王明利，石自忠．我国牛肉价格的趋势周期分解与冲击效应测定［J］．农业技术经济，2013（11）：15 – 23.

［62］石自忠，王明利，胡向东．中国畜产品市场状态转换特征分析［J］．农业技术经济，2016（7）：61 – 72.

［63］田文勇，黄超，覃玥，吴秀敏．我国猪肉价格与牛羊鸡肉价格动态关联实证分析［J］．黑龙江畜牧兽医，2016（14）：20 – 24.

［64］周海文，王劲松，王锐，周向阳．外部冲击对肉产品价格的影响——以疫病为例［J］．世界农业，2014（11）：76 – 82.

［65］潘方卉，刘丽丽，庞金波．中国生猪价格周期波动的特征与成因分析［J］．农业现代化研究，2016（1）：79 – 86.

［66］全世文，曾寅初，毛学峰．国家储备政策与非对称价格传导——基于对中国生猪价格调控政策的分析［J］．南开经济研究，2016（4）：136 – 152.

［67］段隐华，王刚．影响我国猪肉价格波动的因素——基于 VEC 模型的动态计量分析［J］．价格月刊，2012（9）：27 – 30.

［68］何蒲明，全磊，马敬桂．中国 CPI 之"猪价周期"的实证研究［J］．经济问题探索，2013（8）：17 – 22.

［69］殷克东，郑义，袁晓彤．基于 GSADF 方法的中国猪肉价格泡沫检验［J］．统计与信息论坛，2015（10）：58 – 64.

［70］石自忠，王明利，胡向东．经济政策不确定性与中国畜产品价格波动［J］．中国农村经济，2016（8）：42 – 55.

［71］李林，丁艺，刘志华．金融聚集对区域经济增长溢出作用的空间计量分析［J］．金融研究，2011（5）：113 – 123.

［72］邓若冰，刘颜．工业聚集、空间溢出与区域经济增长——基于空间面板杜宾模型的研究［J］．经济问题探索，2016（1）：66 – 76.

［73］于伟，张鹏．城市化进程、空间溢出与绿色经济效率增长——基于 2002 – 2012 年省域单元的空间计量研究［J］．经济问题探索，2016（1）：77 – 82.

［74］杨孟禹，张可云．中国城市扩张的空间竞争实证分析［J］．经济理论与经济管理，2016（9）：100 – 112.

[75] 邵帅，李欣，曹建华，杨莉莉．中国雾霾污染治理的经济政策选择——基于空间溢出视角 [J]．经济研究，2016（9）：73 - 88.

[76] 康雨．贸易开放程度对雾霾的影响分析——基于中国省级面板数据的空间计量研究 [J]．经济科学，2016（1）：114 - 125.

[77] 周海波，胡汉辉，谢呈阳．交通基础设施、产业布局与地区收入——基于中国省级面板数据的空间计量分析 [J]．经济问题探索，2017（2）：1 - 11.

[78] 茶洪旺，左鹏飞．信息化对中国产业结构升级影响分析——基于省际面板数据的空间计量研究 [J]．经济评论，2017（1）：80 - 89.

[79] 鞠方，雷雨亮，周建军．经济开放度、房地产价格及其空间溢出 [J]．中国软科学，2016（10）：147 - 158.

[80] 丁如曦，倪鹏飞．中国城市住房价格波动的区域空间关联与溢出效应——基于 2005 - 2012 年全国 285 个城市空间面板数据的研究 [J]．财贸经济，2015（6）：136 - 150.

[81] 张衔，林仁达．我国城市房价短期波纹效应的实证 [J]．财经科学，2015（9）：132 - 140.

[82] 王钊，姜松．我国蔬菜价格变动的空间计量分析 [J]．农业技术经济，2013（11）：4 - 14.

[83] 胡小桃，赵玉龙．我国农产品价格波动的空间特征及其影响因素——基于 2002 - 2013 年省际面板数据 [J]．商业经济研究，2016（18）：153 - 156.

[84] 胡友，祁春节．基于空间计量的水果价格形成及传导研究——以苹果、柑橘和香蕉为例 [J]．农业现代化研，2013（6）：738 - 743.

[85] 申红芳，陈超，廖西元．中国水稻生产环节外包价格的决定机制——基于全国 6 省 20 县的空间计量分析 [J]．中国农村观察，2015（6）：34 - 46.

[86] 纪龙，李崇光，章胜勇．中国蔬菜生产的空间分布及其对价格波动的影响 [J]．经济地理，2016（1）：148 - 155.

[87] 马松林．中国进口大米的空间价格传递研究 [J]．地域研究与开发，2016（2）：150 - 152.

[88] 郭国强．猪肉价格的空间效应：中国各地区的实证分析 [D]．武汉：华中科技大学，2010.

[89] 郭国强．空间计量模型的理论和应用研究 [D]．武汉：华中科技大学，2013.

[90] 王晶晶．生猪产业链价格传导机制研究——非对称性与空间效应

［D］. 北京：中国农业大学，2014.

[91] 董晓霞，许世卫，李哲敏，李干琼. 中国肉鸡养殖业的价格传导机制研究——基于 FDL 模型的实证分析［J］. 农业技术经济，2011（3）：21-30.

[92] 徐雪高. 猪肉价格高位大涨的原因及对宏观经济的影响［J］. 农业技术经济，2008（3）：4-9.

[93] 张利庠，张喜才. 外部冲击对我国农产品价格波动的影响研究——基于农业产业链视角［J］. 管理世界，2011（2）：71-81.

[94] 贾伟，杨艳涛，秦富. 中国猪肉产业链价格传导机制分析——基于省份数据的比较［J］. 统计与信息论坛，2013（3）：49-55.

[95] 顾国达，方晨靓. 农产品价格波动的国内传导路径及其非对称研究［J］. 农业技术经济，2011（3）：12-20.

[96] 谢思娜，刘合光，秦富. 主产区与主销区鸡蛋价格传导机制分析［J］. 中国农业大学学报，2013（1）：229-234.

[97] 李宝仁，姚熙嘉. 我国猪肉价格波动的原因分析与政策建议［J］. 北京工商大学学报，2014（5）：119-126.

[98] 王思舒，郑适，周松. 我国猪肉价格传导机制的非对称性问题研究——以北京为例［J］. 经济纵横，2010（6）：84-87.

[99] 胡华平，李崇光. 农产品垂直价格传递与纵向市场联结［J］. 农业经济问题，2010（1）：10-17.

[100] 杨朝英，徐学荣. 中国生猪价格波动特征分析［J］. 技术经济，2011（3）：100-103.

[101] 张晓敏，周应恒. 基于易腐特性的农产品纵向关联市场间价格传递研究——以果蔬产品为例［J］. 江西财经大学学报，2012（2）：78-85.

[102] 杨志波. 我国猪肉市场非对称价格传导机制研究［J］. 商业研究，2013（2）：121-128.

[103] 王晶晶，钱小平，陈永福. 我国生猪产业链价格传递的非对称性研究——基于门限误差修正模型的实证分析［J］. 农业技术经济，2014（2）：85-95.

[104] 王斌，高波. 土地财政、晋升激励与房价棘轮效应的实证分析［J］. 南京社会科学，2011（5）：28-34.

[105] 廉永辉，张琳. 黄金价格中存在棘轮效应吗？［J］. 南方经济，2013（7）：64-77.

[106] 周勤，黄亦然．渠道势力、纵向压榨与过度投资 [J]．南开经济研究，2008（8）．

[107] 洪岚．粮食供应链整合的量化分析——以北京地区粮食供应链上价格联动为例，中国农村经济，2010（10）．

[108] 陈芮．鲜活农产品的流通条件对其价格波动的影响分析 [J]．企业导报，2015（9）．

[109] 章涛，孙鹤，潘明善．国际与国内粮食市场价格传导机制研究——基于局部均衡模型 [J]．当代经济，2012（10）．

[110] 胡华平，李崇光．农产品营销渠道多样化治理模式研究 [J]．中国农村经济，2010（6）．

[111] 张亮亮，张晖民．国际油价、生物燃料与世界粮食价格上涨——危机对中国经济增长模式的启示 [J]．江淮论坛，2009（6）．

[112] 周晶，张科静，丁士军．"一揽子"补贴政策对中国生猪养殖规模化进程的影响——基于双重差分方法的估计 [J]．中国农村经济，2015（4）．

[113] 曲智，杨碧琴．非位似偏好、产品质量与价格之间的传导关系 [J]．商业经济研究，2017（11）．

[114] 孙坚强，徐瑶，锃杨科．我国食品价格的传导机制：成本传递与需求反馈 [J]．华南理工大学学报，2018（5）．

[115] 胡小平，尹志超．流通费用是决定农产品竞争力的一个关键因素 [J]．经济学家，2003（12）．

[116] 马晓河．中国农业收益与生产成本变动的结构分析 [J]．中国农村经济，2011（5）．

[117] 赵红霞，张晓宁．利用"缓冲存货"稳定农产品价格 [J]．北方经贸，2015（5）．

[118] 丁鸣，刘志峰，王石磊．基于生命周期理论视角的信息生态系统研究 [J]．科技管理研究，2009（4）．

[119] 投资与经济周期关系研究——以绍兴市为例 [J]．当代经济，2009（7）．

[120] 刘志峰，王石磊．基于生命周期理论视角的信息生态系统研究 [J]．科技管理研究，2009（4）．

[121] 谢杰，朱立志，浦华．温室效应对世界农业贸易的影响 [J]．财贸研究，2007（4）．

［122］彭俊杰．气候变化对全球粮食产量的影响综述［J］．世界农业，2017（10）．

［123］朱希刚．依靠技术创新促进农业结构调整［J］．农业技术经济，2004（1）．

［124］张在一，杜锐，毛学峰．我国诱致性农业技术创新路径——基于十种农作物劳动力节约技术［J］．中国软科学，2018（9）．

［125］邱顶银．我国城镇化进程中农产品智能供销模式创新［J］．江苏农业科学，2020（1）．

［126］郑辉．农产品价格与人民币实际汇率［J］．世界经济文汇，2005（10）．

［127］付蓉，肖黎明．农产品价格的影响因素及其对通货膨胀的非线性影响［J］．数量经济研究，2019（10）．

［128］马龙，刘澜飚．货币供给冲击是影响我国农产品价格上涨的重要原因吗？［J］．经济学动态，2010（9）．

［129］刘婷，曹宝明．我国粮食价格政策调控有效性与改革思路［J］．农村经济，2019（3）．

［130］于冷，吕新业．大宗农产品价格调控的目标与措施研究［J］．中国农村经济，2012（9）．

［131］丁存振，肖海峰．我国羊肉价格波动特征及替代品价格冲击效应分析［J］．农林经济管理学报，2017（6）．

［132］郝晓燕，韩一军，姜楠．价格联动、供求替代与政策调整——基于中国玉米和小麦市场的实证分析［J］．北京航空航天大学学报（社会科学版），2018（10）．

［133］喻妍，田清淞，李崇光．我国主要蔬菜价格波动的关联性分析［J］．农业现代化研究，2019（7）．

［134］龙海明，钱浣秋．消费信贷对城镇居民消费水平的平滑效应——基于PSTR模型的影响，南方金融，2018（5）．

［135］赵子沫．真实预期、供给侧结构与房地产市场的稳定［D］．天津：南开大学硕士论文，2018.

［136］蒋瑶．高管权力、预算棘轮效应与预算松弛关系研究［D］．杭州：浙江大学硕士论文，2018.

［137］张锡惠，迈克尔·T. 佩茨，陈磊．棘轮式预算和棘轮效应：预算如

何影响员工绩效和动机？［J］.中国管理会计，2018（3）.

［138］葛丰.竞争机制在地方政府行为变异中的棘轮效应分析，现代经济信息，2020（4）.

［139］曹文彬，张微.突发质量事件对猪肉市场的影响机制［J］.江苏农业科学，2015，43（3）：420－422.

［140］曾华盛，苏柳方，谭砚文.农产品质量安全媒体负面报道对农产品价格波动的异质性影响［J］.农业技术经济，2019（8）：99－114.

［141］陈哲蕊，田文勇，吴秀敏.饲料价格、加工价格、猪肉价格波动关系实证分析［J］.价格月刊，2017（3）：47－52.

［142］仇华吉.非洲猪瘟对我国养猪业的影响与防控建议［J］.中国兽药杂志，2018（11）：1－4.

［143］冯叔君，陈芳.我国猪肉价格趋势变动及其预测——基于 Elman 神经网络模型的分析［J］.价格理论与实践，2018，414（16）：90－93.

［144］付莲莲，翁贞林，张雅燕.江西省生猪价格波动的成因及其预警分析——基于灰色关联和 LS－SVM 模型［J］.浙江农业学报，2016，28（9）：1624－1630.

［145］郝妙.灰色系统理论在生猪价格预测中的应用［J］.中国农学通报，2014，30（14）：310－314.

［146］胡浩，戈阳.非洲猪瘟疫情对我国生猪生产与市场的影响［J］.中国畜牧杂志，2020，56（1）：168－171.

［147］胡向东，郭世娟.疫情对生猪市场价格影响研究——兼析非洲猪瘟对产业冲击及应对策略［J］.价格理论与实践，2018，414（12）：53－57.

［148］孙伟增，刘思齐，辛磊，吴璟.住房价格中地方公共品溢价的空间异质性及其影响因素研究：以成都为例［J］.管理评论，2015（6）：11－20.

［149］王志刚，许前军.探索农村食品消费结构的转变规律——一个嵌入时间路径的 LA／AIDS 模型的应用［J］.数量经济技术经济研究，2012，29（1）：50－64.

［150］胡日东，钱明辉，郑永冰.中国城乡收入差距对城乡居民消费结构的影响——基于 LA／AIDS 拓展模型的实证分析［J］.财经研究，2014，40（5）：75－87.

附　录

附表1　世界主要生猪生产国产量　　　　　　　　　单位：千吨

年份	加拿大	日本	韩国	墨西哥	美国	巴西	中国	俄罗斯	乌克兰
2000	1854.3	1270.7	915.9	1015.8	8387.5	2556.0	40469.8	1568.7	675.8
2001	1976.1	1241.7	927.9	1041.1	8450.7	2730.0	41808.4	1497.8	591.1
2002	2097.6	1235.8	1005.1	1022.1	8705.6	2565.0	43473.8	1608.3	599.3
2003	2187.1	1260.1	1148.9	998.9	8765.0	2560.0	42529.5	1742.6	630.9
2004	2291.2	1272.3	959.6	1026.7	8970.9	2620.0	43559.4	1685.8	558.7
2005	2267.6	1245.0	899.3	1066.7	9056.4	2708.0	45686.2	1569.1	481.7
2006	2260.8	1246.5	999.8	1069.4	9204.3	2943.0	46635.7	1699.2	522.5
2007	2336.7	1250.5	1042.8	1124.3	9544.3	2998.0	42999.9	1929.7	633.7
2008	2296.1	1248.8	1055.9	1144.5	10264.6	3026.0	46328.7	2042.1	582.1
2009	2152.2	1309.9	1062.0	1161.0	10248.2	3190.0	49018.2	2169.5	519.0
2010	2108.6	1291.1	1109.8	1163.2	10014.0	3237.0	51172.7	2330.8	620.4
2011	2102.7	1264.0	833.9	1148.7	10159.1	3284.7	51500.0	2460.8	637.6
2012	2101.4	1256.1	875.0	1168.4	10259.9	3300.0	52350.0	2569.1	647.2
2013	2118.0	1246.2	940.5	1183.1	10356.8	3346.2	52993.4	2699.6	639.6
2014	2178.5	1236.0	1027.3	1198.7	10442.2	3398.8	53849.0	2870.5	648.5
2015	2274.1	1223.0	1041.2	1209.5	10606.6	3429.1	54731.5	2940.6	650.2
2016	2348.5	1213.3	1044.8	1221.3	10709.9	3455.6	55620.4	2975.2	658.7
2017	2360.5	1209.0	1038.7	1238.4	10706.5	3523.7	56514.6	3047.8	699.8
2018	2371.0	1203.9	1029.3	1253.4	10833.3	3563.9	57395.5	3072.7	714.1
2019	2378.2	1207.7	1037.2	1281.5	10986.5	3622.4	58298.6	3130.3	737.0

附表2 世界主要猪肉进口国产量 单位：千吨

年份	加拿大	日本	韩国	墨西哥	美国	巴西	中国	俄罗斯	乌克兰
2000	66.3	929.8	172.4	186.0	653.7	0.5	166.2	212.9	10.3
2001	89.7	1011.8	125.4	205.8	676.7	0.3	115.2	398.2	4.6
2002	92.7	1110.8	155.6	261.5	726.9	0.3	175.2	618.8	6.1
2003	90.0	1074.4	155.0	342.7	844.2	0.9	112.5	548.7	26.1
2004	100.8	1233.0	218.4	370.9	855.3	1.7	116.7	469.9	55.2
2005	134.4	1246.5	322.2	340.2	814.1	0.7	85.9	818.6	72.3
2006	142.2	1035.0	382.6	361.0	809.8	7.8	91.4	876.3	64.3
2007	168.6	1085.4	417.8	352.2	869.2	9.0	95.0	894.3	75.7
2008	192.6	1167.3	403.3	402.8	725.9	9.6	397.9	1271.5	217.8
2009	176.6	1003.5	365.2	497.6	585.6	8.7	192.0	916.8	168.7
2010	179.8	1075.1	358.0	500.2	579.5	9.6	301.0	880.8	146.4
2011	201.6	1125.6	562.1	539.5	594.7	11.1	348.0	900.0	162.4
2012	202.9	1136.3	526.8	536.9	601.4	10.0	375.2	653.4	165.8
2013	204.0	1140.6	500.7	542.1	636.6	10.6	396.8	630.0	185.3
2014	205.8	1161.0	494.6	550.1	673.4	10.9	418.9	482.6	191.0
2015	197.1	1172.4	517.4	558.7	690.8	10.9	448.2	463.2	194.1
2016	191.5	1173.1	541.6	569.9	732.3	11.1	446.2	463.6	191.6
2017	199.6	1179.1	566.4	579.7	803.6	11.4	455.8	455.4	165.3
2018	206.7	1154.9	588.8	590.3	828.7	11.6	479.4	457.4	151.9
2019	208.7	1161.5	595.6	592.9	812.4	11.8	492.6	462.4	141.5

附表3 世界主要猪肉出口国产量 单位：千吨

年份	加拿大	韩国	墨西哥	美国	巴西	中国	俄罗斯	乌克兰
2000	871.2	30.0	31.7	589.8	116.0	295.8	0.0	13.2
2001	977.9	40.0	36.2	713.3	247.4	367.9	0.0	2.9
2002	1117.7	20.7	19.5	749.0	449.2	441.5	0.3	3.0
2003	1295.3	32.3	21.6	794.0	458.0	519.8	0.2	17.3
2004	1340.1	16.9	26.6	1004.9	507.2	660.5	0.1	15.0
2005	1452.1	15.9	37.4	1222.7	625.1	615.6	0.0	11.0
2006	1455.0	12.6	45.1	1364.1	528.1	658.3	0.6	3.0
2007	1474.8	12.4	58.7	1437.4	606.6	474.8	0.2	1.8

续表

年份	加拿大	韩国	墨西哥	美国	巴西	中国	俄罗斯	乌克兰
2008	1496.4	10.2	66.4	2131.4	530.1	358.2	0.2	0.4
2009	1350.7	9.0	52.1	1885.3	607.3	371.9	0.2	0.2
2010	1370.3	0.0	58.1	1929.4	560.3	424.1	0.2	1.1
2011	1395.2	0.0	64.2	2281.6	563.6	452.1	0.2	16.0
2012	1392.4	0.0	63.6	2208.8	572.7	474.9	0.2	14.3
2013	1404.3	0.0	63.5	2191.0	569.6	472.5	0.2	14.9
2014	1439.1	0.0	62.7	2191.3	553.4	467.0	0.2	15.7
2015	1507.5	0.0	65.3	2233.8	553.1	466.4	0.2	16.2
2016	1564.2	0.0	66.2	2255.7	570.0	479.8	0.3	16.6
2017	1616.2	0.0	67.3	2313.1	560.2	485.4	0.3	17.4
2018	1629.1	0.0	68.0	2356.9	593.8	489.5	0.3	18.1
2019	1610.4	0.0	70.7	2337.2	596.1	490.9	0.3	18.9

附表4　2010~2019年4月中国月度数据（灰色关联度）　单位：元/千克

时间	猪粮比	白条鸡	玉米	豆粕
2010/01	6.38	14.15	1.89	3.85
2010/02	5.86	14.38	1.90	3.73
2010/03	5.24	13.98	1.92	3.61
2010/04	4.81	13.77	1.98	3.51
2010/05	4.74	13.72	2.03	3.47
2010/06	4.61	13.76	2.09	3.35
2010/07	5.30	14.16	2.10	3.32
2010/08	5.78	14.73	2.11	3.45
2010/09	5.95	15.25	2.11	3.50
2010/10	6.17	15.40	2.07	3.64
2010/11	6.45	15.73	2.10	3.75
2010/12	6.50	16.02	2.12	3.69
2011/01	6.58	16.32	2.11	3.68
2011/02	6.74	16.71	2.13	3.71
2011/03	6.84	16.33	2.16	3.66
2011/04	6.87	16.32	2.19	3.59

续表

时间	猪粮比	白条鸡	玉米	豆粕
2011/05	7.00	16.45	2.22	3.53
2011/06	7.69	16.95	2.28	3.53
2011/07	8.08	17.49	2.35	3.57
2011/08	8.09	17.94	2.39	3.60
2011/09	8.03	18.25	2.45	3.62
2011/10	7.73	18.00	2.45	3.57
2011/11	7.26	17.57	2.39	3.51
2011/12	7.27	17.39	2.36	3.42
2012/01	7.51	17.65	2.35	3.43
2012/02	7.28	17.46	2.35	3.46
2012/03	6.68	17.04	2.37	3.51
2012/04	6.12	16.99	2.42	3.63
2012/05	5.79	16.73	2.46	3.69
2012/06	5.64	16.74	2.49	3.68
2012/07	5.58	16.71	2.51	3.83
2012/08	5.60	16.90	2.55	4.20
2012/09	5.79	17.28	2.57	4.52
2012/10	5.92	17.43	2.51	4.39
2012/11	6.34	17.50	2.34	4.17
2012/12	6.54	17.70	2.42	4.18
2013/01	6.98	17.92	2.44	4.22
2013/02	6.57	18.41	2.45	4.24
2013/03	5.72	17.90	2.46	4.30
2013/04	5.22	16.39	2.45	4.25
2013/05	5.28	15.32	2.43	4.20
2013/06	5.76	16.00	2.45	4.30
2013/07	5.89	16.40	2.48	4.24
2013/08	6.31	16.89	2.49	4.24
2013/09	6.44	17.33	2.49	4.40
2013/10	6.45	17.45	2.46	4.53
2013/11	6.49	17.40	2.43	4.50

续表

时间	猪粮比	白条鸡	玉米	豆粕
2013/12	6.61	17.51	2.41	4.43
2014/01	6.03	17.55	2.40	4.30
2014/02	5.51	17.15	2.38	4.25
2014/03	5.08	16.83	2.37	4.12
2014/04	4.71	17.15	2.36	4.05
2014/05	5.31	17.93	2.41	4.13
2014/06	5.29	18.22	2.47	4.17
2014/07	5.21	18.32	2.56	4.11
2014/08	5.49	18.78	2.65	4.05
2014/09	5.51	19.16	2.70	4.01
2014/10	5.52	19.22	2.61	3.94
2014/11	5.61	19.14	2.51	3.93
2014/12	5.59	19.06	2.47	3.86
2015/01	5.51	19.09	2.43	3.73
2015/02	5.27	19.28	2.41	3.60
2015/03	5.07	19.08	2.42	3.59
2015/04	5.29	18.73	2.44	3.54
2015/05	5.66	18.56	2.46	3.47
2015/06	5.96	18.44	2.47	3.33
2015/07	6.72	18.61	2.47	3.31
2015/08	7.37	19.06	2.46	3.30
2015/09	7.57	19.25	2.37	3.25
2015/10	7.67	18.95	2.23	3.24
2015/11	7.71	18.82	2.13	3.18
2015/12	7.79	18.93	2.14	3.10
2016/01	8.39	19.05	2.10	3.08
2016/02	8.79	19.50	2.09	3.10
2016/03	9.26	19.13	2.04	3.03
2016/04	10.02	19.05	1.98	2.98
2016/05	10.38	19.11	1.97	3.08
2016/06	10.05	19.09	2.03	3.35

续表

时间	猪粮比	白条鸡	玉米	豆粕
2016/07	9.02	18.90	2.11	3.54
2016/08	8.95	18.94	2.08	3.45
2016/09	9.00	19.15	2.04	3.44
2016/10	8.75	19.00	1.95	3.47
2016/11	8.75	18.96	1.94	3.53
2016/12	8.95	19.00	1.95	3.68
2017/01	9.59	18.97	1.90	3.64
2017/02	9.56	18.54	1.86	3.56
2017/03	9.13	17.31	1.83	3.47
2017/04	8.65	17.17	1.85	3.39
2017/05	7.78	16.85	1.88	3.33
2017/06	7.25	16.74	1.90	3.21
2017/07	7.20	16.97	1.94	3.22
2017/08	7.35	17.76	1.96	3.23
2017/09	7.49	18.51	1.97	3.23
2017/10	7.45	18.59	1.95	3.27
2017/11	7.46	18.71	1.94	3.30
2017/12	7.73	19.08	1.95	3.34
2018/01	7.70	19.31	1.98	3.33
2018/02	7.00	19.64	2.01	3.31
2018/03	5.81	19.00	2.05	3.39
2018/04	5.28	18.59	2.07	3.46
2018/05	5.18	18.40	2.04	3.39
2018/06	5.60	18.42	2.02	3.31
2018/07	5.92	18.56	2.03	3.33
2018/08	6.58	19.01	2.03	3.37
2018/09	6.93	19.51	2.04	3.46
2018/10	6.91	19.70	2.04	3.63
2018/11	6.73	20.04	2.06	3.60
2018/12	6.71	20.31	2.08	3.48
2019/01	6.37	20.42	2.06	3.35

续表

时间	猪粮比	白条鸡	玉米	豆粕
2019/02	6.12	20.39	2.05	3.26
2019/03	7.10	20.05	2.02	3.12
2019/04	7.47	20.08	2.01	3.05

附表5 1999~2018年中国牛羊禽蛋年度数据 单位：万吨

年份	牛肉产量	羊肉产量	禽蛋产量
1999	505.4294	251.2643	2134.667
2000	513.1166	264.1301	2182.0057
2001	508.5638	271.8397	2210.0997
2002	521.8732	283.4617	2265.703
2003	542.4501	308.6896	2333.0672
2004	560.3866	332.9232	2370.6406
2005	568.0988	350.0601	2438.1201
2006	590.332	367.7271	2424.0028
2007	626.2192	385.6797	2546.7049
2008	617.6798	393.2426	2699.6192
2009	626.1777	399.4315	2751.8772
2010	629.0687	406.0179	2776.8788
2011	610.7071	397.964	2830.3645
2012	614.7464	404.4989	2885.3943
2013	613.0873	409.9001	2905.5469
2014	615.7224	427.6332	2930.3084
2015	616.886	439.9323	3046.1272
2016	616.905	460.251	3160.5387
2017	634.6234	471.0683	3096.2891
2018	644.0604	475.0716	3128.2837

附表6 2000~2019年8月中国月度猪牛羊价格表 单位：元/千克

时间	去皮带骨猪肉	仔猪	待宰活猪	去骨牛肉	带骨羊肉
2000/01	10.13	7.00	6.02	12.99	14.62
2000/02	10.03	6.94	5.93	13.43	15.43

时间	去皮带骨猪肉	仔猪	待宰活猪	去骨牛肉	带骨羊肉
2000/03	9.78	7.71	5.69	12.98	14.87
2000/04	9.62	7.90	5.64	12.93	14.67
2000/05	9.56	7.74	5.56	12.80	14.61
2000/06	9.47	7.79	5.57	12.78	14.58
2000/07	9.75	8.01	5.71	12.72	14.22
2000/08	10.27	8.51	6.11	12.79	14.81
2000/09	10.65	8.73	6.23	12.88	14.54
2000/10	10.64	8.53	6.22	12.62	14.68
2000/11	10.58	8.65	6.27	12.66	15.01
2000/12	10.73	8.52	6.32	12.99	15.19
2001/01	10.94	8.62	6.55	13.57	15.60
2001/02	11.04	9.02	6.58	13.57	15.82
2001/03	10.67	9.26	6.42	13.29	15.50
2001/04	10.52	9.03	6.17	13.25	15.34
2001/05	10.21	8.84	5.98	13.16	15.26
2001/06	10.30	8.51	5.88	13.21	14.95
2001/07	10.68	8.49	6.00	13.24	15.00
2001/08	10.59	8.22	6.18	13.17	15.00
2001/09	10.81	8.58	6.27	13.27	15.14
2001/10	10.77	8.46	6.25	13.39	15.19
2001/11	10.63	8.00	6.32	13.62	15.70
2001/12	10.60	8.77	6.29	13.71	15.93
2002/01	10.81	8.70	6.26	13.97	15.83
2002/02	10.88	8.61	6.28	14.68	16.62
2002/03	10.32	8.95	5.99	14.21	16.19
2002/04	9.80	8.31	5.73	14.01	15.60
2002/05	9.87	8.20	5.69	14.28	15.67
2002/06	9.93	8.04	5.70	14.27	15.88
2002/07	9.94	7.87	5.75	14.30	15.99
2002/08	10.13	8.31	5.86	14.40	15.79
2002/09	10.08	8.35	5.95	14.41	15.87

续表

时间	去皮带骨猪肉	仔猪	待宰活猪	去骨牛肉	带骨羊肉
2002/10	10.33	8.26	6.05	14.61	16.02
2002/11	10.30	8.31	6.11	14.78	16.04
2002/12	10.37	8.05	6.22	15.27	16.60
2003/01	10.60	8.15	6.20	15.55	16.58
2003/02	10.33	8.27	6.10	15.80	16.63
2003/03	10.03	8.47	5.94	15.47	16.48
2003/04	9.91	8.32	5.84	15.44	16.24
2003/05	9.76	8.20	5.78	15.46	16.05
2003/06	9.85	8.00	5.83	15.40	16.18
2003/07	10.21	8.39	6.15	15.46	16.15
2003/08	10.55	8.63	6.38	15.30	16.03
2003/09	11.03	8.83	6.69	15.63	16.24
2003/10	11.52	9.12	7.02	15.70	16.36
2003/11	12.50	9.67	7.66	16.25	16.71
2003/12	12.56	9.59	7.62	16.33	16.91
2004/01	12.47	9.85	7.62	16.64	17.01
2004/02	12.42	10.39	7.75	16.64	16.94
2004/03	12.66	11.43	7.90	16.62	16.95
2004/04	13.13	12.15	8.38	16.79	16.94
2004/05	13.19	12.09	8.45	16.73	16.83
2004/06	13.81	13.12	8.78	16.68	16.98
2004/07	13.67	13.72	9.00	16.77	16.84
2004/08	14.68	14.61	9.30	16.50	16.85
2004/09	15.13	15.98	9.66	16.99	17.04
2004/10	15.05	15.94	9.54	17.09	17.13
2004/11	14.51	14.70	8.99	17.14	17.16
2004/12	14.33	14.05	8.99	17.17	17.18
2005/01	14.20	13.83	8.96	17.37	17.72
2005/02	14.32	14.17	8.89	18.29	18.98
2005/03	14.00	15.21	8.81	17.96	18.26
2005/04	13.63	15.05	8.49	17.79	18.09

时间	去皮带骨猪肉	仔猪	待宰活猪	去骨牛肉	带骨羊肉
2005/05	13.42	14.63	8.24	17.76	17.87
2005/06	13.28	14.39	8.20	17.77	17.77
2005/07	13.11	14.07	8.12	17.65	17.77
2005/08	13.09	13.35	8.02	17.77	17.70
2005/09	13.13	12.80	7.94	17.89	17.91
2005/10	12.53	10.82	7.21	18.07	17.98
2005/11	11.79	9.70	7.14	18.16	18.10
2005/12	11.74	9.17	6.58	18.22	17.59
2006/01	12.55	9.89	7.56	18.60	19.09
2006/02	12.18	9.48	7.11	18.65	18.76
2006/03	11.65	8.85	6.68	18.37	18.25
2006/04	11.13	7.82	6.21	18.33	18.41
2006/05	10.71	6.98	5.96	18.31	18.35
2006/06	10.58	6.84	6.08	18.32	18.23
2006/07	11.06	7.05	6.47	18.27	18.16
2006/08	12.01	8.29	7.17	18.40	18.39
2006/09	12.82	9.60	7.84	18.57	18.50
2006/10	12.99	9.85	7.93	18.54	18.59
2006/11	13.35	10.25	8.33	18.86	19.18
2006/12	14.40	11.44	9.18	19.21	19.57
2007/01	14.91	12.12	9.55	19.64	20.62
2007/02	14.97	12.26	9.20	20.35	21.78
2007/03	14.50	12.68	8.91	20.14	21.26
2007/04	14.39	13.31	9.02	20.07	21.09
2007/05	15.86	15.09	10.20	20.28	21.46
2007/06	17.74	17.17	11.37	21.21	22.57
2007/07	20.77	20.11	13.12	22.02	23.22
2007/08	22.95	24.09	14.27	23.13	24.17
2007/09	22.01	23.70	13.60	23.69	24.84
2007/10	21.15	22.62	13.21	24.36	25.73
2007/11	22.35	23.84	14.13	25.27	26.91

续表

时间	去皮带骨猪肉	仔猪	待宰活猪	去骨牛肉	带骨羊肉
2007/12	24.05	26.21	15.46	26.65	28.18
2008/01	25.53	29.66	16.50	29.11	30.26
2008/02	26.08	30.62	16.70	31.41	32.20
2008/03	25.69	35.29	16.83	31.42	31.71
2008/04	25.68	38.23	16.87	31.55	31.63
2008/05	24.71	36.11	15.77	31.73	31.74
2008/06	24.10	34.55	15.35	31.82	31.79
2008/07	23.58	33.01	14.82	31.29	31.81
2008/08	23.18	30.94	14.47	32.02	31.65
2008/09	22.59	28.55	13.86	32.39	31.97
2008/10	20.86	23.44	12.50	32.74	32.29
2008/11	19.46	20.02	11.90	32.98	32.48
2008/12	20.34	19.42	12.91	33.25	32.74
2009/01	21.25	20.06	13.41	33.90	33.32
2009/02	20.62	20.11	12.70	33.72	33.10
2009/03	19.30	19.75	11.63	33.13	32.54
2009/04	17.60	18.27	10.35	32.81	32.25
2009/05	15.68	15.41	9.24	32.60	32.16
2009/06	15.46	15.08	9.33	32.53	32.11
2009/07	16.27	15.88	10.13	32.46	32.07
2009/08	17.94	17.74	11.38	32.70	32.15
2009/09	18.97	18.78	11.85	32.96	32.39
2009/10	18.71	18.14	11.47	33.15	32.65
2009/11	18.47	17.39	11.40	33.35	33.08
2009/12	19.11	17.55	12.09	33.73	33.70
2010/01	19.31	17.41	12.05	34.08	34.14
2010/02	18.67	16.60	11.14	34.50	34.88
2010/03	17.32	15.61	10.06	33.86	34.39
2010/04	16.21	14.78	9.53	33.45	34.15
2010/05	16.09	14.77	9.62	33.24	34.09
2010/06	16.04	14.39	9.64	33.16	34.12

时间	去皮带骨猪肉	仔猪	待宰活猪	去骨牛肉	带骨羊肉
2010/07	17.54	15.77	11.14	33.30	34.34
2010/08	19.30	17.61	12.19	33.55	34.61
2010/09	20.11	18.24	12.55	33.89	34.99
2010/10	20.42	18.21	12.78	34.17	35.54
2010/11	21.33	18.55	13.55	34.65	36.40
2010/12	21.94	18.69	13.79	35.07	37.70
2011/01	22.17	18.65	13.88	35.72	39.38
2011/02	22.97	19.46	14.35	36.41	40.76
2011/03	23.09	22.81	14.78	35.78	40.07
2011/04	23.39	24.99	15.05	35.59	39.80
2011/05	23.97	26.71	15.53	35.63	39.83
2011/06	26.71	31.11	17.54	36.19	40.42
2011/07	29.31	35.26	18.98	36.91	41.22
2011/08	29.82	36.28	19.33	37.55	41.92
2011/09	30.35	37.15	19.68	38.29	42.95
2011/10	29.78	35.84	18.93	38.78	44.01
2011/11	27.94	31.74	17.35	39.15	45.05
2011/12	27.17	29.43	17.15	39.78	46.50
2012/01	27.83	30.21	17.65	41.38	48.96
2012/02	27.36	31.50	17.10	42.03	49.62
2012/03	25.79	32.66	15.83	42.00	49.45
2012/04	24.36	32.24	14.80	42.26	49.27
2012/05	23.31	31.56	14.25	42.79	49.52
2012/06	22.78	30.55	14.05	43.68	50.23
2012/07	22.61	29.69	14.00	44.34	50.76
2012/08	22.94	28.74	14.28	45.34	51.57
2012/09	23.80	28.82	14.89	46.87	52.70
2012/10	23.92	27.72	14.85	48.50	53.92
2012/11	23.76	28.56	14.83	50.23	55.33
2012/12	24.82	26.06	15.83	52.29	57.05
2013/01	26.43	27.41	17.04	55.26	59.45

续表

时间	去皮带骨猪肉	仔猪	待宰活猪	去骨牛肉	带骨羊肉
2013/02	26.32	27.79	16.09	57.89	61.46
2013/03	23.98	26.90	14.07	57.27	60.63
2013/04	22.03	25.26	12.80	56.99	60.18
2013/05	21.48	24.89	12.82	57.48	60.40
2013/06	22.81	27.09	14.10	58.09	60.90
2013/07	23.43	28.44	14.61	58.56	61.33
2013/08	24.72	29.71	15.70	59.17	61.88
2013/09	25.39	29.87	16.04	60.07	62.67
2013/10	25.24	28.30	15.86	60.78	63.63
2013/11	25.07	26.43	15.77	61.56	64.47
2013/12	25.22	25.72	15.92	62.63	65.60
2014/01	24.37	24.36	14.46	63.87	67.07
2014/02	22.98	23.22	13.11	64.39	67.43
2014/03	21.49	22.76	12.05	63.32	66.22
2014/04	19.70	21.84	11.12	62.59	65.19
2014/05	20.86	22.99	12.79	62.57	64.86
2014/06	21.69	23.79	13.06	62.56	64.72
2014/07	21.91	23.55	13.34	62.64	64.68
2014/08	23.23	24.29	14.56	62.94	64.76
2014/09	23.90	24.53	14.88	63.35	64.95
2014/10	23.60	23.20	14.42	63.56	64.88
2014/11	23.17	21.38	14.09	63.76	64.95
2014/12	22.88	20.14	13.81	63.97	65.23
2015/01	22.37	19.29	13.38	63.99	64.83
2015/02	22.02	19.21	12.71	64.75	64.99
2015/03	21.44	20.09	12.27	63.97	63.92
2015/04	21.54	23.07	12.91	63.02	62.33
2015/05	22.33	25.75	13.92	62.61	61.18
2015/06	23.13	27.54	14.72	62.46	60.54
2015/07	25.44	30.65	16.59	62.42	60.07
2015/08	27.96	34.22	18.12	62.74	59.99

续表

时间	去皮带骨猪肉	仔猪	待宰活猪	去骨牛肉	带骨羊肉
2015/09	28.30	34.29	17.94	63.00	59.93
2015/10	27.54	31.99	17.10	63.20	59.66
2015/11	26.70	29.84	16.43	63.27	59.31
2015/12	26.73	29.55	16.68	63.44	58.50
2016/01	27.66	32.18	17.62	63.38	57.66
2016/02	28.86	35.05	18.37	64.36	58.35
2016/03	28.97	40.77	18.90	63.31	57.24
2016/04	30.20	47.30	19.84	62.85	56.80
2016/05	30.97	51.01	20.45	62.55	56.37
2016/06	31.29	52.39	20.41	62.35	55.89
2016/07	30.24	49.11	19.03	61.98	55.28
2016/08	29.70	47.06	18.62	61.83	54.80
2016/09	29.60	45.70	18.36	62.12	54.70
2016/10	28.42	41.74	17.06	62.15	54.31
2016/11	27.93	39.06	16.98	62.49	54.57
2016/12	28.21	38.88	17.46	62.86	55.23
2017/01	28.95	41.01	18.22	63.54	56.11
2017/02	28.57	42.69	17.78	63.69	56.17
2017/03	27.41	43.64	16.71	62.67	54.99
2017/04	26.59	42.97	16.00	62.32	54.60
2017/05	25.23	39.67	14.63	61.98	54.44
2017/06	24.11	36.20	13.78	61.84	54.30
2017/07	24.00	35.56	13.96	61.77	54.38
2017/08	24.38	34.90	14.41	62.00	54.63
2017/09	24.92	34.24	14.75	62.54	55.82
2017/10	24.77	32.70	14.52	63.03	57.17
2017/11	24.55	30.89	14.47	63.46	58.50
2017/12	25.11	30.50	15.07	64.18	59.96
2018/01	25.46	30.60	15.25	64.83	61.27
2018/02	24.98	29.84	14.06	66.05	62.85
2018/03	22.63	27.64	11.91	64.79	61.70

续表

时间	去皮带骨猪肉	仔猪	待宰活猪	去骨牛肉	带骨羊肉
2018/04	20.78	25.92	10.93	64.19	61.05
2018/05	19.52	24.08	10.57	63.93	60.68
2018/06	19.83	24.00	11.32	63.89	60.65
2018/07	20.40	24.27	12.02	63.99	60.66
2018/08	21.96	25.37	13.36	64.36	61.01
2018/09	23.24	25.62	14.14	65.23	62.06
2018/10	23.55	24.68	14.10	65.94	63.48
2018/11	23.52	23.36	13.87	66.85	65.58
2018/12	23.69	22.63	13.95	68.01	67.77
2019/01	23.16	22.00	13.12	69.29	69.94
2019/02	22.55	23.04	12.55	69.98	70.79
2019/03	23.61	30.35	14.35	68.70	69.07
2019/04	24.58	36.45	15.02	68.36	68.23
2019/05	24.71	38.11	14.98	68.64	68.33
2019/06	25.62	39.77	15.94	69.14	68.50
2019/07	28.04	42.61	17.68	70.00	69.20
2019/08	33.95	47.07	21.89	72.75	71.17

后　记

本书获得国家自然科学基金项目《价格波动、非对称传导及政策效应研究——以生猪为例》（项目编号：71503086，2015－2018），并得到广东省现代农业产业体系生猪创新团队项目生猪产业（2020KJ126）的支持。本书有幸得到华南农业大学经济管理学院的国家重点学科"农业经济管理"建设基金的资助，被列为"农业经济管理"系列丛书之一。在此，感谢国务院学位委员会农林经济管理学科召集人温思美教授、长江学者罗必良教授、经济管理学院院长米运生教授、书记蔡传钦等对我在日常教学和科研中的大力支持和鼓励，同时也要感谢万俊毅教授、罗明忠教授、文晓巍教授、高岚教授等给予我的关心和帮助。

2013年4月我有幸获得国家留学基金委的资助，前往美国路易斯安那州立大学访学，师从 Hector O. Zapata 教授，Zapata 教授从事农产品价格分析和时间序列方法的研究，对农产品价格波动有比较好的前期成果。在他的鼓励和帮助下，我开始对农产品价格的非对称传导有了一定的兴趣，发现不同于古典的经济学中的价格对称传导，在实际中价格波动的传导多是非对称的，而且得到了广泛的实证证明，但其非对称传导的机理和机制并没有得到充分的论证和说明，还有许多的理论亟须证明和解决。中国的猪肉产业长期以来，生产和价格呈周期性波动态势，而且波动频率越来越高，已经成为当时影响中国生猪产业发展的重要因素。因此，我阅读了大量的非对称传导的文献资料，对价格非对称传导进行了梳理，并将其应用于生猪产业中，成功地申请到国家自然科学基金青年项目。

本书的出版，是我们团队这几年工作的总结，为我们后续的生猪产业研究打下坚实的基础，也指明了继续前进的方向。在2014～2018年的研究中，我和我的学生对相关的课题内容进行了比较深入的研究，并取得了一定的成绩，发表了一系列的论文。沙文彪同学研究了货币政策对价格特别是生猪及农产品的价格非对称传导，完成本书第八章。周建军同学重点研究了不同区域的猪肉价格的非对称传导研究，完成本书的第四章、第六章。胡洪涛、唐诚同学研究了生猪产业链的非对称传导问题，与王绪宁同学一同完成本书第十章。张俊艳同学完成本书的第三章和第七章。谭娟等参与了本书的写作和修订工作。河南省汝南县梁祝卫生院的郑清舟协作收集了生猪的资料和数据，特别是疫情数据，并主要完成负责了第一、二、八章的写作，在此特别表示感谢。值得欣慰的是，通过这些研究，使同学们对学术产生了浓厚的兴趣，并有机会获得国外的访学资格，沙文彪同学毕业全奖升入香港科技大学攻读博士学位，周建军同学升入中央财经大学攻读博士学位，黄文彬同学升入中山大学攻读博士学位，胡洪涛、唐诚、郭丹、张俊艳、王绪宁同学都找到了令人满意的工作。

在本课题完成之后，我的团队又获得了国家自然科学基金面上项目（项目编号：71973046，2020－2023）和广东省自然科学基金面上项目（项目编号：2019A1515011479，2020－2022），主要的研究内容是环境规制对中国生猪生产布局的影响研究。我们团队又将踏上对生猪产业研究的新征程。

在本书最后整理成册的过程中，正值新型冠状病毒肆虐时期，全国人民众志成城，共抗冠状病毒，都遵照国家卫健委和专家的建议蜗居在家里抗击疫情，这也使我难得静下来整理书稿。非常时期，涌现出许多的勇于牺牲的英雄。谨借此书献给工作在"抗疫"一线的伟大"逆行者"！是他们的无私奉献才有我们的岁月静好。

感谢我的家人，让我能安心地从事我所热爱的工作。

谭莹
2020 年 5 月 30 日